とにかく手をつけて、実用的なことをできるだけ早く、習得しよう!

Pythonとデータ分析を
実践的に身につける

Python for MBA

Python for MBAs

マッタン・グリフェル
ダニエル・ゲッタ
[訳] 金井 哲夫

日経BP

Python for MBAs

by Mattan Griffel and Daniel Guetta.

はじめに

ハーイ！　私たちはマッタン・グリフェルとダニエル・ゲッタです。これからPython（パイソン）をお教えします。自己紹介の前に、この本が想定している対象読者と、これからここで共に学ぶ内容について、そして本書を最大限に活かすためのヒントについて、少しだけお話しします。

この本は、今まで一度もコーディング（プログラミング）をしたことがない人のために書かれています。なので、ハードルが高そうだとお感じの方も、安心してください。実際、「パイソン」ってヘビの名前でしか知らないという方や、コーディングとは何かをハッキリ理解していないという方のためにこそ、この本は書かれています。ヘビのこともコーディングのことも、第1章で詳しくお話しします。

技術的なバックグラウンドを持たないビジネスパーソンが、コーディングを学びたいと考える理由はさまざまです。たとえば、新しい視野を開くきっかけだと考えている人。世の中がコードで動いていることに気づき、置いて行かれたくないと感じているのでしょう。仕事の効率化や自動化のための簡単なスクリプトを、自分で書けるようになりたいと考えている人。または、日常的にコーダーや技術者のチームと仕事をしていて、彼らがやっていることをもっと深く理解したいと感じている人。ヘトヘトに疲れたビジネスインテリジェンス部門にこれ以上データ解析をお願いするのが忍びなく、自分でもできるようになりたいという人もいます。

あなたがどのカテゴリーに入るかはともかく、この本は、そんなあなたのための本です。教材は、私たちがコロンビアビジネススクール（コロンビア大学の経営大学院）で何年も前からみなさんのようなプロフェッショナルに教えてきた授業の内容に基づいています。ここでは、時間とお金を節約する繰り返し作業の自動化や、スプレッドシートで処理するにはあまりにも大きくて複雑なファイルから重要なビジネス上の疑問に答えるデータ分析の実行など、数々の便利な作業をPythonでどうやるかをお見せします。

テクノロジーで何ができるかという有用な見識と、ビジネスの現場ですぐに役立つ新しいスキルを、この本から学んでいただけたら幸いです。

本書の構成

この本は2つのパートに分かれています。第１部では、Pythonの基本を学びます（ループ、変数、リストなど）。第２部では、実際のビジネスの現場で、Pythonをデータ分析に役立てる方法を探ります。

第１部について

Pythonに馴染みのない方は、はやる気持ちを抑えて、まずは第１部を最初から最後まで、順番に読み進めていってください。そこで、Pythonで何をするにも必要となる基本知識が身につきます。第１部にはまた、数々の練習問題も含まれています。どうか時間をかけて、それらに挑戦してください。練習問題をやらずにただ読み進めたとしても、学べることはたくさんありますが、きっとすぐに忘れてしまうでしょう。

この本のウェブサイト（後述します）には、すべてのコードのデジタルデータが掲載されています。しかし、これも同じ理由から、コードをコピペするのではなく、手で打ち込まれることをお薦めします。「これをしたらどうなる？」といった疑問が頭に浮かんだときは、ぜひ試してみましょう。最悪、プログラムが動かなくなるだけです。そうなってから、解説をじっくり読んでもかまいません。どちらにせよ、何か新しい発見が得られるはずです。

第２部について

第２部は、ビジネスの現場を想定して、Pythonを使ったデータ分析を行います。まずは第5章を読んでください。そこでは、Pythonのコードのいろいろな書き方を解説しています。この章では、ニューヨークを拠点とするレストランチェーン「Dig」の物語についても紹介しています。第２部では、この話が何度も登場します。Python関係の書籍は、入門書と謳《うた》っていても、エンジニア向けに書かれているものがほとんどで、その機能をどう使うかよりも、機能自体の解説に偏っています。第２部では、純粋培養ではなく、実際のケーススタディに立脚してPythonにできることを解説します。後の章では、Digの課題に対して、どうデータを活かせばよいかを説明します。第１部で解説するPythonの基礎を踏まえ、膨大なデータベースからその答を引き出す方法です。

私たちの狙いは、みなさんにPythonの基本を教えて、この先、自分自身で何を学んでいくべきか、その決断の手がかりになるマップを提示することにあります。そのため、ときどき非公式な用語を使ったり、技術的な細かい説明を省いたりしています。不必要に詳しい内容でみなさんの学習意欲を削いでしまわないように、そしてなるべく早く応用できるようになるため、あえてそうしているのです。本書の巻末では、興味がおありの方のために、ここで学んだことを次のレベルに進めるためのリソースを紹介しています。

Pythonの強み

Pythonの強みは、進化の速さにあります。世界中の何千人という開発者が、この言語をより速く、より豊かに、よりパワフルに改善しようと、時間と労力を捧げています。Pythonの進化は非常に速く、第２部で解説している機能の中には、執筆を始めた時点ではまだ存在していなかったものもあるほどです。私たちは、この言語の進化に合わせて内容を更新できるよう、この本のウェブサイト[※1]を用意しました。本の内容に関わる変更があったときは、私たちはそこに投稿するよう努めます。また、このサイトには第２部に登場するすべてのコードとデータセットが掲載されています。

献辞

本書の執筆にあたって数多くのみなさんの協力を賜り、感謝に堪えません。とりわけ、資料の準備をしている間も教室に座り、貴重な意見をくれた学生諸君。みんなのことを忘れないように、ここに全員の名前を列挙できたらよかったのですが。とくに感謝したいのは、ジャオ・アルメイダ、ジョージ・カーティス、ニコラス・ファビル、ニコラ・コーンブルース、ロイド・リム、ブレット・マーティン、ベロニカ・ミランダ、ジェイソン・プレスティナリオ、サロン・イットバレク（アルファベット順）です。みんな、時間をかけて初期バージョンの原稿を読み、コメントをくれました。テクノロジーとデータ解析の分野で目覚ましいイノベーションが起きているこの時代にコロンビアビジネススクールに在籍できているのは、ありがたいことです。

大学は、「伝統的」なMBAクラスの枠を超えることを応援してくれています。この本も、そんな取り組みの中から生まれました。なかでも私たちは、ディーン・コスティス・マグララスをはじめとするディシジョン・リスク・アンド・オペレーション課のみなさんによる揺るぎないサポートに感謝します。

最後になってしまいましたが、シャーリーン・アズマット、モリー・フィッシャー、そして寛大にも時間を割いて会社のことを話してくれたDigの幹部のみなさんには感謝してもし切れません。この本では私たちが交わした話をもとに構成した箇所が数多くありますが、それ以外は、Digの要請により、また事業に伴う機密情報を保護するために、架空の話に仕立ててあります。また、ここで扱うデータセットは合成によって生成されたものです。

私たち2人はコーディングが大好きで、その面白さを人に伝えるのが大好きです。学生が生まれて初めて書いたコードを走らせるのを見るとき、初めてデータ分析を行うのを見るときは、この上ない喜びです。授業でのそうした私たちの経験を本にして、みなさんに読んでいただけるのは、本当に嬉しいことです。早くみなさんとコーディングの旅に出たいと、私たちは胸を躍らせています。

新型コロナによる自主隔離中のニューヨークとサンフランシスコより、

2020年4月

※1　原著のサイトは以下です。
https://pythonformbas.com
日本語版のサイトは以下です。
https://www.nikkeibp.co.jp/atclpubmkt/book/21/S070180

目　次

第1部
Pythonの基礎

第1部へようこそ。私はマッタン・グリフェル。これからPythonの基本について少々お話しします。みなさんが興味を持てるよう、退屈な話を（できれば）新鮮で楽しい形で説明できればと考えています。まずは、私自身の紹介をさせてください。

私は、Y Combinatorから二度支援を受けたことのある起業家です。わずか30日間でコーディングの方法を教えるオンライン・コーディングスクールOne Monthという企業を以前に立ち上げ、今は、おもにオピオイド中毒を克服した患者の支援に特化した遠隔医療企業Opheliaを創業し、最高経営責任者を務めています。私はまた、コロンビアビジネススクールの教員として受賞歴を持ち、MBA課程の学生や企業幹部にコーディングを指導しています。これまでの職歴のいたるところで、私は何万人もの人たちにコーディングの方法を教えてきました。

白状すべきこと：その1

ただし、ひとつ白状すべきことがあります。私はもともとコーダーではありませんでした。コンピューターサイエンス（計算機科学）の学位も持っていません。私のキャリアは、スタートアップのアイデアを持つニューヨークの二十代の若者として始まりました。大学を出て最初にマーケティングの仕事に就き、夜は自分のスタートアップを起業する夢を追いかけていました。しかし、問題がひとつ。私のアイデアを実現するにはソフトウェアが必要でした。しかも、私の代わりにソフトウェアを作ってくれる個人的な知り合いはいませんでした。私は必死になって技術を担当してくれる共同創業者を探しました。ハッカソンやミートアップに顔を出しては、酒をあおって人々に売り込んだのですが、空振りでした。

そのうち友人たちは、ソフトウェア開発者を探すのがいかに大変かという私の愚痴を聞くのがほとほと嫌になったようです。その一人がジョンです。コーヒーを飲みながら、私にこう突きつけてきました。

「コーディングを勉強して、ソフトウェアを自分で作るか」と彼は言いました。「それともその話を止めるか、どっちかにしろ。もうウンザリだ」

自分で作ることは、思ってもみませんでした。自分がコーディングを学ぶなんて。それって、ソフトウェアエンジニアやIT業界の連中がやることじゃないの？

ジョンは、彼自身の話を聞かせてくれました。その数年前、高校の夏休みの間、ジョンは友人と、駐車場で駐車助手としてのアルバイトをしていました。仕事に飽きると、2人は前の晩に何があったかを互いに話して聞かせました。ある晩は、友人たちとフォーロコ（カフェイン入りのアルコール飲料、あんまり危険なので禁止している州もある）を4本飲んで外に出かけて大騒ぎしたとか。そして、フォーロコでやらかした武勇伝をみんなで交換できる専用のウェブサイトがあったらどうだろうと、しばらく冗談交じりに話していました。

ジョンはその夏、バイトに飽きたときにコーディングの勉強をしようと決意しました。何冊か本を買って、オンラインガイドを見つけ、その数カ月後には、fourlokostories.comが誕生しました。それはしばらくの間、大人気でした。何十万件ものページビューを獲得し、Facebookでは何万もの「いいね！」が付きました。

友人のジョンは、その後、もっと大きくて有意義なプロジェクトに取り組むようになります。実際彼は、いくつもの企業を立ち上げていますが、その多くは気まぐれなアイデアと、週末のコーディングからスタートしたものです。その日、コーヒーを飲みながら彼の話を聞き、私は言葉を失いました。

「一夏でコーディングを学んだの？」と私はジョンに聞きました。

「ああ、基本は適当に済ませた」と彼は答えました。「プロジェクトを決めたら、できるだけ早く作業に取りかかる。そして、PythonやRubyみたいな新しい言語を覚える」

その会話で、私の人生は一変しました。結果として私はマーケティングの仕事を辞め、独学でコーディングを勉強することにしたのです。しかし、ひと夏まるまるという時間はありませんでした。そこで、1カ月でどれほど成果を上げられるかを確かめました。まずは、Lynda.comというウェブサイトの動画シリーズを、1週間で一気見することから始めました。最初に学んだ内容のほとんどは、完全には理解できませんでしたが、私は立ち止まらずに先に進みました。面白かったからです。私は、自分の2本の手で何かを作り出す感覚を楽しみました（すべてはデジタルの世界のことで、実際に手を触れているわけではないのですが）。

私の人生で、あの時期を振り返ると、ときには大きなフラストレーションを感じたものの、何かをうまく動かすことに成功すると大きな喜びを得ていました。何かをやらかして、それまで書いていたコードを台無しにしてしまい、まる2日間、まったく戻せなかったことがありました。そして、ようやく直すことができたとき、どうやって直したのか、また、そもそもどうして壊れてしまったのか、ぜんぜん見当がつきませんでした。今思えば、じつによくある話です。プロのソフトウェアエンジニアにもあることです。あなたも、この本をそんな気分で読んでいってください。

およそ1カ月にわたり、毎日ある程度の時間をコーディングの勉強に費やした私は、自分のスタートアップに関するアイデアの初期バージョンを完成させました。お恥ずかしい出来で、うまく動かないことも多かった代物ですが、これは私の作品です。

苦労して書いたコードが動いたときの気分は、なかなか表現に悩みます。私はつね日ごろ、アーティストがその頭の中にあるもの（絵やら彫刻やら物語やらいろいろ）を捉えて、実際に現実の作品を作り上げる能力を素晴らしいと感じてきました。私も生まれて初めて、コードを通じて、アーティストの気分を味わえたのです。

白状すべきこと：その2

もうひとつ白状します。私はいまだに優秀なコーダーではありません。もっと優れた、もっと高速なコードを書けるプロのソフトウェアエンジニアはたくさんいます。しかし、ここまでやってきて気がついたのは、私は初心者にコーディングを教えるのがうまいということです。そして、それを楽しいと感じていることです。

ほとんどの人は、高校で数学や理科の成績が悪かったからコーディングなんて無理だと思い込んでいます。それは間違いです。コーディングの勉強は、数学よりもむしろ、フランス語やスペイン語を習うのと似ています。コードを書くことは、みなさんが考えているより、ずっと楽しくクリエイティブな活動なのです。

コーディングがものすごく難しいものと人々に思わせている最大の原因は、教え方がぜんぜんなっていないことです。コーディングの勉強中に私が感じたのは、私が出会ったオンライン学習や本の大半が、早すぎるか遅すぎるかのどちらかだということです。読者に十分なコーディングの経験があるものと想定してスタートしているものや、基礎から入ってはいるものの、基礎知識の解説ばかりに時間を割いていて実用的な話にはぜんぜん入っていかず、私を飽きさせてしまうものなどです。

私はこの本を、そうしたものとは違う、Pythonを通じてコーディングを楽しく学べる実りあるガイドにしたいと考えています。さあ、一緒に楽しくやりましょう。

第1章
Pythonで始めよう

1.1 この章で学ぶこと

この章を読み終えるころには、その生い立ちや何に役立つのかなど、Pythonの知識が深まっていることでしょう。ここでは、Pythonと、いくつかのツールをコンピューターにインストールして、コマンドラインの基本を習得し、Pythonのコードをまずどこで実行するかを学びます。最後に、初めてのPythonスクリプトを実行して、Pythonでコーディングするとはどういうことかを体験します。

1.2 Pythonを使ったプログラミング入門

Pythonなどのプログラミング言語を習い始めたとき、初心者が前途多難な気分に陥るのはごく普通のことです。ドナルド・ラムズフェルド［訳注：米国の政治家］の言葉を借りれば、世の中には「分かっていないことを分かっていることと、分かっていないことを分かっていないことがある」となります。Pythonなどの事柄を知れば知るほど、知らないことがたくさん出てきます。Pythonという言語の範囲はじつに広大です。しかし、そのほんの一部を理解するだけで便利に使えるようになれます。

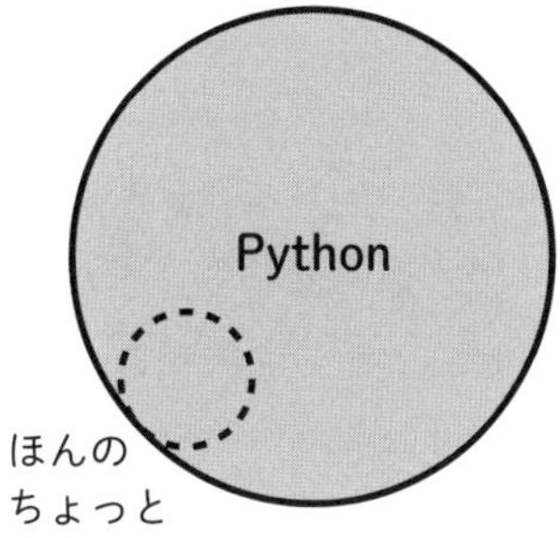

経験豊富なプログラマーも、じつはほとんどが表面をほんの少し齧《かじ》っている程度なのです。Stack Overflow［訳注：おもにプログラ

ミングを扱ったQAサイトのコミュニティ］が行った2019年のアンケート調査では、プログラマーのほぼ90パーセントが独学で(1)、それが意味するところは、プロのプログラマーであっても、聞いたこともない、どうやって学ぶかを自分で考えなければならない新しい事柄や概念に、つねに出くわすということです。

たとえば、英語のような言語を思い浮かべてみてください。Global Language Monitorによれば、現在、英語には105万7379.6語の単語があるそうです(2)（0.6語って何か気になりますか？　私たちもです。でも、いまだにわかりません）。しかし、流暢に英語を操る平均的な成人が知っているのは、ほんの1万2000から1万3000語です(3)。すべての単語を知らないからって、英語を話す平均的な人たちが「流暢」ではないと否定できるのか。できませんよね。

Pythonのようなプログラミング言語の場合も、英語を習うのとよく似ています。なので自然なこととして、自分の考えを言い表すのに最適な単語を知らないというのは、つまり特定の問題を解決するために必要なコードの書き方を知らないというのは、悔しいことです。私たちは、そこをお手伝いしようとしているのです。またその道すがら、みなさんが困り果ててしまわないよう、初心者コーダーがよくやりがちなミスも指摘します。

1.2.1 プログラミング入門

プログラミング言語は、C、Java、C++、PHP、JavaScript、Python、Perl、Ruby、Visual Basic、Goなどなど山ほどあり、どこから始めたらよいのか判断に困ります。

コーディング習得の旅に出ようという人は、ほとんどが入口の選択肢の多さに圧倒されてしまいます。そこでたいていの人は不安になり、みなが私たちにこう訴えてきます。間違った言語に手を付けてしまって時間を無駄にしたくないと。Pythonを6カ月間学んだ挙げ句、本当はJavaScriptを学ぶべきだったと気がついたなんてこともあり得ます。

ここでちょっと、その不安を和らげて差し上げましょう。どこから始めようと、おそらく問題ありません。初めてプログラミング言語を学んで習得したことの多くは、その言語に固有のものではないからです。それは、プログラミング言語のそもそもの仕組みに関する基礎知識です。ほとんどのプログラミング言語には、共通の構成要素があります。ただ、これまで一度もコーディングの経験がない方には、ちょっと理解し難いかも知れません。

コーディングの「ブラックボックス」の中で何が起きているのかを理解するために、Pythonなどのプログラミング言語をどう操れば、私たちが毎日使うようなもの（ウェブサイトなど）が作れるのかをまずは説明します。この本ではPythonでウェブサイトを作る方法は解説しません。とても複雑な作業になるため、それだけで本1冊を使ってしまいますし、MBAがPythonを使って作るべきものの中では、ウェブサイトの優先順位は下の方ですからね。ただ、コーディングの重要な領域を数多くカバーするという意味では、ウェブサイトはコーディング入門にはよいかも知れません。毎日触れるものですし。

私たちがウェブサイトで触れているのは、そのほとんどがウェブアプリケーションです。アプリケーションは、みなさんがスマホやパソコンにダウンロードして使っているアプリ（Microsoft WordやExcelなど）と同じようなものですが、ウェブアプリケーションの場合はダウンロードはせず、どこか（「クラウド（雲）」の中）に存在するサーバーの中にあります。ウェブアプリケーションは、ウェブブラウザーを開いて、facebook.comやtwitter.comなどのウェブサイトを訪れて、使うようになっています。

ウェブアプリケーションはどうやって作るのでしょうか？　すべてのウェブアプリケーションには、フロントエンドとバックエンドがあります。フロントエンドは、みなさんが目にする部分です。

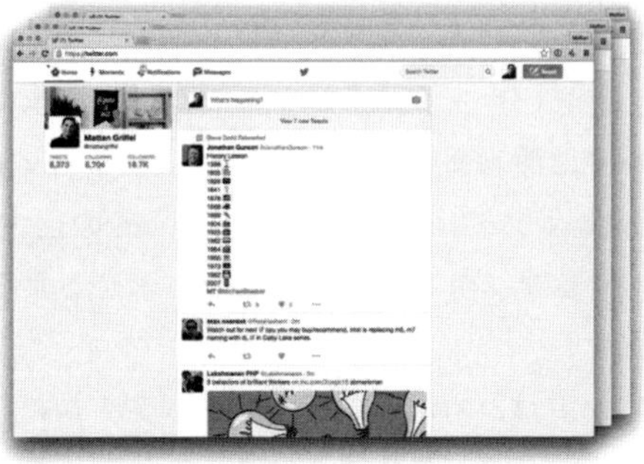

フロントエンドとバックエンドは、それぞれ異なるプログラミング言語で書かれています。ウェブアプリケーションのフロントエンドでは、通常、次の3つのプログラミング言語で作られます。

1. HTML (Hypertext Markup Language)
2. CSS (Cascading Style Sheets)
3. JavaScript

これら3つが協力し合って、ほとんどすべてのウェブページを構成しています。HTMLはページ上に何があるかを説明し、CSSは見た目を整えます。そしてJavaScriptは、ページのしゃれた技や動作（ポップアップ通知や自動更新など）を担当します。

それがフロントエンドです。ほかにも話したいことはありますが、本書の趣旨から離れるので止めておきます。興味のある方は、どうぞご自分で研究なさってください。今は、ウェブアプリケーションの、ほとんど人の目に触れない部分に話を進めましょう。バックエンドです。

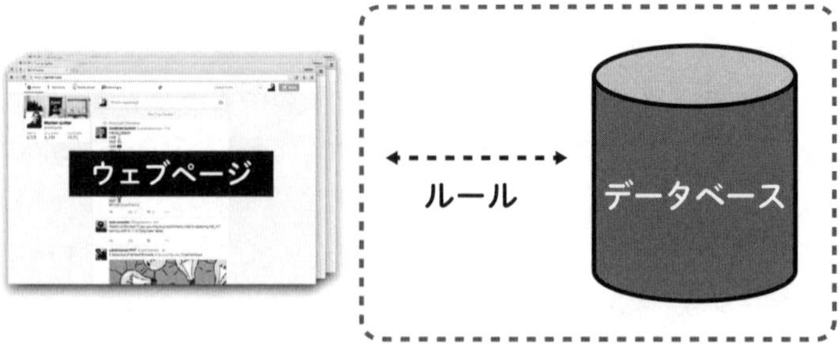

バックエンドは、比喩的に言えば、コーディングの「ブラックボックス」です。ウェブアプリケーションの「頭脳」と考えればよいでしょう。山のような仕事をして、美しいウェブページをみなさんに提示できるよう、その結果をフロントエンドに渡します。たとえば、facebook.comで友だちを検索するとします。バックエンドは、その人をFacebookの巨大なデータベースの中から探し出し、ウェブブラウザーがあなたに示せるよう、結果をフロントエンドに提供します。

通常、バックエンドは2つの要素で構成されています。データベースと一連のルールです。データベースにはそのウェブアプリケーションに必要なすべての情報が蓄えられています（ユーザーネーム、パスワード、写真、近況などなど）。

データベースとウェブページの中間にあるルールは、そのウェブサイトでユーザーが何か操作をするごとに、データベースからどの情報を引き出して、それをどう使うかを指定できるようにするものです。

データベースで使われる言語について言えば、ほかと比較して強い人気を誇るものがひとつあります。SQLです（「シークウェル」とか「エスキューエル」とか呼ばれます）。SQLについては、この本の本筋から外れるので、詳しく解説はしません。

みなさんが耳にしたプログラミング言語は、ほとんどがそのデータベースとウェブページとの間で使えます。Python、Ruby、PHP、Javaといった名前を知っている人もいるでしょう。決してこれがすべてではありませんが、私たちがここでお話ししている言語は、ほぼこの範疇です。

ほんのわずかな違いがありますが、基本的にはみな同じです。よくこんな質問をされます。「こんなものを作ろうと思うのだけど（犬の散歩アプリ、ルームメイトを探すもの、近所で開かれるクールなイベント情報がわかるものなどなど）、どのプログラミング言語を使ったらいい？」と。プログラミング言語が実際にどのような仕組みになっているかを学べば、これが馬鹿げた質問だと気づくでしょう。こう言っているようなものです。「ぜひともこんな話を書きたいんだ。薄幸な2人の恋物語なんだけど、どの言語を使ったらいいと思う？　英語？フランス語？スペイン語？」

あなたは、どの言語でも同じだと助言するでしょう。言語とはそういうものだからです。もちろん、言語はみな違います。フランス語やスペイン語には、男性名詞と女性名詞があります。また中国語では、過去や未来を言い表す場合、文章の最後にそれを示す言葉を置きます。プログラミング言語も同じです。ほとんどのプログラミング言語で同じことができますが、コードそのものの見た目が少々異なります。次の例を見てください。

PHP	Python	Ruby
echo "Hello World";	print("Hello World")	puts "Hello World"

上の図は、PHP、Python、Rubyという3つの異なる言語のコードの1行です。違いはすぐにわかるでしょう。それぞれ、「echo」、「print」、「puts」と

違う言葉が使われています。PHPは、行の最後にセミコロンが入っていますが、PythonとRubyには入っていません。Pythonは括弧（かっこ）を使っていますが、PHPとRubyは使っていません。しかし、これらのコードを実行すると（コードの実行方法については、この後すぐに説明します)、まったく同じ出力を見ることができます。

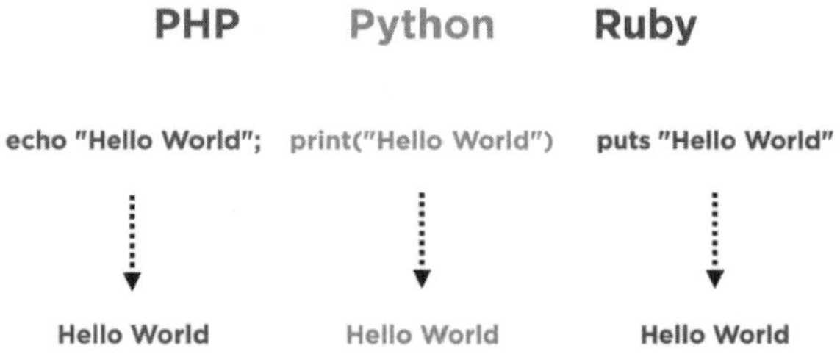

これら3つのコードはいずれも「Hello World」と画面に表示します（ちなみに、プログラミング言語の最初の授業では、伝統的に「Hello World」と表示させるコードを書かされます。これがまた退屈で！)。

プログラミング言語とは、そもそも何なのか？　Pythonやその他のプログラミング言語は、人間がコンピューターに話しかけるための言語です。プログラミング言語はもともと、コンピューターと近しく、人間には優しくない言語としてスタートしました。次に示すのは、「Winter is coming」という文章を表示する簡単な仕事をコンピューターにさせるためのコード（バイナリー）の例です。

```
00000000  7f 45 4c 46 01 01 01 00  00 00 00 00 00 00 00 00  |.ELF............|
00000010  02 00 03 00 01 00 00 00  80 80 04 08 34 00 00 00  |............4...|
00000020  c8 00 00 00 00 00 00 00  34 00 20 00 02 00 28 00  |........4. ...(.|
00000030  04 00 03 00 01 00 00 00  00 00 00 00 00 80 04 08  |................|
00000040  00 80 04 08 9d 00 00 00  9d 00 00 00 05 00 00 00  |................|
00000050  00 10 00 00 01 00 00 00  a0 00 00 00 a0 90 04 08  |................|
00000060  a0 90 04 08 0e 00 00 00  0e 00 00 00 06 00 00 00  |................|
00000070  00 10 00 00 00 00 00 00  00 00 00 00 00 00 00 00  |................|
00000080  ba 0e 00 00 00 b9 a0 90  04 08 bb 01 00 00 00 b8  |................|
00000090  04 00 00 00 cd 80 b8 01  00 00 00 cd 80 00 00 00  |................|
000000a0  57 69 6e 74 65 72 20 69  73 20 63 6f 6d 69 6e 67  |Winter is coming|
000000b0  73 68 73 74 72 74 61 62  00 2e 74 65 78 74 00 2e  |shstrtab..text..|
000000c0  64 61 74 61 00 00 00 00  00 00 00 00 00 00 00 00  |data............|
000000d0  00 00 00 00 00 00 00 00  00 00 00 00 00 00 00 00  |................|
*
000000f0  0b 00 00 00 01 00 00 00  06 00 00 00 80 80 04 08  |................|
00000100  80 00 00 00 1d 00 00 00  00 00 00 00 00 00 00 00  |................|
00000110  10 00 00 00 00 00 00 00  11 00 00 00 01 00 00 00  |................|
00000120  03 00 00 00 a0 90 04 08  a0 00 00 00 0e 00 00 00  |................|
00000130  00 00 00 00 00 00 00 00  04 00 00 00 00 00 00 00  |................|
00000140  01 00 00 00 03 00 00 00  00 00 00 00 00 00 00 00  |................|
00000150  ae 00 00 00 17 00 00 00  00 00 00 00 00 00 00 00  |................|
00000160  01 00 00 00 00 00 00 00                           |........|
```

バイナリーは、コンピューターに指示を出す上でもっとも低水準の言語です。もっともコンピューターに優しいのですが（なのでめちゃくちゃ高速）、人間にはまったく優しくありません（見てのとおり、ちんぷんかんぷんです）。

次は、ひとつ水準を上げて、アセンブリ言語を見てみましょう。

```
section .text
    global _start

_start:

    mov edx,len
    mov ecx,msg
    mov ebx,1
    mov eax,4
    int 0x80

    mov eax,1
    int 0x80

section .data

msg db 'Winter is coming.',0xa
len equ $ - msg
```

こちらは、バイナリー版よりもちょっとだけ読んでわかる部分があります。知っている単語が見られますが、最後には、コンピューターが読めるようにバイナリーに変換されてしまいます。

次は、Javaで同じ命令を記述した例です。

```
public class WinterIsComing {
    public static void main(String[] args) {
       System.out.println("Winter is coming.");
    }
}
```

さらに、少しマシになりました。Javaは、人が読んでわかるという点において、アセンブリ言語から大きく進歩しています。しかし、初心者のコーディング学習にはまだ不向きな感じです。文章を表示させるという単純な指示を出すためだけに、事前に学んでおかなければならないことが多すぎます（たとえば、public、class、static、void、mainなどの意味を真っ先に学ばなければいけません）。

次はPythonです。

```
print("Winter is coming.")
```

なんとも爽やかな空気。上のすべてが1行にまとまりました。Pythonは、普通に読めるわかりやすさを強調したことから、初心者にもエキスパートにも人気のプログラミング言語なのです。

1.2.2 Pythonとは何か？

Pythonは、コンピュータープログラミングを幅広い新たな観客（オーディエンス）にもたらした。

— The Economist（2018年7月19日）

ウォール街用語は忘れていい。Citigroup Inc.が投資銀行の新人アナリストに知っておいてほしいのはPythonだ。

— Bloomberg（2018年6月14日）

プログラミング言語のPythonの名前は、モンティ・パイソン（イギリスのコメディー集団）に由来します。ヘビ（みんなはこれを連想するでしょうが）ではありません。1991年にグイド・ヴァンロッサム（Guido Van Rossum）によって開発されました。彼はPythonコミュニティでは「Benevolent Dictator For Life」（優しい終身の独裁者：BDFL）として知られています。

グイドは2005年から2012年までGoogleで働き、そこでの半分の時間をPython言語の開発に費やしました。面白いことに、Pythonの人気の高さには、セルゲイ・ブリンとラリー・ペイジがスタンフォード大学時代に最初にGoogleのアイデアを思いつき、最初のウェブクローラーをグイドの比較的初期のPythonで書いたことが大きく貢献しています(4)。Googleが成長を始めると、彼らはグイドを雇い入れるという、ビジネス上の妙手を打ちました。

Googleはまた、Pythonでのデータサイエンス・ツールを構築するために大量のリソースを注ぎ込み、それをオープンソース・コミュニティに無料で公開したのです。その結果、Pythonをもっとも相応しくもっとも詳しい人から習いたいと願う熱烈な開発者たちに、Googleで働きたいと思わせることに成功しました。これによりGoogleは、最優秀プログラマーたちを雇い入れるという点で、ビジネス上の優位な地位を獲得しました。

大企業でPythonを使っているのはどこかとよく聞かれます。答は、ほとんどの大企業と、確実にほとんどのテック企業は、何らかの形でPythonを使っています。例をあげれば、Google、Facebook、YouTube、Spotify、Netflix、Dropbox、Yahoo、NASA、IBM、Instagram、Redditなどです。この名簿は長々と続きます。Pythonは、さまざまな場面に活用でき、ほかのプログラミング言語とも簡単に併用できるので、とても広く普及しています。たとえば、ある企業では主要製品の構築にPythonを使っていなかったとしても、その裏でPythonを機械学習や人工知能（AI）やデータ解析などに使ったりしています。

その結果、Pythonは今のところ、もっとも早く成長した主要プログラミング言語となっています[(5)]。開発者のオンライン・コミュニティであるStack Overflowによれば、もっとも人気の高いプログラミング言語とされています[(6)]。

CitigroupやGoldman Sachsのような企業では、ビジネスアナリストにPythonの教育を始めています。「プログラミングは、我々が学生時代に習った作文と同じようなものになる」と、住宅ローン最大手Fannie Mae こと連邦住宅抵当公庫の最高執行責任者キンバリー・ジョンソンは言っています。キンバリーは、Pythonを、とくにMBAにとって、未来の言語だとも呼んでいます[(7)]。

私たち2人が教えているコロンビアビジネススクールでは、Pythonは今のところ、MBAにとってもエンジニアリング課程の学生にとっても、もっとも人気の高いプログラミング言語です。

1.3 開発環境をセットアップする

Pythonのコードを実行するためには、いくつか準備が必要です。私たちはそれを行うことを「開発環境」をセットアップすると言っています。これには次の3つのステップがあります。

1. テキストエディターをインストールする。
2. Pythonをインストールする。
3. コマンドラインをセットアップする。

この作業は、サッとできる人もいれば、使っているコンピューターの設定によっては手こずる人もいるでしょう。セットアップを完了するまでに、私たちは1時間を見ていますが、そんなに時間をかけずに終わる人もいるはずです。

この本で使用するソフトウェアは、WindowsでもMacでも使えるものを選んでいます（残念ながら今これを書いている時点では、Chromebookなどのクラウドベースのパソコンには対応しません）。どちらの環境でも使えることを、私たちはしっかり検証しました。躓《つまず》いてしまう人がいるといけないので、必要に応じてWindowsとMacの両方のスクリーンショットを掲載します。

1.3.1 テキストエディターのインストール

コードを書くためにはテキストエディターが必要です。ここでは、Atomという人気のテキストエディターを使います。この本は、どのテキストエディターを使ってもかまわないように考慮していますので、もし使い慣れたテキストエディターがあれば、どうぞそれを使ってください。

熟練の開発者であっても、必要なツールをすべてインストールするときに、うまくいかずに頭をかきむしることがよくあります。たとえば、新しい会社に入って、必要なソフトウェアをすべて正しくインストールするのに何日もかかるなんてことは珍しくありません。もし問題にぶち当たったら、根気強く取り組んで、トラブルシューティングのスキルを磨こうというのが、私たちのアドバイスです（この本でも、いくつかトラブルシューティングに関する助言を掲載しています）。そうすれば、将来問題が起きたとき、少し楽に解決できるようになります。

Atomのインストール方法は、次のとおりです。

1. https://atom.io にアクセスして、「Download」ボタンをクリック。
2. Atomをインストールして、お使いのコンピューターで開けるかを確認する。

最初にAtomを開いたとき、いろいろな注意事項やお知らせが表示されますが、これらは閉じてしまって大丈夫です。すると、次の写真のような空白のタブが現れます。

ここにコードを書き込みます。しかし、今はまだ使いません。Atomをいったん閉じてかまいません。

1.3.2 Pythonのインストール

次にPythonをインストールしましょう。Macのお使いの場合は、Pythonは最初からインストールされています（ただし、モデルの年式によります。比較的新しいMacに搭載されています）。WindowsにはPythonは付属していません。

いずれの場合も、https://www.pythonformbas.com/install にアクセスして、記載されているそれぞれの手順に従ってPythonをインストールしてください。

訳注 この本では、Pythonを手軽に使えるAnacondaというPython開発実行環境をインストールします。日本語の情報は、以下が参考になります。お手元のパソコンのOSに基づいて、Anacondaをインストールしてください。
https://www.python.jp/install/anaconda/index.html

インストールすることで確実に最新バージョンが準備できます。その他の方法でPythonをインストールする場合は、ここで説明する内容と手順が途中から違ってくる場合があるので、ご注意ください。

1.3.3 コマンドラインのセットアップ

コマンドラインとは、Pythonのコードを実行するときに使うアプリケーションです（そのほかにも方法はいくらでもありますが）。ここでは、素早くアクセスできて、きちんと機能しているかを確認できるコマンドラインをセットアップします。

●macOS:

Macのコマンドラインは、デフォルトでインストールされている「ターミナル」と呼ばれるプログラムです。開き方は以下のとおりです。

1. 画面右上の虫眼鏡アイコンをクリック（またはCommandキーとスペースバーを同時押し）して、「Spotlight検索」ウィンドウを開く。
2. 「ターミナル」とタイプする。
3. 黒く塗りつぶされたようなアイコンをクリックする。これで「ターミナル」が開きます。
4. 画面下のドックで「ターミナル」のアイコンを右クリック、またはCtrl + クリックしてメニューを開き、オプション > Dockに追加 を選択する。

これで、「ターミナル」が開きます。ドックに追加されたので、いつでも簡単にアクセスできるようになりました。

●Windows:

Windowsでは、私たちは「Anaconda Powershell Prompt」というプログラムを使います。これは、Anacondaインストーラーに付属しています。

1. 「スタート」をクリック。
2. 「Anaconda Powershell Prompt」とタイプする。
3. 黒く塗りつぶされたような「Anaconda Powershell Prompt」のアイコン

をクリックすると、「Anaconda Powershell Prompt」が開きます。黒いウィンドウに白い文字が表示されているはずです（重要：Windowsには、これと似たようなアプリケーションが付属しています。Anaconda Prompt、Windows PowerShell、Windows PowerShell ISEですが、これらを間違って開かないようにしてください。ウィンドウのタイトルに「Anaconda Powershell Prompt」と書かれていることを確認してください）。

4. 画面下のタスクバーで、「Anaconda Powershell Prompt」のアイコンを右クリックしてメニューを開き、「タスクバーにピン留めする」を選択する。

これで「Anaconda Powershell Prompt」が開き、アイコンがタスクバーに表示され、いつでも簡単にアクセスできるようになります。

1.3.4 ひとまずサニティーチェック

Pythonが正しくインストールされているかどうかを確認するために、コマンドライン（お使いの「ターミナル」または「Anaconda Powershell」）の新しいウィンドウを開いて、`python --version`（ハイフンは2つ）とタイプしてエンター（Enter）キー押してください。

画面が上の写真とまったく同じでなくても、心配しないでください。Pythonのバージョンが同一でなくても気にする必要はありません。Python 3.8以上であれば、この本で扱うすべてのコマンドが使えます。

このままの状態で、`pip --version`とタイプしてエンターキーを押してください。バージョン番号が表示されたなら（エラーメッセージが出なければ）、これで大丈夫です。

この手順により、Pythonのパッケージインストーラーが、あなたのコンピューターに正しくセットアップされたことを確認できました。

ほかの開発者のアドバイスは聞かないこと（今はまだね）

コーディングの方法をよく知っている友人や同僚に話をすると、コーディングをどこから、どうやって始めたらよいかというアドバイスをよくしてくれます。なかには、C++やJavaのようなもっと基本的なコーディング言語から始めたほうが、Pythonに進む前に、より基本的なレベルで言語の仕組みを理解できるのでよいと主張する人がいます。今はそうしたアドバイスは無視してください（もちろん、私たちのアドバイスは別ですよ）。

コーダーのアドバイスは、その多くが、自分が学んだのと同じ方法を単に薦めているのです。最初にもっと基礎的な言語を学ぶべしというアドバイスの問題点は、たとえばビジネス上の課題のような、実際に役に立つことに使える知識を得るまでの基礎学習の時間が非常に長い（じつに本当に長い）ところにあります。

今は、とにかく手を付けて、実用的なことをできるだけ早く習得することが先決です。それがこの本の主旨です。この先、基本に立ち返って学べる時間はたっぷりあるので、どうかご心配なく。基礎知識が今よりも役に立ちそうになったり、興味が湧いたときに、振り返ってください。

1.4 コマンドラインの基本

Macをお使いの方は「ターミナル」を、Windowsをお使いの方は「Anaconda Powershell Prompt」を開いてください。

これがあなたのコマンドラインです。コマンドラインを初めて見る方は、ちょっとハードルが高そうに感じられるでしょう。なので細かく説明します。

Macでは（Windowsの説明はこの後すぐにします）、次のような行が表示されているはずです（コマンドラインに表示されている内容は、実際にあまり重要ではありません。コマンドラインを開いたときに、これとは違うことが表示されたとしても、気にしないでください）。

```
Last login: Wed Sep 19 13:24:00 on ttys001
(base) mattan@Mattans-Macbook-Pro ~ %
```

最初の行は、最後にログインしたときの日時です。これは基本的に無視してかまいません。これを表示させないようにもできますが、今はそこまで深入りしません。その方法は、みなさんがご自分で探って挑戦できるよう、黙っておきます。

2行目はもう少し面白い内容です。

```
(base) mattan@Mattans-Macbook-Pro ~ %
```

この行には、複数の意味が込められています。最初の部分（base）は、Anacondaインストーラーに関連するものです。同じコンピューターにバージョンが違うPythonが複数インストールされている場合に関係してきますが、ここではその機能は使いません。なので無視しても問題ありません[(8)]。

その次の「mattan」は、私たちのコンピューターでの、私たちのユーザー名です。その次の「@」と「Mattans-Macbook-Pro」は、私たちのコンピューターの名前です。それから半角スペースがあって、「~」（チルダ）があります。これは、今このコンピューターの中のどの位置にいるかを示しています。そうです、コマンドラインを開いたときに、コンピューターの中のどこにいたかです。詳しいことは後でお話しします。そして最後に「%」と、もうひとつ半角スペースが入り、四角形（カーソル）が表示されます。

ここまでは、Mac版のコマンドラインで見てきましたが、Windows版では、次のように表示されます。

```
(base) PS C:\Users\mattan>
```

プロンプトは（base）で始まっています。これはMac版が示しているのと同じです。次の「PS」は、「Powershell」を表しています。その後に、「C:\Users\mattan」とありますが、これは今コンピューターのどこにいるかを示しています（その意味は、この後で解説します）。そして「>」と半角スペースと点滅する線（カーソル）が続きます。

点滅する線は、ここに文字をタイプできることを示す「プロンプト」という記号です（プロンプト、つまり文字を入力せよと「催促」しているのです）。プロンプトの位置に、記憶していたり調べたりしたコマンドをタイプしてエンターキーを押すと、その結果が示されます。

1.4.1 pwdコマンド

たとえば、pwdとタイプしてエンターキーを押すと、Macでは、次のような行が示されます。

```
/Users/mattan
```

Windowsでは、次のように示されます。

```
Path
------
C:\Users\mattan
```

ところで、pwdとは何でしょう？　pwdというコマンドは、「print working directory」（作業ディレクトリを表示）を略したものです。これを実行すると、コンピューターに、現在どのフォルダにいるかを教えろと命令します［訳注：ディレクトリとフォルダはほぼ同じでファイルの場所を示します］。

今後は、コマンドを「実行」と言ったら、コマンドラインを開き、プロンプトにコマンドをタイプして、エンターキーを押すことだと覚えてください。次のような形で示すこともあります。

```
% pwd
/Users/mattan
```

「%」はプロンプトの意味です（コマンドラインに示される余計な情報は省略します）。インターネットでは、このような形でコードの例を示すのが普通です。コードの先頭に「%」があるときは、その行をタイプするか、コピー・アンド・ペーストせよという意味です（この「%」は含めないでください）。ときどき「%」がないこともありますが、そのときは、コマンドラインで実行する行なのかどうかを自分で判断してください。最初は混乱するかも知れませんが、じきに直感的にわかるようになります。

では、pwdを3回タイプして、その都度「print working directory」と大きく唱えて記憶してください。

1.4.2 open . と start . コマンド

コマンドラインを開いたときに、コンピューターの中のどこかにいると、これまで何度も話してきました。それって、どういう意味でしょう？　Macをお使いなら、次のコマンドを実行してみてください（「%」は省いてね）。

```
% open .
```
（「open」と「.」の間に半角スペース）

Windowをお使いなら、こう実行してください。

```
% start .
```
（「start」と「.」の間に半角スペース）

フォルダをいくつか含んだ新しいウィンドウが開くはずです。「そのフォルダの中に今いる」ということです。これが、コマンドラインを開いて作業するときのデフォルトのフォルダとなります。これを「ホームディレクトリ」と呼びます。

（みなさんに、あれこれと新しい用語を投げつけていることは重々承知してますが、これらは別に覚えなくても問題ありません。ただ、このような用語が度々出てきたときのために慣れておいてほしいと考えて、あえて使っているのです。なので、これらの用語を暗記しようと必死になって紙に書いたりしなくて大丈夫。真剣に受け止め過ぎてストレスになっては困ります。本当に重要な用語のときは、その都度お知らせします。）

1.4.3 ls コマンド

ls コマンドを実行して、何が起きるかを見てみましょう。私たちのコンピューターでは、次のように表示されました。

```
% ls
Applications
Movies
Music
Desktop
Documents
Pictures
Downloads
```

```
Public
anaconda3
Library
```

Windowsでは、最後に変更した日時など、もっと多くの情報が示されます。難しいと感じられた方は、全部無視してもかまいません。open .（Mac）、または start .（Windows）で開いたウィンドウと見比べると、コマンドラインに示されたのと同じ名前のフォルダがあることに気づかれるでしょう［訳注：日本語版システムのファインダーまたはエクスプローラではフォルダ名はカタカナ表記になっていますが、それぞれ同じものを示しています］。

ls コマンドは「list」の略です。「今いるフォルダの中にはどんなフォルダとファイルがあるのかを教えろ」という意味です。

1.4.4 cd コマンド

知っておくべきコマンドの最後は、cd です。これは「change directory」の略です。cd を使うと、現在のフォルダから別のフォルダに移動できます。こんな感じです。

```
% cd Desktop
```

このコマンドを実行しても、とくに何かが出力されることはありませんが、pwd を実行してみるとその結果がわかります。

```
% pwd
/Users/mattan/Desktop
```

cdは、現在のフォルダの中なら、どこへでも行くことができます（厳密には、cdはコマンドで、半角スペースの後に続くもの、つまりフォルダ名は「引数（ひきすう）」と呼ばれます）。

名前に半角スペースが使われているフォルダに移動したいときは、フォルダ名をダブルクォーテーションで囲む必要があります。たとえば……

```
% cd "Work Documents"
```

半角スペースの次にくるものは、すべて新しい引数だと解釈されてしまうため、半角スペースを挟んだ2語でひとつのフォルダ名を示しているとは、気がつかないのです。そのため開発者たちは、こうした混乱を避けるために、フォルダ名を付けるときは半角スペースの代わりに「_」（アンダースコア）をよく使います。

今いるフォルダの中に、別のフォルダがひとつもなく、元の場所に戻りたいときは、次のように入力してください。

```
% cd ..
```

「..」は、今いるフォルダからひとつ上の階層のフォルダを意味します（「親フォルダ」などと呼んだりもします）。したがって、基本的にcd ..は、「元の階層に戻して」と言うのと同じことです。

これで、コマンドラインでコンピューターの中を自由に移動するための3つのコマンド、pwd、ls、cdを覚えました。このほかに、あと何百ものコマンドがありますが、今のところは、Pythonのコードを実行するために必要なのは、この3つだけです。

では、少し時間をとって、これらのコマンドの使い方を練習してみてください。コンピューターの中にある適当なフォルダをひとつ決めて、コマンドラインを開き、そこへ行く方法を試してください。どこかで迷ってしまったら、次のコマンドを入力してください。

```
% cd ~
```

cdの後に「~」（チルダ）という引数を付ければ、いつでもホームディレクトリ（コマンドラインを開いたときの出発点となるフォルダ）に戻れます。最悪のシナリオでも、コマンドラインをいったん閉じて、改めて開き直すという方法があります。それで最初の地点に戻れます。

1.4.5 clear コマンド

とくに重要というわけではありませんが、以前に実行したすべてのコマンドをクリアしてくれます。

```
% clear
```

これは、コマンドラインを使うたびに余計なテキストが大量に表示されるのを煩わしく感じたときに便利です。

1.4.6 コードを入れるフォルダを作る

基本的なコマンドをいくつか学んだところで、この本でこれから作っていくコードを保存しておくためのフォルダを、デスクトップに作ってみましょう。フォルダを簡単に見つけられて、いつでも簡単に戻れる場所として、私たちはデスクトップをお薦めしますが、どこでも好きな場所に作ってかまいません。ただし、いつでも戻れるように、その場所を覚えておくことが重要です。

新しいコマンドラインを開き、ホームディレクトリにいることを確かめてください。または、cd ~を実行してください。

```
% cd ~
% pwd
/Users/mattan
```

では、デスクトップにcdします。

```
% cd Desktop
% pwd
/Users/mattan/Desktop
```

そして次のコマンドを実行してください。

```
% mkdir code
```

デスクトップを見てください。「code」という名前の新しい空のフォルダができているはずです。mkdir コマンドをこれまで教えてこなかったのは、デスクトップの適当な場所を右クリックして「新規フォルダを作成」を選択したほうが簡単にフォルダを作れるからです。でも、面白いのでここで使ってみました。コマンドラインで新しいフォルダを作ったからと言って、まだその中に入ったわけではありません。cd でそこへ移動する必要があります。

```
% cd code
% pwd
/Users/mattan/Desktop/code
```

はい、できました。ではコマンドラインを閉じて、新しく開き直し、今作った新しいフォルダに移動してください。

1.5 いよいよ「お楽しみの時間」

コマンドラインの移動方法はもう説明したので、少しそこから離れて、初めてのPythonコードを実行してみましょう（「Pythonコードを実行」と聞いて意味がわからなくても、今はまだ大丈夫。とにかく一緒にやってみてください。だんだんわかってきます）。

本書のサイトに「happy_hour.py」という名前のファイルがあります（そこへ行ってダウンロードしてください）。Pythonでは、実行可能なコードのファイルのことを「スクリプト」とも呼びます。このファイルの中身については、まだ気にしなくて結構。何はともあれ、このファイルを、デスクトップに新しく作ったコード用のフォルダに移動してください。こうしておけば、後になっても簡単に見つかります。では、新しいコマンドラインを開いてください。cd コマンドでコードを入れたフォルダに移動して（コマンドラインを解説した前のセクションで、そのやり方を練習しましたね？　忘れてしまったら、もう一度読み返してください）。ここで、pwdコマンドとlsコマンドを使って、正しいフォルダの中にあるかどうかを確認してください。

```
% pwd
/Users/mattan/Desktop/code
% ls
happy_hour.py
```

コード用フォルダに入れた「happy_hour.py」が表示されるはずです。lsを実行したときに現れるので確認してください。表示されないときは、(a) 正しいフォルダの中にファイルを移動していないか、(b) コマンドラインで目的のフォルダに移動していないことが考えられます。そこまでうまくできたら、コマンドラインでファイルを実行しましょう。python happy_hour.pyとタイプしてエンターキーを押してください。

```
% python happy_hour.py
How about you go to McSorley's Old Ale House with Mattan?
```
(Mattan と McSorley's Old Ale House に行きませんか？)

ほう……、おもしろい。同じ結果が現れましたか？

初めてこのコマンドを試したときに、エラーが表示されることがあります。でも大丈夫。エラーが出なかったとしても、現れる可能性のあるエラーについて知っておくと、何かとためになります。いつかかならず、エラーに遭遇する運命にあるからです。現れる可能性のあるエラーには、以下があります。

```
can't open file 'happy_hour.py': [Errno 2] No such file or
directory.
```

これが出たときは、実行しようとしたファイルが見つからないと言っています。間違ったフォルダにいるか、入れたと思っていたのにファイルがまだ入っていなかったことが考えられます。ひとつ前の手順に戻って、ファイルを、入れたはずのフォルダ（デスクトップに作ったコード用のフォルダ）に確実に移してください。

また、次のようなエラーが示されることもあります。

```
% python
Python 3.8.3 (default, Jul 2 2019, 16:54:48)
[Clang 10.0.0 ] :: Anaconda, Inc. on darwin
Type "help", "copyright", "credits" or "license" for more
information.
>>> happy_hour.py
NameError: name 'happy_hour' is not defined
>>> python happy_hour.py
SyntaxError: invalid syntax
```

ここにお見せしたエラーは興味深いものですが、説明は少々複雑になります。もし「python」とだけタイプして、その後に半角スペースも「happy_hour.py」も付けずにエンターキーを押していたら、「対話モード」と呼ばれるものを意図せずに開いてしまっています。このモードについては、この後すぐに解説しますが、今のところは、exit ()とタイプしてエンターキーを押すか、MacならCtrl + D、WindowsならCtrl + Zを押して、そこから抜けてください。これで、コマンドラインのプロンプトに戻ることができます。

ファイルの実行には成功したとしましょう。それなのに、上とは違う文章が表示されることがあります。そのときは、何度か実行を繰り返して、何が表示されるかを見てください（上向き矢印キーを使えば、最後にタイプした内容が再び画面に現れるので、いちいち同じコマンドをタイプする必要はありません）。

```
% python happy_hour.py
How about you go to The Back Room with Mattan?
% python happy_hour.py
How about you go to Death & Company with Samule L. Jackson?
% python happy_hour.py
How about you go to The Back Room with that person you forgot to
text back?
```

（Mattan と The Back Room に行かない？）
（Death & Company にサミュエル・L・ジャクソンと行かない？）
（The Back Room にメッセージの返信をし忘れた人と一緒に行かない？）

出力される文章が、毎回違うことにお気づきでしょう。何が起きているのでしょうか？

それを説明する前に、やってもらいたいことがあります。テキストエディター（Atom）で「happy_hour.py」を開き、そこに書かれているコードを読んでみてください。これは、次の2つの方法でできます。

1. Atomを開き、File > Open…を選択して、目的のファイルを探して「開く」をクリックする。
2. happy_hour.pyを右クリックしてメニューから「このアプリケーションで開く」を選択し、アプリケーションのリストでAtomを選択する。

残念ながら、happy_hour.pyをダブルクリックしても、そのままではAtomで開けません（あなたがデフォルトに指定しているテキストエディターで開いてしまいます）。でも、Atomをデフォルトのテキストエディターに指定するのは簡単です。やり方は、次のコラム『.pyファイル用にデフォルトのテキストエディターを変更する』を読んでください。

.pyファイル用にデフォルトのテキストエディターを変更する

Macで、.pyファイルを常に開くデフォルトのテキストエディターを指定するには、「.py」という拡張子のあるファイルをいずれかひとつ右クリックして「情報を見る」を選択。「このアプリケーションで開く：」のセクションで、リストから「Atom」を選択して、「すべてを変更…」をクリック。これで、すべての.pyファイルはAtomで開くようになります。

Windowsでは、「スタート」で「規定のアプリ」とタイプして検索し、「ファイルの種類ごとに規定のアプリを選ぶ」をクリックして、開いたリストをスクロールさせて「py ファイル」を探し、「Atom」を規定のアプリに指定してください。

この手順は、OSの更新によって変わることがあります。念のため、ご自分でもやり方をググっておいてください。

happy_hour.pyが開くと、次のテキストが表示されます。

```
import random

bars = ["McSorley's Old Ale House",
    "Death & Company",
    "The Back Room",
    "PDT"]

people = ["Mattan",
    "Sarah",
    "that person you forgot to text back",
    "Samule L. Jackson"]
random_bar = random.choice(bars)
random_person = random.choice(people)

print(f"How about you go to {random_bar} with {random_person}?")
```

これがPythonのコードです。まだPythonのこともコードのことも、何ひとつお教えしていませんが、気にしないでください。少し時間をかけて、このコードを1行ずつ上から下まで読んでみてください。大まかなところで、何をやっているのか察しがつくと思います。

チンプンカンプンでも、目を背けないで。よくよく見れば、各部分が何をしているかが見えてきます。特定のパターンや繰り返しに気づくはずです。意味はわからなくても、手がかりを探してください。

ではどうぞ！

コードに目を通されたことと思います。まだの人は、どうか今、よく読んでみてください。コーディングでは、他の人が書いた見たこともないコードを読んで、なぜそう書かれているのか、それが何をするのかを解読するスキルも重要になります。なので、今からその力を鍛えましょう。

このファイルの読み方をお教えしましょう。これは3つのパートに分割できます。

1. 上段
2. 中段
3. 下段

上段は設定のセクションです。

```
import random

bars = ["McSorley's Old Ale House",
    "Death & Company",
    "The Back Room",
    "PDT"]

people = ["Mattan",
    "Sarah",
    "that person you forgot to text back",
    "Samule L. Jackson"]
```

まずは、import randomという行があります。この行が何をするのか、まだわかりません。

その次に、barsとpeopleという2つのリストが作られているようです。それぞれの記号の意味（[ ] や " " など）はまだわかりませんが、なんとなくわかります。

中段のコードは、実際に何かの仕事をしているように見えます。

```
random_bar = random.choice(bars)
random_person = random.choice(people)
```

想像するにこれは（というか、私たちは知ってますが、ここは私たちも初心者になりきって見ていきます）、このコードは、bars（バー）とpeople（人）のリストから、それぞれをランダムに選び出しているようです。トップのところで見たimport randomを覚えてますか？　恐らくそれが、ここのrandom.choiceと関係がありそうです。

最後は下段部分です。これはコマンドラインで見たような気がします。

```
print(f"How about you go to {random_bar} with {random_person}?")
```

ただ、中段でランダムに選ばれたバーと人がそこに入ると思しき{random_bar}と{ran-dom_person}が挿入されています。

コードを心の中で上段、中段、下段に分けて考えることが、とくに重要というわけではありません。私たちはただ、これまでの人生で何万というコードのファイルを見てきた経験から、ひとつの読み方のコツを示しているだけです。

どう読んだらコードが理解できるかに加えて、これからみなさんは、問題を切り分ける方法、読んで分析するプロセス、自分にいちばん合ったやり方についても学ぶことになります。

同じような構造のコードのファイルは、よく目にします。まずは、コードの設定を行い（レシピに使う材料を集めるようなもの）、次に、実際に何かの仕事をするコードがあり（実際にレシピに従って料理をする）、最後に結果を得る（食卓に出すおいしい料理）という具合です。ここらで、Pythonの勉強の本題に入るとお思いでしょうが、残念でした。これからみなさんに、課題を出します。

1.5.1 課題1：Happy Hour Fixes

これから3つのことをしてもらいます。

1. おっと、サミュエル・L・ジャクソンのスペルを間違えていました。直してもらえますか？
2. リストに友だちを1人追加してください。エラーは出ませんでしたか？
3. 人の名前を1人ではなく2人、表示させてください。

少し時間を与えます。ただし5分以上はかけないでください。行き詰まっても、もう少し頑張ってみてください。でも、あまりイライラしないこと。なぜなら、この課題は解決できないことになっていますから。この課題の目的は、現時点でのみなさんの知識の限界を知り、もう少し視野を広げて、新しい知識を学べるようにすることにあります。ポイントは、あまりイライラして諦めないこと。自分に優しくなりましょう。

気づきましたか？　第1の課題は簡単にできるはずです。この行（11行目）の「l」と「e」を入れ替えればよいのです。

```
"Samuel L. Jackson"]
```

おめでとう。生まれて初めて、コードの編集ができました。

ここで保存しておくのを忘れないように。コーディング初心者がコードの保存を怠り、実行したときに、どうしてまだ動かないのかと頭を抱えることが少なくありません。

コードを記述したファイルは、Microsoft WordやExcelのファイルと同じです。変更を加えたのに保存を忘れてしまえば、変更は反映されません。ファイルを閉じるまで、宙ぶらりんの状態にあります（このような場合、閉じようとすれば「変更を保存しますか？」のようなメッセージが表示されます）。

Microsoft Wordのファイルに変更を加えて、保存をし忘れて、そのままファイルをメールで友だちや同僚に送ったとします。彼らが見るのは、変更したファイルでしょうか、古いファイルでしょうか？　送る前に保存して、その新しい方のファイルを送信しなければ、彼らは古いバージョンを見ることになります。コードもまったく同じことです。

言い換えれば、コマンドラインでファイルを実行したとき、変更の結果を確かめたいならば、その前にコードを保存することです。

幸いにも、Atomには、変更を加えて保存せずに保留状態になっていないかをチェックする方法があります。Atomの画面上部に、ファイルの名称が記されたタブがあります。このファイルに変更を加えて、まだ保存していない場合は、ここに青い「*」が表示されます（たとえば、happy_hour.py *といった感じ）。

ファイルを保存すると、「*」は消えます。それでは、コマンドラインでコードを実行してみましょう。Atomで見たとおりに実行されます。ではまた、happy_hourファイルに戻りましょう。

peopleのリストに友だちを追加するほうは、どうでしょう。細かいところに目が届く方なら、気づかれたかも知れません。人のリストでは、それぞれの項目はクォーテーションマークで囲まれ、最後にカンマが付いています（いちばん最後の項目は除く）。なので、「Daniel」を追加したい場合は、次のように記述する必要があります。

```
people = ["Mattan", "Sarah",
    "that person you forgot to text back", "Samuel L. Jackson",
    "Daniel"]
```

次は、よくやりがちな間違いです。

```
people = ["Mattan", "Sarah",
    "that person you forgot to text back", "Samuel L. Jackson"
    "Daniel"]
```

違いがわかりますか？　ちょっとしたことです。こちらには、最後から2行目のお尻にカンマがありません。

```
    "Samuel L. Jackson"
```

これは、とくに厄介なエラーを引き起こします。ファイルを実行した時点でエラーと判断されるわけではないからです。問題は、かならずしも即座に現れません。

```
% python happy_hour.py
How about you go to Death & Company with that person you forgot
to text back?
% python happy_hour.py
How about you go to PDT with Samuel L. JacksonDaniel?
```

2回目に実行したときの表示を見て、何か気づきましたか？　サミュエル・L・ジャクソンとダニエルがくっ付いて、「Samuel L. JacksonDaniel」となっています。

なぜそうなるのかは、文字列とprint関数について学べばわかってきます。今はまだ、カンマを抜かすと正しい結果が得られないとだけ覚えておいてください。

プログラミングで、初心者がよく引っ掛かることとして、カンマのような細かいもののお陰でコード全体が走らなくなる、または正しく機能しなくなるという現実があります。

コードにおいては、コンピューターは人間と同じように文章を理解できるわけではありません。人間は、カンマがひとつ抜けた文章を読んだとき、そこに自分でカンマを補って読むことができます。なので、何が言いたいかはわかってもらえます。それに対してコンピューターは、コードのカンマをひとつ書き損じた場合、自分で補ってはくれません。でも、これはいいことです。なぜなら、やれと命令したこと以外は、絶対にやらないことを意味しているからです（つまり勝手に憶測しないということです）。しかし、言葉に非常にやかましいヤツなわけで、うざいことは確かです。

私たちはよく、こんな英文の例を用います。「Let's eat Granma!」。これは「Let's eat, Granma!」とはずいぶん意味合いが違います。教訓：句読点は命を救う［訳注：「Let's eat Granma!」は「おばあちゃんを食べよう！」、「Let's eat, Granma!」は「おばあちゃん、食べようよ!」となります］。

細かいことを気にされるタイプの方は、ずいぶん気が重いことかと思いますが、気にすることはありません。慣れるまでに時間はかかりますが、いずれは頭で意識しなくても、自然に細かいところに目が行くようになります。

最後の課題に戻りましょう。ランダムに表示される人の名前を、1人ではなく2人にするには、どこを変えればよいのでしょうか。

今のところ、これがいちばん難しい問題です。なので、わからなかったとしても、問題ありません。
注目すべきは、この行です。

```
random_person = random.choice(people)
```

この行をもうひとつ増やせば、リストからランダムな名前をもうひとつ表示できると考えましたか？　こんな風にです。

```
random_person2 = random.choice(people)
```

また、名前のリストをもうひとつ作ると考えた人もいるでしょう。しかしこの場合は、そこまでする必要はありません。同じリストから2人を引き出すことが可能です。
2人の名前を表示させるには、最後のprintの行を変更するだけで済みます。

```
print(f"How about you go to {random_bar} with {random_person}?")
```

もうひとつのランダムに選んだ名前を加えるには、こうします。

```
print(f"How about you go to {random_bar} with {random_person} and
{ran-dom_person2}?")
```

見てのとおり、この行は少々長くなり過ぎています。ここらで、Pythonでは改行には重要な意味があることを説明しておくべきでしょう。上のコードは、この本のページでは2行で記述されています。これは実際には1行で書かなければ、Pythonは実行できません。詳しいことは後で説明します。私たちは可能な限り、長い行は短く分割して、そのままタイプすればよいように印刷してきました。
しかし、紙面の印刷可能な文字数の関係上、どうしても1行に収まらないこともあります。
ではファイルに戻って、変更したコードを何度か実行してみてください。

```
% python happy_hour.py
How about you go to McSorley's Old Ale House with Mattan and
Daniel? %
python happy_hour.py
```

```
How about you go to The Back Room with Samuel L. Jackson and
Sarah?
```

ここまではよし。しかし、さらにコードの実行を続けると問題が現れます。

```
% python happy_hour.py
How about you go to McSorley's Old Ale House with Daniel and
Daniel?
```

ときどき、ランダムに選ばれた2つの名前が、同じものになることがあります。コンピューターのプログラムでは、こうした類のエラーは「バグ」とか「エッジケース」と呼ばれます。エッジケースとは、コードはほとんど正常に実行されるが、ときどき間違った行動をする場合に使われます。

直し方を教えてほしいと思っているでしょう。しかし、ここでは逆にみなさんに質問します。どうやって直しますか？

ちょっと時間をとって、この問題を、考え方だけでもいいので、回避する方法を考えてみてください。みなさんはまだ、この問題を解決できるほどPythonを学んでいませんが、この後すぐに解説します。

1.5.2 課題2：ランダム化するスクリプトを書く

最後の課題を出します。10分程度で、ランダム化を使ったスクリプトを自分で作ってみてください（スクリプトとは、Pythonの実行可能なコードを記述したファイルのことです）。

ウェブで調べると、ランダム化を使ったスクリプトのアイデアがたくさん見られます。なかには、とてもよく使われるものもあります。ご参考までに、次ページに示す2つの例は、私たちが好きなスクリプトです（いけない言葉が出てくるので、先に謝っておきます）。

「ちょっと待って、あなたのスタートアップは何をする会社？　まあ基本的に、外科医のためのミーム発生器だね！」
http://itsthisforthat.com

これは、「It’s This for That」というサイトで、スタートアップ関連のバズワードとニッチな市場をランダムに組み合わせて、スタートアップのアイデアを生成するものです。

「既存コミュニティを炎上させ、関連性のある強力なエンゲージメントのコンテンツでエクスペリエンスを増幅し、新規メンバーを惹きつける」
https://whatthefuckismysocialmediastrategy.com/

これは、「What the f*** is my social media strategy?」というサイトで、ソ

ーシャルメディアの戦略を、おもにマーケティングのバズワードを混ぜ合わせてランダムにでっちあげます。しかし、驚くべきことに、そのほとんどが現実のソーシャルメディアの戦略に酷似しています。

happy-hour.pyをテンプレートに使って、10分でオリジナルのランダム化スクリプトを作ってください。いいものができたら、authors@pythonformbas.comまでメールで送ってください。みなさんがどんなアイデアを思いついたか、ぜひ知りたく思います。

1.6 まとめ

この章では、Pythonプログラミング言語を紹介し、それを使って何ができるのかを、ほんの少し齧ってみました。また、開発環境のセットアップ（Pythonやテキストエディターのインストールなど）と、コマンドラインの使い方も試しました。

最後に、Pythonスクリプト（happy hour generator：お楽しみ発生器）を実行し、コードの構造を見ました。その一部をいじって遊び、その構造を利用して独自のPythonスクリプトも作ってみました。

次の章では、Pythonの基本に突入し、これから遭遇するいくつかの新しい考え方やツールの理解を深めます。

第2章 Pythonの基本 パート1

これまで、Pythonを「実行する」とは何を意味するかを学んできましたが、Pythonスクリプトの基本的な構成要素については、まだ見ていません。この章では、Pythonで何ができるのか、その基本について学んでいきましょう。

2.1 この章で学ぶこと

この章の終わりには、ユーザーからの入力を受け付け、何かの仕事をして、出力を提示する基本的なPythonスクリプトが作れるようになっているはずです。また、Pythonコードの2つの異なる実行方法、print関数の使い方、Pythonのエラーを読み解きトラブルシューティングをする方法、コメントと変数、Pythonの一部のデータタイプ（浮動小数、整数、文字列）、そしてユーザーの入力を取得する方法についても学びます。

2.2 Pythonコードの2つの実行方法

Pythonコードの実行方法は2つあります。ひとつは、すでにやってきた、コマンドラインでスクリプトを実行する方法です。こんな風に……

```
% python script.py
```

スクリプトとは、.py拡張子のついたファイルに、有効なPythonコードを丸ごと保存したものです。Pythonスクリプトはダウンロードもできますが、どんなテキストエディターでも記述することもできます（Atomばかりではありません）。

「.py拡張子って、どこが特別なの？」と訝《いぶか》っていらっしゃるかも知れませんね。別に特別じゃない、というのが答です。

たとえば、happy_hour.pyをhappy_hour.txtやhappy_hour.htmlに変更したければ、できます（今は拡張子を表示しないOSも多いようです。ユーザーは拡張子なんて見たくないと思ったからでしょう。なので、拡張子をデフォルトで表示させて変更できるようにするには、システム設定の変更が必要になる場合があります）。

ファイル名の最後にくっ付いている拡張子の目的は、それをダブルクリックしたときに、どのアプリケーションで開けばいいかをコンピューターに教えるためです。たとえば、.txtという拡張子のあるファイルは、インストールされていてデフォルト（標準設定）に指定されているプレーンテキストのエディターで開かれます。.htmlファイルをダブルクリックすれば、デフォルトのウェブブラウザーで開かれます。.py拡張子が付いたファイルは、それがPythonコードを含むテキストファイルであることをコンピューターに教えます。これをダブルクリックすると、デフォルトのテキストエディターで開かれます。特定のファイル形式に対応するデフォルトのアプリケーションは、後から変更ができます。その方法についは、セクション1.5のコラム『.pyファイル用にデフォルトのテキストエディターを変更する』でお話ししました。

もうひとつのPythonコードの実行方法は、「対話モード」を使うやり方です。コマンドラインでpythonとタイプして（この後にファイル名は入れません）、エンターキーを押せば、対話モードに切り替わります。

```
% python
Python 3.8.3 (default, Jul 2 2019, 16:54:48)
[Clang 10.0.0 ] :: Anaconda, Inc. on darwin
Type "help", "copyright", "credits" or "license" for more
information.
>>>
```

見てのとおり、ここにはインストールされているPythonのバージョンや、もっと詳しい情報がほしいときにタイプして使える言葉の説明が書かれています。本書では、紙面を節約するためにここは全部スキップして、先へ進みます。

```
% python
>>>
```

プロンプトが>>>に変わったことに注目してください。これはもう、ここがコマンドラインではないことを示しています。今は、Pythonの中に入っています。これまで私たちが使ってきたコマンドラインのコマンド（pwd、ls、cdなど）は、このモードでは使えません。

```
% python
>>> pwd
Traceback (most recent call last):
    File "<stdin>", line 1, in <module>
NameError: name 'pwd' is not defined
>>>
```

しかし、Pythonの対話モードでは、Pythonコードが使えます。次のコードを試してみてください。

```
% python
>>> 1 + 1
2
>>> print("Winter is coming.")
Winter is coming.
>>> "Mattan" * 1000
'MattanMattanMattanMattanMattanMattanMattanMattanMattan
MattanMattan ...
```

おや、たくさんMattanが並んでしまいました。Pythonの対話モードから抜けてコマンドラインに戻りたいときは、次の操作を行ってください。

・MacならCtrl ＋ Dを押す
・WindowsならCtrl ＋ Ｚを押す
・または、exit()とタイプしてエンターキーを押す

この方法を忘れてしまったときは、ただexitとタイプしてエンターキーを押せば、ヒントが表示されます。

```
>>> exit
Use exit() or Ctrl-D (i.e. EOF) to exit
```

EOFは「end of file」の略です。これ以上実行するコードはありませんよと、Pythonに教える合図です［訳注：上の例はMacの場合です。WindowsではUse exit() or Ctrl-Z plus Return to exitと表示されます］。

ファイルにコードを記述せずに対話モードを使うのは、またその逆を行うのは、どうしてでしょうか？

Pythonの対話モードは、コードを試したいときに、時間を節約できる優れた方法なのです。何をしようとしているのか、どうやればよいのかがハッキリしないときは、このモードであれこれ試すことができます。使いたいコードが見つかったら、それをファイルに保存しておけば、将来、同じものをその都度記述する手間をなくして再利用ができます。そう思えば、納得でしょう。

では、ひとまず対話モードとお別れしましょう。後でまた戻ってきます。

2.3 print

新しくprint.pyというファイルを作って、コードフォルダに保存しようと思います。手順は次のとおり。

1. Atomを開く。デフォルトで空のファイルが開きます。開かないときは、File > New Fileをクリックしてください。
2. File > Saveをクリックする（または、MacならCommand+ S、WindowsならCtrl + S)。
3. デスクトップのcodeフォルダに移動する。
4. ファイル名をprint.pyに変更する（かならず、.py拡張子を付けるように)。
5. Save（「保存」）をクリックする。

codeフォルダを見て、今作ったフィイルが入ってるか、確認してください。確認できたら、何も書かれていないprint.pyファイルに、次のコードを記述してください。

```
print("Winter is coming.")
```

ではこれを保存して、コマンドラインで実行してみてください。

```
% python print.py
Winter is coming.
```

うまくできましたか？　もし、できなかったときは、ファイルがきちんと所定のフォルダに保存されていて、コマンドラインがそのフォルダに移動しているかを確認してください（ファイルがあるかどうかは、lsで確認できます)。

基本的にprint()は、何かをコマンドラインに表示させるための関数です。この後、いくつかの章にわたってその他の関数も紹介していきます。また、関数については4.2『関数入門』で詳しく解説します。今のところは、関数は括弧の中の入力を扱うものだとだけ覚えておいてください。関数の名称を挙げるときは、print()のように、かならず括弧を付けて、変数（すぐこの後で解説します）と区別するようにします。

では、print.pyに新しい行を加えましょう。

```
print("Winter is coming.")
print("You know nothing", "Mattan Griffel")
```

最後の部分は自分の名前に変えてもかまいません。このファイルを実行してみましょう。

```
% python print.py
Winter is coming.
You know nothing Mattan Griffel
```

新しい行が表示されないときは、追加した後でファイルを保存したかを確認しましょう。

“You know nothing”と“Mattan Griffel”という2つのテキストを、2行目のprint()にカンマで区切って追加したわけですが、Pythonはこのカンマを半角スペースに置き換えて、2つの文章の間に表示しています。

Python2のprint

Python2（Pythonの前のバージョン）では、`print "hi"`のように括弧なしで記述できましたが、Python3では機能しません。Python2のコードをコピペしてPython3で実行したとき、おそらく最初に出るエラーがこれに関連するものです。次のように表示されたときは……

```
>>> print "hi"
    File "<stdin>", line 1
          print "hi"
                   ^
SyntaxError: Missing parentheses in call to 'print'
```

（文法エラー：printの呼び出しに括弧がありません）

Python2用のコードをPython3で実行したことを示しています。いちばん簡単な対処法は、printに続くテキストの前後に括弧を書き加えることです。こんな風に……

```
>>> print("hi")
hi
```

2.3.1　プリントの課題

print.pyのコードを書き換えて、あなたの好きな歌の歌詞や詩を表示させてください。3分ほど時間を与えます。

できましたか？

私たちはこんなコードを書きました（太字で示した行がありますが、その理由は後で説明します）。

```
print("since feeling is first")
print("who pays any attention")
print("to the syntax of things")
print("will never wholly kiss you;")
print("wholly to be a fool")
```

```
print("while Spring is in the world")
print("my blood approves")
print("and kisses are a better fate")
print("than wisdom")
print("lady i swear by all flowers. Don't cry")
print("—the best gesture of my brain is less than"
print("your eyelids' flutter which says") (ここが13行目です)

print("we are for each other: then")
print("laugh, leaning back in my arms" (ここが16行目です)
print("for life's not a paragraph")

print("and death i think is no parenthesis")
```

この詩は、E・E・カミングスの『Since Feeling is First』という作品です。マッタンが大好きな詩です（ダニエルは、W・H・オーデンの『Funeral Blues』が好きだと主張しています）。これを実行するとどうなるでしょう？

```
% python print.py
  File "print.py", line 13
      print("your eyelids' flutter which says")
      ^
SyntaxError: invalid syntax
```

おやまあ！　うまくいきません。どうしたのでしょう？（このエラーは、上のコードに原因があります。みなさんがこの課題で作ったコードとは別物ですから、このエラーが出なかった人もいるはずです。だとしても、これからPythonコードのデバッギング方法を解説しますので、ちょっとお付き合いください）

初めてエラーメッセージが出たとき、バンザイして諦めたい気分になるものです。でも、諦めないで。エラーメッセージは友だちです。なぜか、お教えしましょう。Pythonコードを実行すれば、かならずエラーメッセージが出ます。なので、エラーメッセージに慣れて、トラブルシューティングの方法を学ぶべきなのです。

Pythonのエラーメッセージを詳しく見てみましょう。

2.4 エラーのデバッギング方法とググり方

もう一度、このエラーを見てみましょう。

```
File "print.py", line 13
    print("your eyelids' flutter which says")
    ^
SyntaxError: invalid syntax
```

これは私たちに何を伝えているのでしょう？　最初の部分「File "print.py"」は、エラーが発生したときにPythonが実行したファイルです。これはまさに私たちが実行したファイルなので、まったくそのとおりです。ただ、コードをたくさん記述したときを想像してみてください。開発者は、数多くのコードを組み立てて整理する必要があります。その方法のひとつに、いろいろなところで共通して使うコードを複数のファイルに小分けするというものがあります（その方法については4.3『Pythonパッケージをインポートする』で解説します）。コードを複数のファイルに分割したとき、どのファイルにエラーが起きたのかがわかると便利です。

次の部分は「line 13」となっています。これはエラーが発生した行を示しています。

さらに、エラーメッセージの次の2つの行を見てみましょう。

```
print("your eyelids' flutter which says")
^
```

これは、Pythonが実行してエラーを起こした行の、コードそのものです。下に「^」がありますが、これはエラーはここで起きているとPythonが考えた箇所を示しています。つねに正しいとは限りませんが、これがPythonのできる限りの推測です。

最後の行「SyntaxError: invalid syntax」は、エラーのカテゴリー（これからいくつかのエラーのカテゴリーに遭遇することになります）と、エラーメッセージの本体が含まれています。

このメッセージから学べることは？　残念ながら、わずかしかありません。Pythonは、とても助けになるエラーメッセージを出してくれることもあれば、そうでないときもあります。この場合は、13行目（最初に示したコードで太字になっている部分）をどんなに見ても、どこも悪いところはなさそうです。どうしたらいいのでしょう？

私たちはGoogleに聞いてみました[1]。信じられないでしょうが、優れたコーダーになるためには、解決方法を知らない問題の答をググるのが、じつに大きな助けになります。トラブルシューティングと問題の解決方法を学ぶには、何もかも私たちに聞くよりも、Googleに聞くことのほうが重要です（私たちだって、なんでも知っているわけではありませんし）。

よくわからないPythonのエラーに出くわしたとき、私たちは何はともあれ、エラーメッセージに「Python」という言葉を添えてググります。

すると、Googleの検索結果では、「Stack Overflow」（https://stackoverflow.com/）[2]［訳注：日本語のページは次です。https://ja.stackoverflow.com/］というサイトをよく目にするようになります。

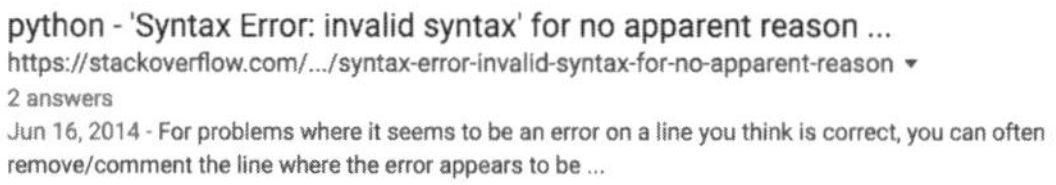

「Stack Overflow」は、開発者が質問をすると、別の開発者がタダで答えてくれるという人気のサイトです。どれだけ凄いのかって？　無料の技術サポートなのです。Pythonはとても人気のプログラミング言語なので、何らかのエラーに遭遇しても、他の誰かがすでに同じエラーを体験していて、解決策を知っている可能性が高いのです。

次に示すのは、今回のGoogleの検索結果として示された「Stack Overflow」

の最初のページです（本書執筆時）。

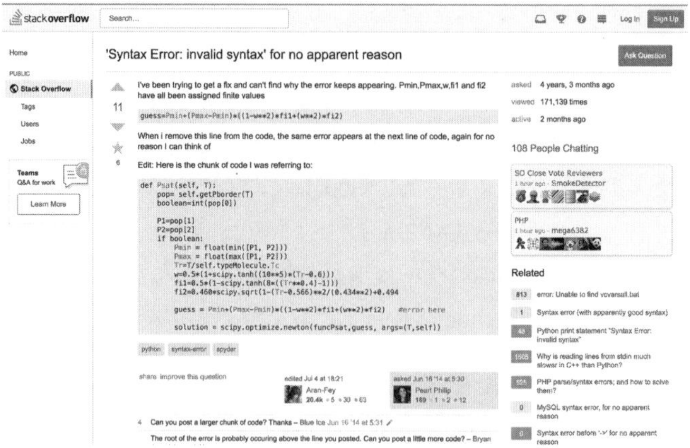

ここで質問されている「Syntax Error: invalid syntax' for no apparent reason」（シンタックスエラー：とくに明白な理由がない無効な文法）は、私たちの問題とよく似ています。

次に、問題の解説が書かれています。質問者はエラーを引き起こしたコードの一部を載せています。即座に役に立つ回答をもらうためには、上手に質問することが大切です。以下にそのコツを列挙します。

1. 簡潔に問題を説明する。何がしたかったのか？　どうなったのか？（実際のエラーメッセージを併記する）。
2. 実際に見てみたい人のために、誰でも同じエラーが出せる手順を示す。できれば、みんなが直接コピーして自分のPythonにペーストしてエラーを再現できるよう、コードの一部を掲載する。
3. この問題に関連するコードも掲載する。

投稿する前に、「Stack Overflow」の『How Do I Ask a Good Question?』（よい質問方法は？）という記事を読まれるよう、強くお薦めします(3)［訳注：日本語版のStack Overflowでは、『良い質問をするには？』https://ja.stackoverflow.com/help/how-to-askです］。

「Syntax Error: invalid syntax' for no apparent reason」では、質問者がどのように問題を要約し、問題のコードの行をどのように掲載しているかに注目してください。

I've been trying to get a fix and can't find why the error keeps appearing. Pmin,Pmax,w,fi1 and fi2 have all been assigned finite values

```
guess=Pmin+(Pmax-Pmin)*((1-w**2)*fi1+(w**2)*fi2)
```

When i remove this line from the code, the same error appears at the next line of code, again for no reason I can think of

「直そうとしていますが、何度やっても同じエラーが出ます。
Pmin、Pmax、w、fi1とfi2には、すべて有限値を割り当てています」
「コードからこの行を削除しても、同じエラーが次の行に現れます。
これも、とくに理由はないように思えます」

心配はご無用です。この質問にはたくさんのコードが含まれていますが、それが何をするものなのかは、細かく知る必要はありません。「Stack Overflow」の各質問の下には、もっと詳しい情報がほしいとか、もっと説明してほしいといったコメントが付いています。誰かがこの質問に答を書くと、コメントの下にそれが現れます。この場合、いくつかの回答が寄せられています。

今これを書いている時点では、paxdiabloという人が2014年6月16日に書いた答がトップにあります。左側に緑色のチェックマークが付いていますが、それは元々この質問をした人が承認したことを示しています。

次ページで答を見てみましょう。

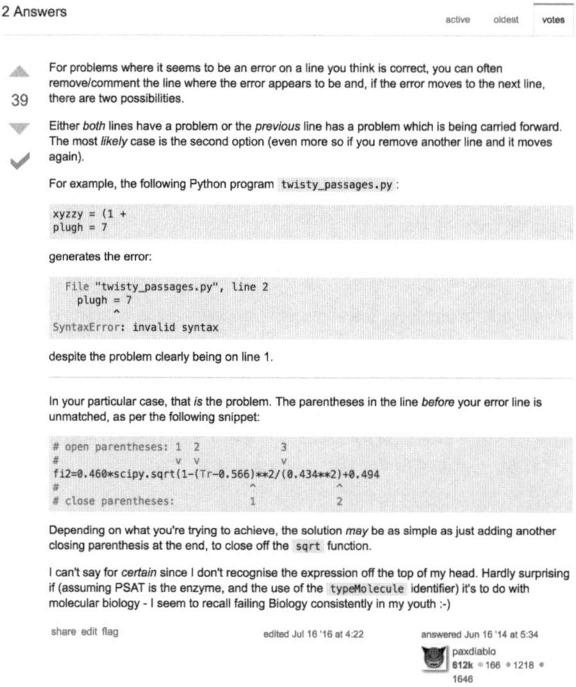
2 Answers

active oldest votes

39

For problems where it seems to be an error on a line you think is correct, you can often remove/comment the line where the error appears to be and, if the error moves to the next line, there are two possibilities.

Either *both* lines have a problem or the *previous* line has a problem which is being carried forward. The most *likely* case is the second option (even more so if you remove another line and it moves again).

For example, the following Python program `twisty_passages.py`:

```
xyzzy = (1 +
plugh = 7
```

generates the error:

```
  File "twisty_passages.py", line 2
    plugh = 7
          ^
SyntaxError: invalid syntax
```

despite the problem clearly being on line 1.

In your particular case, that *is* the problem. The parentheses in the line *before* your error line is unmatched, as per the following snippet:

```
# open parentheses: 1  2             3
#                   v  v             v
fi2=0.460*scipy.sqrt(1-(Tr-0.566)**2/(0.434**2)+0.494
#                               ^           ^
# close parentheses:            1           2
```

Depending on what you're trying to achieve, the solution *may* be as simple as just adding another closing parenthesis at the end, to close off the `sqrt` function.

I can't say for *certain* since I don't recognise the expression off the top of my head. Hardly surprising if (assuming PSAT is the enzyme, and the use of the `typeMolecule` identifier) it's to do with molecular biology - I seem to recall failing Biology consistently in my youth :-)

share edit flag　edited Jul 16 '16 at 4:22　answered Jun 16 '14 at 5:34

paxdiablo

612k • 166 • 1218 • 1646

【画像内の訳】

問題ないとあなたが考える行でエラーが発生している問題についてですが、エラーが起きていると思われる行を削除するかコメントアウトした場合、次の行で同じエラーが出るときは、以下の2つの可能性があります。

両方の行に問題がある。または、前の行に問題があり、それが次に送られている。よくあるのが、2つめのケースです（2行目を削除するとさらに次の行にエラーが移る場合は、なおさらそうと言えます）。

たとえば、次のPythonプログラムtwisty_pasage.pyの場合……

```
xyzzy = (1 +
plugh = 7
```

次のエラーが出ます。

```
file "twisty_passage.py", line 2
  plugh = 7
        ^
SyntaxError: invalid syntax
```

1行目に明らかに問題があります。

あなたのケースでは、まさにそれが原因です。エラー行のひとつ前の行の括弧が、次のスニペット（コードの断片）のように、マッチしていないのです。

```
# open parentheses: 1  2             3 (括弧開き)
#.                  V  V             V
fi2=0.460*scipy.sqrt(1-(Tr-0.566)**2/(0.434**2)+0.494
#                               ^             ^
# close parentheses:            1             2 (括弧閉じ)
```

何を目標とするかによりますが、解決策は、最後に括弧閉じをひとつ追加するだけという簡単なものです。これはsqrt関数を閉じるための括弧です。
にわかにはその表現を認識できないため、定かではありません。驚くようなことではありませんが、もしこれが（PSATを酵素と仮定し、typeMolecule識別子を使っていることから）分子生物学に関連したものだとしたら、若いころに生物学を落としてばかりいたことが思い出されます（笑）

この回答は、Pythonはときどきこのエラーをひとつの行で出しますが、その行を削除すると、エラーは次の行に移動すると言っています。次の例を挙げています。

```
xyzzy = (1 +
plugh = 7
```

当然、このコードを実行すれば、前に見たのと同じエラーメッセージ「SyntaxError: invalid syntax」が表示されます。

なぜでしょう？　Pythonでファイルを実行すると、Pythonは上から下へ、左から右へと順番に読んでいきます。このコードの例では、最初の行が「xyzzy = (1 +」と途中で終わっています。Pythonは行の終わりまで来ても、加算されるべき数値も括弧閉じも見つかりません。そこで次の行に移ってその数値を探します。plugh = 7まで辿り着くと、何かが明らかに間違っていることに気づきます。そこでエラーを発するのです。

print.pyの12行目に戻って見てみましょう（これは課題に対する私たちの答なので、あなたのコードはこれとは違っているはずですが）。そこにはこう書かれています。

```
print("―the best gesture of my brain is less than"
```

最後に括弧閉じを書くのを忘れていました。これはすぐに直せます。

```
print("―the best gesture of my brain is less than")
```

ではこのコードを実行してみましょう。

```
% python print.py
    File "print.py", line 17
        print("for life's not a paragraph")
                ^
SyntaxError: invalid syntax
```

どうしたことでしょう？　問題は今直したはずです。こうしたことは、しょっちゅう起こります。よくよく注意して見ないと、すぐに頭に血が上ってしまいます。よく見てください。このエラーは、前に出たものと違っています。今度は17行目でエラーだと言っています。

ひとつのコードで複数の間違いをやらかすことも、よくあります。ひとつのエラーが別のエラーを引き起こすということもあります。次のエラーを確認するための唯一の方法は、エラーをひとつずつ片付けることです。信じられないかも知れませんが、これは進歩です。イライラしないで、根気よく取り組みましょう。

私たちは、コードを書きながら、1行ずつ実行していくことをお勧めします。このやり方なら、エラーが生じたその場でひとつずつ把握できます。最後にすべてのエラーをまとめて受け取るとなると、どこで何をしてエラーが出たのかがわかりづらくなります。

案の定、エラー行の前の行（16行目）を見てみると、ここでも括弧閉じが抜けていました。

```
print("laugh, leaning back in my arms"
```

行端に抜けていた括弧閉じを書き加えてやれば、ファイルは見事にprintされます。

```
% python print.py
since feeling is first
who pays any attention
to the syntax of things
will never wholly kiss you;
wholly to be a fool
while Spring is in the world
my blood approves
```

```
and kisses are a better fate
than wisdom
lady i swear by all flowers. Don't cry
—the best gesture of my brain is less than
your eyelids' flutter which says
we are for each other: then
laugh, leaning back in my arms
for life's not a paragraph
and death i think is no parenthesis
```

この例に関して、最後にもうひとつ。Pythonコードの空白行はコマンドラインにはprintされません。Pythonはコード内の空白の行は、丸ごとスキップします。では、空白行をコマンドラインにprintしたいときは、どうしたらいいのでしょうか？　これは、みなさんで実験してもらうために、答を言わずにおきましょう。

2.5 コメント

私たちのprint.pyの先頭にクレジットを入れましょう（ここは、あなたが選んだ詩のタイトルや作者に書き換えることができます)。

```
# "Since feeling is first" by e e cummings
...
```

「…」は省略記号です。この下にコードがあることを意味しています。コードの例を示すたびごとに、すべてのコードを記載する手間を省いています。全部書いていたら、紙面がいくらあっても足りませんし。

Pythonでは、行頭の#マーク（ハッシュタグやナンバーとしても知られていますが）は、「コメント」と呼ばれています。Pythonはコメントを飛ばすことになっています（つまり実行されません)。なので、クレジットや、このコードを読む可能性のある他の開発者への伝言や、この先何をするかといった自分自身の覚書などを書いておけます。

コードの行末にコメントマークを入れることもできます。次ページに示す例のように……

```
print("lady i swear by all flowers. Don't cry") # I love this line
                                                  (この行が大好き)
```

コメントはトラブルシューティングにも役立ちます。Pythonは#の後はすべて読み飛ばすので、いくつもの行を「コメントアウト」することで、削除しなくても、その行を抜かして実行した場合にどうなるかを確認できます。

```
# "Since feeling is first" by e cummings
print("since feeling is first")
print("who pays any attention")
print("to the syntax of things")
print("will never wholly kiss you;")
print("wholly to be a fool")
print("while Spring is in the world")

# print("my blood approves")
# print("and kisses are a better fate")
# print("than wisdom")
# print("lady i swear by all flowers. Don't cry") # I love this line
# print("—the best gesture of my brain is less than")
# print("your eyelids' flutter which says")

print("we are for each other: then")
print("laugh, leaning back in my arms")
print("for life's not a paragraph")

print("and death i think is no parenthesis")
```

これを実行すると、コメントアウトした行は表示されなくなります。

```
% python print.py
since feeling is first
who pays any attention
to the syntax of things
will never wholly kiss you;
wholly to be a fool
while Spring is in the world
we are for each other: then
laugh, leaning back in my arms
for life's not a paragraph
and death i think is no parenthesis
```

Atomには、コードをコメントアウトするための便利なキーボードショートカットがあります。コメントアウトしたい行（複数行も可）を選択して、MacではCommand + /、WindowsではCtrl + /です。やってみましょう。このショートカットを忘れてしまったときは、AtomのEditメニューの「Toggle Comments」でも行えます。

2.6 変数

さて、ここからPythonのとても重要な概念「変数」（variable）について説明します。高校で代数を習った人なら、変数の働きについては知っているでしょう。簡単なクイズを出します。

```
a=1
b=2
c=a+b
```

c の値はなんでしょう？　「3」と答えた人は正解です。あなたは、変数の働きを知っています。変数は、コードの中に何かを保存しておく手段です。数値や文章を入れておく小さな箱と考えるといいでしょう。変数の使い方を練習するために、variables.pyという新しいファイルを作って、次のコードを記述してください。

```
# Variables are just nicknames (変数は単なるニックネーム)
# they're plain, lowercase words (ただの小文字の言葉)

name = "Mattan Griffel"
orphan_fee = 200
teddy_bear_fee = 121.80
total = orphan_fee + teddy_bear_fee

print(name, "the total will be", total)
```

これを実行して、何が表示されるか見てください。

```
% python variables.py
Mattan Griffel the total will be 321.8
```

変数を箱に例えると、わかりやすくなります。ある家から別の家に引っ越すとき、いろんなものを箱に詰めて「本」とかラベルを貼って、中身が何かわかるようにしますよね。こうしておけば、荷物の運搬が楽になります。Pythonでは、変数はテキストや数値や（後で説明しますが）リストなども入れられる箱のようなものです。

新しい変数を作って、そこに値を入れることを「変数の割り当て」と言います（この表現は本書を通して何度も登場しますので、すぐに慣れるはずです）。変数に値を割り当てると、コードのいたるところで使えるようになります。変数箱の中に何が入っていようとも、コードを実行したときに値が読み込まれます。しかし、実際にはまだ作っていない変数を使おうとしたら、どうなるでしょう。たとえば……

```
...
print(subtotal)
```

このコードを実行すると、次のエラーが現れます。

```
  File "variables.py", line 9, in <module>
    print(subtotal)
NameError: name ‘subtotal' is not defined
```

エラーの型が「`NameError`」であることと、「`name 'subtotal' is not defined`」（subtotalという名称は定義されていません）というエラーメッセージに注目してください。これは、変数名のスペルをうっかり間違えたときなどに、ごく普通に現れるエラーでもあります。variables.pyをエラーなしで実行したければ、subtotalを定義するか、print(subtotal)を削除またはコメントアウトするかです。こんな風に……

```
...
# print(subtotal)
```

約束事に関してもうひとつ。等号の前後の半角スペースは必要ありません。しかし、あったほうが読みやすくなります（たとえば、orphan_fee = 200 と orphan_fee=200 を比べるとどうでしょう）。

「これをやったら、どうなるだろう？　それでも動くかしら？」といった疑問を持ったとき、私たちは、実際にやってみて結果を見ることをお薦めします。簡単に修正できないほどのミスをやらかす危険性は、まずありません。「これをやったら……？」という疑問への答は、恣意的なものです。Pythonでは、なぜひとつの方法がうまくいって、他の方法ではダメなのか。それは、この言語を作った人たちが、そうなるようにしようと決めたからです。

Pythonなどのプログラミング言語を勉強して使いこなせるようになるということは、別の状況ではどうなるかをなんとなく予測できるようになるまで、十分にあれこれ試すということです。言い換えれば、定かでないときは、とにかくやってみて、どうなるかを確かめることです。

変数とPythonスタイルガイド

Pythonの公式スタイルガイドでは、変数は「判読性を高めるために、小文字で、必要に応じてアンダースコアで区切る」と書かれています(4) [訳注：日本語の公式スタイルガイドは以下です。https://pep8-ja.readthedocs.io/ja/latest/]。そのため本書でも、その慣例に従うことにします。

Pythonにおいては（他のプログラミング言語でも同じですが)、慣例として従うべきものと、従ったほうがよいものとの2つのルールがあります。こうした慣例は、コミュニティが合意したもので、暗示的にも明示的にも、標準化されたコードの記述方針となっています。その目的は、読みやすく、共有しやすく、他の人が書いたコードを理解しやすくすることにあります。変数の名前の付け方も、その慣例に従っています。

Pythonスタイルガイドが公開された2001年より何年も前に、他の人が書いたコードを見たとしたら、それは、キャメルケースや略号（tbfとか）やら、いろいろな慣例に沿った変数の命名方法で書かれたものだったことでしょう。今でも、その気になって見回せば、そうした例はいろいろな場所で見られます。しかし私たちは、小文字で、アンダースコアで区切る書き方を推奨します。

2.7　数値と計算

Pythonでは、みなさんにも馴染み深い符号を使って計算ができると聞いても、別に驚きはしないでしょう。math2.pyという新しいファイルを作ってください（Pythonには、mathという名前の内蔵モジュールがあります。これについては後で詳しく学んでいきますが、今のところは、混乱を避けるためにmath.pyといいう名前は使わずにおきます）。math2.pyの中に、次のコードを記述してください。

```
# In Python you can do math using these symbols: (Pythonでは以下の符号を使って計算できます)
# + addition (加算)
# - subtraction (減算)
# * multiplication (乗算)
# / division (除算)
# ** exponents (not ^) (べき乗：^ではない)

print("What is the answer to life, the universe, and everything?",
40 + 30 - 7 * 2 / 3)
print("Is it true that 5 * 2 > 3 * 4?")
print(5 * 2 > 3 * 4)
```

これを実行すると、次のように表示されます。

```
% python math2.py
What is the answer to life, the universe, and everything?
65.33333333333333
Is it true that 5 * 2 > 3 * 4?
False
「生命、宇宙、そして万物についての答は？　65.33333333333333」
「5 * 2 > 3 * 4は本当？」
「違います」
```

math2.pyのコードの最初の行は、ずいぶん長いことにお気づきでしょう。

```
print("What is the answer to life, the universe, and everything?",
40 + 30 - 7 * 2 / 3)
```

『Python Style Guide』を読むと、コードの行は、1行80キャラクター以内でないといけないという約束事があることがわかります。この本では、みなさんが読みやすいように、長い行は何行かに折り返して印刷しています。しかしPythonでは、コードの1行を複数行に改行すると、うまく動作しないことがあります。

これを解決する方法に、Pythonコードの行を括弧でくくるというものがあります。上の例では、長い行を途中で改行していますが、print関数の括弧に収まっているので、問題ありません。

```
print("What is the answer to life, the universe, and everything?",
40 + 30 - 7 * 2 / 3)
```

ただし、ダブルクォーテーションで囲まれたテキストの途中で改行した場合は通用しません。Pythonが先頭の行の最後に到達したとき、行頭で開いた括弧が閉じられていないことに気づき、次の行はただのゴミだと思ってしまいます。

2つめのアプローチは、可能な場所で変数を使ってコードを小さな塊に分割する方法です。どういう意味か、下に例を示します。

```
...
answer = 40 + 30 - 7 * 2 / 3
print("What is the answer to life, the universe, and everything?",
answer)
...
```

もう一度行っておきます。「…」のところはタイプしないでください。必要な部分だけをお見せするために、前出のコードの一部を省略した、この本でだけの印です。

このアプローチには、コードを読みやすくするというオマケもあります。変数に適切な名称を与えることで、コードがわかりやすくなります。コードの各部分にラベルを貼るようなものだからです。

これらのアプローチを試したあと、もう一度ファイルを実行して、前と同じように機能することを確かめてください。

```
% python math2.py
What is the answer to life, the universe, and everything?
65.33333333333333
Is it true that 5 * 2 > 3 * 4?
False
```

『銀河ヒッチハイク・ガイド』を読んだ人なら、生命、宇宙、そして万物の答は「65.333」ではなく「42」だと知っているはずです。これで、ひとつ命令を忘れていたことが判明しました。math2.pyを編集して、40 + 30 - 7を括弧で囲んでください。

```
...
answer = (40 + 30 - 7) * 2 / 3
...
```

では、math2.pyをもう一度実行しましょう。

```
% python math2.py
What is the answer to life, the universe, and everything? 42.0
...
```

できました。でも、なんか奇妙な点に気づきませんか？ 「42」ではなく「42.0」と表示されています。何が起きたのでしょうか？

2.7.1 整数と浮動小数

私たちのファイルが「42」ではなく「42.0」と表示した理由を知るには、もうひとつタマネギの皮を剥いて、技術的な話をしなければなりません。整数と浮動小数の違いです。

ちょっとだけ、Pythonを対話モードに切り替えてください。

```
% python
>>> 1 * 1
1
```

なぜこれを対話モードでお見せするのでしょうか。通常のファイルだとprintしなければならず、いちいちコマンドラインでファイルを実行しなければならないからです。このやり方なら、2ステップで済みます。

```
>>>  11 * 11
121
>>>  111 * 111
12321
```

```
>>> 1111 * 1111
1234321
>>> 111111111 * 111111111 # Nine 1s（1が9個）
12345678987654321
```

たしかに、これは整数も浮動小数も関係ありません（ちょっと面白いと思ったので)。本題に戻りましょう。整数と浮動小数の違いです。

```
>>> 42
42
>>> 42.0
42.0
>>> 42.000000
42.0
```

人間にしてみれば、42も42.0も同じ数ですが、コンピューターにとっては違います。そのワケを理解するには、Pythonは小数を格納するために、整数（42）と、小数点以下の数（この場合は0）を格納する場所を個別に用意しておく必要があるという点を考慮しなければなりません。整数に関しては、Pythonは整数だけ格納すれば済みます。

「箱」のたとえを思い出してください。引っ越しのとき、大きなランプと細かい文房具だったら、それぞれに合ったサイズの箱に入れて運びますよね。ここでも同じです。変数を作るとき、Pythonはその変数を格納するのに最適なサイズの箱を自動的に判断して、それに従って変数を作ります（余談ですが、C++など他のプログラミング言語では、箱のタイプを自動的に判断してくれません。プログラマーが自分で指定しなければいけないのです)。

プログラミング言語では、この「箱のタイプ」のことを「データ型」と呼びます。Pythonでは、整数のデータ型は「整数型」(integer)、小数のデータ型は「浮動小数点型」(float）と呼んでいます。後で、文字列、リスト、辞書といった、もっと別のデータ型についても学びますが、初心者にとって、その考え方は奇妙で抽象的に感じられるはずです。なのでそれらについては、もう少しデータの格納方法について経験を積んだころに、本書で説明します。

一般的に言って、Pythonはこの複雑な仕事をよくやっています。たとえば、次の例を試してみてください。

```
>>>  2 + 2
4
>>>  2 + 2.0
4.0
>>>  4 / 2
2.0
```

最初の行では、2つの整数型を足していますので、結果は整数型です。次は整数型と浮動小数点型を足していて、Pythonは浮動小数点型で答を返しています。最後は2つの整数型を割り算しています。この場合は答が整数であっても、Pythonは浮動小数点型として答を返します。

「引っ越しの箱」のたとえを、危険を承知で少し拡大してみましょう。ランプの箱とカトラリーの箱をひとつにしようと思えば、その2つよりも大きな箱が必要になります。同様に、整数型と浮動小数点型を足し算すると、Pythonは計算結果を浮動小数点型で示す必要があると気づきます。割り算のときも同じです。結果が小数にならなかったとしても、小数になるかも知れないとPythonは考えて、念のために浮動小数点型で答を返すのです(5)。

ときには、浮動小数点型を整数型に、またはその逆に変換したい場合もあります。それは次のようにして行います。

```
>>> float(42)
42.0
>>> int(42.0)
42
>>> int(10.58)
10
```

int()は四捨五入とは違うので注意してください。四捨五入にはround()を使います。

```
>>> round(10.58)
11
```

int関数は、単純に小数を切り捨てるだけです。一方、round関数は近似の整数に切り上げまたは切り下げをします。ちなみに、round関数の便利な機能に、2つめの引数にも対応するというものがあります（関数の引数についてはセクション4.2で詳しく解説します)。これは、小数点第何位で四捨五入するかを指定できるものです。

```
>>> round(10.58, 1)
10.6
```

新しく覚えたint関数を、私たちのmath2.pyファイルにどう使えば、「42.0」ではなく「42」と表示できるのでしょうか。printする前に、answer変数を整数型に変換してやればよいのです。

```
...
answer = (40 + 30 - 7) * 2 / 3
print("What is the answer to life, the universe, and everything?",
int(answer))
...
```

ここでround()を使うこともできました。または、もっと早く、answer変数を作るときにint()を使うこともできました。こんな感じです。

```
...
answer = int((40 + 30 - 7) * 2 / 3)
print("What is the answer to life, the universe, and everything?",
answer)
...
```

私たちの目的に限って言えば、この2つのアプローチは同一の結果をもたらします。唯一の違いは、最初のケースのanswer変数は浮動小数点型で、次のケースのanswer変数は整数型だということだけです。

もう一度ファイルを実行して、結果を確かめてみましょう。

```
% python math2.py
What is the answer to life, the universe, and everything? 42
...
```

まさに、これがほしかったのです！

2.8 文字列

strings.pyという新しいファイルを作り、次のようにタイプしてください。

```
# Strings are text surrounded by quotes（文字列はクォーテーションに囲まれたテキスト）
# Both single (' ') and double (" ") can be used（シングルクォーテーションもダブルクォーテーションも使える）

kanye_quote = 'My greatest pain in life is that I will never be able to see myself perform live.'
print(kanye_quote)
「自分の人生において最大の苦痛は、自分のライブを見られないことさ」
```

文字列（string）とは、Pythonの中のテキストを、ちょっと格好を付けて読んだ名称です。たいていはダブルクォーテーション（"　"）を使いますが、strings.pyに見られるように、シングルクォーテーション（'　'）も使えます。この2つは、両端が同じもので揃ってさえいれば、基本的にどちらも使えます。

kanye_quoteの行はかなり長いので、2つの行に分けるのが賢明でしょう。ひとつの文字列を2つに分けて括弧で囲めばよいことは、すでにお話ししましたね。

```
...
kanye_quote = ('My greatest pain in life is that I will never'
'be able to see myself perform live.')
print(kanye_quote)
```

文字列で、ダブルクォーテーションでもシングルクォーテーションでも使えると何が便利なのでしょう？　いつかみなさんは、クォーテーションの中で別のクォーテーションを使いたくなるときが来ます。たとえば、会話を引用したり、アポストロフィーが必要になったときです。

次の文字列をstrings.pyに追加してください。

```
...
```

```
hamilton_quote = "Well, the word got around, they said, "This kid
is insane, man""
print(hamilton_quote)
```

「噂が流れ始めると、みんなこう言い出した『このガキはイカレてるぜ』」

この文字列がうまく表示できないことに気がつきましたか？　なぜならPythonは、“Well, the word got around, they said, ”までをひとつの文字列だと認識したからです。ダブルクォーテーションで文字列を始めると、Pythonは次に出てきたダブルクォーテーションが文章の一部だとは認識できず、文字列の終わりだと思ってしまうのです。

ひとつの解決策としては、文字列の最初と最後のクォーテーションをもうひとつの種類に変えることです。

```
# Switch to single quotes if your string uses double-quotes（文字列
の中にダブルクォーテーションが使われていたら、シングルクォーテーションに切り替える）
hamilton_quote = 'Well, the word got around, they said, "This kid
is insane, man"'
print(hamilton_quote)
```

すると、次のように表示されるようになります。

```
% python strings.py
...
Well, the word got around, they said, "This kid is insane, man"
```

クォーテーションが表示されているのがわかりますか？

文字列を「計算」する

Pythonは、次のように、文字列の足し算ができます。わかりやすいですね。

```
>>> "Hello" + "Mattan"
'HelloMattan'
```

Pythonは、2つの文字列を足し算することは、自動的にその2つをくっ付けることだと判断します。しかし、2つの文字列の間にはスペースがありません。どうしたら、そこにスペースを入れられるでしょうか？

次に文字列と整数を足したらどうなるでしょうか？

```
 >>> "The meaning of life is " + 42
Traceback (most recent call last):
    File "<stdin>", line 1, in <module>
TypeError: can only concatenate str (not "int") to str
```

これはダメです。

私たちはPythonに、文字列と整数を足し算するように命令してしまいました。引っ越しのたとえを持ち出せば、ダンベルの箱とクリスタルの花瓶の箱を一緒にしろと言っているようなものです。その2つはまったく違う性質のものなので、どうやったら一緒にできるかわかりません。なので、Pythonはエラーを出したのです。

結論から言えば、足し算をする前に、整数を明示的に文字列に変換します。それには、str関数を使います。

```
>>> "The meaning of life is " + str(42)
'The meaning of life is 42'
```

最後に、もうひとつ知っておくべきことは（もうすぐ出てくるのものだからですが）、Pythonでは、整数で文字列を掛け算できるということです。こんな感じです。

```
>>> "candy" * 4
'candycandycandycandy'
```

キャンディーがたくさん！　文字列は、単純に4回繰り返されます。

2.8.1 文字列関数

関数については後ほど詳しく解説しますが、Pythonには文字列でとくに便利に使える関数があることを覚えておきましょう。これまで見てきた関数とは違い、文字列そのものに「.」を付けることで直接作用します。こんな風にです。

```
# A few string functions (文字列関数の一部)
print(kanye_quote.upper())
print(kanye_quote.lower())
print("ok fine".replace("fine", "great").upper())
```

このコードをstrings.pyに追加して実行すると、次のように表示されます。

```
% python strings.py
...
MY GREATEST PAIN IN LIFE IS THAT I WILL NEVER BE ABLE TO SEE
MYSELF PERFORM LIVE.
my greatest pain in life is that i will never be able to see
myself perform live.
OK GREAT
「自分の人生において最大の苦痛は、自分のライブを見られないことさ」
「ほう、よくわかったよ」
```

何が起きたのでしょう？

最初の行では、kanye_quoteの全体が、お尻に`.upper()`を付けることで大文字になりました。次の行では、お尻に`.lower()`を付けることで全体が小文字になりました。そして最後に、「ok fine」（ほう、そうなのか）という文字列に対して2つのことをしています。「fine」を「great」に置き換えて、その後、全体を大文字にしています。

これらの関数が他と違って見えるのは、文字列を含む文字列または整数の後に「.」と関数名（の後に括弧）を入れることで文字列に直接使っているからです。Pythonでは、こうした関数を専門用語でメソッドと呼んでいます。通常これらは、特定のデータ型（リストと辞書を解説するとき別のデータ型が登場します）に固有のものであり、これまで見てきたとおり、続けて記述できます（これを「連鎖」と呼ぶことがあります）。

文字列関数は、数多くの便利な使い方があります。それについては、後ほど解説します。セクション3.5.2では、`.split()`と`.join()`という別の文字列関数を紹介します。これは、文字列をリストと呼ばれる形に分割したり、もとのひとつの文字列に戻したりができます。

文字列関数は、ほかにももっとたくさんあります（その他の関数もたくさんありますが）。すべてをこの本ですべてを紹介できないため、興味のある方は、インターネットでPythonに関する資料を読んで探ってみてください。この他の文字列関数は、https://docs.python.org/3/library/stdtypes.htmlの『String Methods』（文字列メソッド）のセクションに書かれています［訳注：日本語版は以下です。https://docs.python.org/ja/3/library/stdtypes.html］。

2.8.2 f文字列

happy_hour.pyで、こんな文字列を見たのを覚えてますか？

```
print(f"How about you go to {random_bar} with {random_person}?")
```

文字列の前にあるfと、文字列の中の波括弧（{ }）は、何をしているのでしょう？

これはつまり、Pythonの文字列には、文字列の中に直接コードを書き込める能力があることを示しています。strings.pyの最後に次のコードを書き加えてください。

```
...
# F-strings let you write Python code directly inside of a string
# inside of curly brackets ({  }) (f文字列は文字列の波括弧の中に直接Pythonコードが書き込めるようにする)
print(f"1 + 1 equals {1 + 1}")
```

このような文字列は、「f文字列」として知られています。これを実行すると、次のように表示されます。

```
% python strings.py
...
1 + 1 equals 2
```

f文字列の中のf

ここで疑問を感じたかも知れませんね。「f」って何の略？　ちょっとググってみると、すぐにこれがformatの略だとわかります。しかし、それだけでは十分に納得できません。

この比較的新しいPythonの機能について、もう少し調べてみると、開発者による次のようなコメントに行き当たります。

「たとえば『i』のようなf以外の接頭文字が推奨されたこともあります。その他の選択肢には、とくによいものがなかったので、ｆに決まりました」

つまり、ちょっと考えたけど、Pythonの開発者はもっといい文字を思いつかなかったということです。だから「f」になったのです。

どうしてfを付ける必要があるのか知りたい方は、それを付けなかった場合にどうなるかを、ぜひ実験してみてください。

```
print("1 + 1 equals {1 + 1}")
```

文字列の前のfを取り除くと、次のような結果になります。

```
% python strings.py
 ...
1 + 1 equals {1 + 1}
```

文字列の前の「f」は、Pythonに波括弧の中を、そのまま（波括弧も含めて）丸ごとprintするのではなく、きちんと処理してから実行せよと伝えるために重要なのです。

Python開発者の間では、f文字列の中に直接変数を入れ込んで、特定の形に整えるというやり方が一般的です。f文字列で何ができるのか、もっと詳しく知りたい方は、次のコードをstrings.pyに加えてみてください。

```
...
name = "mattan griffel"
print(f"{name.title()}, the total will be ${200 + 121.80 :,.2f}")
```

これを実行すると、こんな風に表示されます。

```
% python strings.py
...
Mattan Griffel, the total will be $321.80
```

「マッタン・グリフェル、トータルは321.80ドルです」

ご想像のとおり、`{name.title()}`は、name変数の中にあるものなら何でも読み出して、title（タイトルケース：単語の頭文字を大文字にする）に変換して、文字列に直接入れ込むよう指示しています。その次の波括弧`{200 + 121.8 :,.2f}`は、200と121.80を足して、その結果を直接文字列に入れるためのものです。

`:,.2f`は何でしょう？

これは、f文字列の機能です。数値のフォーマットは浮動小数点型で小数点第2位まで、1000の位にはカンマを入れるようにとPythonに指示しています。つまり、ここでは321.8ではなく、321.80と表示されています。通貨を書き表すときは、小数点第2位がゼロであっても、小数点第2位まで書くのが通例なので、こうしておくと便利です。

文字列と変数の違い

簡単に要約しましょう。

```
'a string'
```

これと

```
a_string
```

これの違いは？

よく似ていますが、別物です。最初のものは文字列です。2番目のものは変数です。a_stringという名称の「箱」のところへ行って中を見ろ、とPythonに指示しています。

f文字列が本気を出すと何ができるのか、それをいつ使うべきかは、まだよく理解できていないでしょう。その本当の便利さを知るためには、あといくつか例を見る必要があります。後々使えるように、今この時点で紹介しておこうと思います。

簡単な目安としては、テキストを扱うときで、その中に直接変数を入れ込みたいとき、f文字列を使うのがもっとも適しています（文字列の中の変数は波括弧で囲むことをお忘れなく）。これでf文字列の説明をしたわけですが、必要もないのにやたら使うのは賢明ではありません。

たとえば、次のような使い方は無意味です。

```
print(f"Winter is coming.")
```

この文字列には、実行するべきPythonコードが含まれていません。これでも正常に実行できますが、無駄です。f文字列が必要になるのは、文字列の中に { } で囲った変数を入れるときだけです。こんな風にも記述できます。

```
print(f"{name}")
```

しかし、次のように書いたほうが、ずっとシンプルです。

```
print(name)
```

2.9 ユーザー入力を取得する

ここまでは、自分の手で入力した情報だけを扱ってきました。しかし、ユーザーが入力したものを使って何かしたいときは、どうしたらよいでしょう？　そこで活躍するのがinput関数です。

input.pyという新しいファイルを作って、次のコードを記述してください。

```
name = input("What's your name? ")
print(f"Hi {name}!")
```

実行してみましょう。

```
% python input.py
What's your name?
```

コマンドラインのプロンプトが現れないことに気づかれたでしょう。Pythonコードは、私たちに質問をして、そこでいったん停止して答を待ってるのです。名前をタイプして、様子を見てください。

```
% python input.py
What's your name? (名前を入力)
Mattan Hi Mattan!
```

素晴らしい！　これは何かと言えば、ユーザーからの入力を取得して、それを変数に格納して、何でも好きに処理できるようにするための方法です(ところで、input()の質問のクエスチョンマークのあとに半角スペースを入れています。ユーザーに何らかの情報を求めるときに、単語がくっついてしまうのを避けるためです。試しに、半角スペースを取って実行してみてください)。

ほかの情報も取得しましょう。input.pyを編集します。

```
...
age = input("How old are you?")
print(f "Hi {name}! You're {age} years old.")
```

実行すると……

```
% python input.py
What's your name? Mattan
How old are you? 32
Hi Mattan! Yo're 32 years old.
```

面白いけど、まだそれほど便利とは言えません。input.pyに、何か仕事をさせましょう。年齢を、人間の歳ではなく犬の歳に換算させてみます。

```
name = input("What's your name?")
age = input("How old are you?")
age_in_dog_ years = age * 7

print(f"Hi {name}! You're {age_in_dog_years} in dog years. Woof!")
```

実行すると、こうなります。

```
% python input.py
What's your name? Mattan
How old are you? 32
Hi Mattan! You're 32323232323232 in dog years. Woof!
```

「ハイ、マッタン！　あなたは犬の歳で32323232323232歳です。わん！」

おっと、何がどうなったかわかりますか？　コードをよく見て、原因を考えてみてください。その勇気があるなら、先に進む前に、自分で直してもかまいません。

ここでは、input()で取得したユーザーの入力は、すべて文字列として扱われています。『文字列を「計算」する』というコラムでお話ししたとおり、「32」は文字列です。整数の32とは別物です。しかし、セクション2.8で見てきたように、文字列を整数で掛け算すると、Pythonはその回数だけ文字列を繰り返せという意味に取ってしまいます（それがここで起きているのです）。数字として掛け算するためには、まず文字列を数値に変換しなければなりません。

```
% python
>>> "32" * 7
'32323232323232'
>>>  int("32") * 7
224
>>>  float("32") * 7
224.0
```

この変換では、int()とfloat()の両方が使えます。それは、ユーザーに何を入力してほしいかによって決まります。以上の解説を読んで、input.pyを正しく実行させる方法がわかりましたか？　やってみましょう。

このコードを直す方法は、わかりやすいやつが少なくとも2通りあります(もちろん、もっとありますが)。ひとつは、ユーザーの入力を、取得と同時に整数に変換する方法です。

```
age = int(input("How old are you?"))
```

もうひとつは、age変数を、計算する直前に整数に変換する方法です。

```
age_in_dog_ years = int(age) * 7
```

私たちは最初のほうが好きです。2つめの例では、age変数は、ずっと文字列を格納したままだからです。これだと、またどこかでage変数を使う場面になったときに混乱が生じます。つまり、使うたびに整数に変換しなければなりません。年齢は、普通は数字です。だから、ageという名称の変数には、数値が入っているものと思いたくなりますよね。1年未満の区間（32.4みたいな）で答える人も少ないでしょうが、その答を求めるのでしたら、ユーザーの入力をfloat()で変換して小数にすることもできます。

input.pyの最後のコードは、こうなります。

```
name = input("What's your name? ")
age = int(input("How old are you?"))
age_in_dog_ years = age * 7

print(f"Hi {name}! You're {age_in_dog_years} in dog years. Woof!")
```

これを実行すると、以下のように出力されます。

```
% python input.py
What's your name? Mattan
How old are you? 32
Hi Mattan! You're 224 in dog years. Woof!
「ハイ！　マッタン！　あなたは犬の歳で 224 歳です。わん！」
```

できました！　自分で自分にご褒美をあげてください。

2.9.1 チップ計算機に挑戦

次へ進む前に、これまでに学んだことを復習できるよう、もうひとつ課題を出します。

tip_calculator.pyというファイルを作り、会計伝票の合計金額を聞いて、標準的なチップの金額3種類（18パーセント、20パーセント、25パーセント）を示すスクリプトを書いてください。コードにはコメントも入れて。10分で作りましょう。

2.9.2 チップ計算機の答合わせ

私たちが作ったコードはこんな感じです。

```
# Tip Calculator（チップ計算機）

# Convert the user's input into a float（ユーザー入力を浮動小数に変換）
amount = float(input("How much was your bill?"))

# Calculate the tip amounts（チップの金額を計算）
print(f"15%: ${amount * .18 :,.2f}")
```

```
print(f"18%: ${amount * .20 :,.2f}")
print(f"20%: ${amount * .25 :,.2f}")
```

あなたのコードと見比べてください。私たちのコードは、かならずしも最良の理想型ではありません。ひとつの可能性としてのソリューションです。

私たちのソリューションで注目してほしいのは、ユーザーの入力をint()ではなくfloat()で変換していることです。なぜならユーザーは、セントを含む金額を入力するはずだからです。

:,.2fも使っています。チップの金額を小数点第2位まで表示できるようにです。小数点第2位をround()で四捨五入してもよかったのですが、その場合の欠点として、たとえば1.90ドルは、小数点第1位までの1.9ドルとしか示されなくなることです。Pythonは、不必要な数値をデフォルトで隠してしまうのです。

この課題を別の方法で解いて、その結果に満足できているなら、それはそれで結構なことです。

2.10 まとめ

ここまでで何を学んだでしょうか？　ちょっと時間をかけて次のリストを見て、これまで一緒に見てきたPython用語を思い出してください。何かを思い出そうとする行為は、かなり苦労した場合でも、将来、それを記憶するためのよい手段になります。現在のところ、私たちは以下の項目を学びました。

- コマンドラインの基本
- Pythonコードを実行する2つの方法（スクリプトを実行、またはPython対話モード）
- print()
- ＃ コメント
- 変数
- 数値と計算
- 文字列
- input()でユーザーの入力を取得する

これまでのところ、楽しんでいただけていたら幸いです。大変そうで先行きが心配だという方もいるでしょうが、ほとんどの初心者がいちばん難しいと感じる部分は、すでに済んだということをお伝えしておきます。

第3章では、新しいデータ型と、Pythonのもっと高度な考え方、たとえばif文やループについて説明します。これらの考え方と、これまで学んできたことを組み合わせると、Pythonでもっと多くのことができるようになり、Pythonで現実のビジネスの課題を解決するというゴールに近づきます。

第3章
Pythonの基本 パート2

私たちはすでに、基本的なスクリプトをPythonで書けるだけの力を付けましたが、まだいくつか重要なピースが抜けています。数値や文字列が足りないとき、どうしますか？　Pythonの本当のパワーを解放して、今すぐ何かをさせるには？　この章では、前章で学んだ考え方を土台にして、もっと複雑な問題の解決にPythonをどう使えばよいかを学びます。

3.1 この章で学ぶこと

この章を終えるころには、Pythonの基本機能をほとんど習得しているはずです。Pythonでチェックを行い、論理演算を操り、リストを作り、コードのループを実行し、辞書を作る方法を学びます。その途中で、新しく獲得した知識を駆使して、開発者の間で一般的なクイズ、FizzBuzzに挑戦しましょう。

3.2 条件文

これまで、私たちが書いてきたコードはみな、何が起ころうと実行されました。しかし、特定の何かが起きたときだけ実行されるコードを書きたくなることもあります。言うなれば、別の道です。では、実例を見ていきましょう。

3.2.1 if文

if.pyという新しいファイルを作って、始めましょう。

```
answer = input("Do you want to hear a joke?")

if answer == "Yes":
    print("What's loud and sounds like an apple?")
    print("AN APPLE")
```

最後の2行は、Tabキーを使ってインデントする必要があります。Pythonで初めてインデントを使いましたね。これについては、後ほど解説します。すべてを正しく書き写したら、ファイルを実行してください。次のような表示が現れます。

```
% python if.py
Do you want to hear a joke?
```

何が起きたかわかりますか？ コードは一時停止して、私たちに質問をして、答を待っています。「No」とタイプしてエンターキーを押してください。

```
% python if.py
Do you want to hear a joke? No
```

はい、何も起きませんね。では、もう一度実行して、今度は「Yes」とタイプしてください（お気づきでしょうが、大文字と小文字の区別があります。このことも後ほど解説します）。

```
% python if.py
Do you want to hear a joke? Yes
What's loud and sounds like an apple?
AN APPLE
```

「やかましくてリンゴのように聞こえるものは何？　リンゴ」

前には現れなかった文章が表示されました。このすべては、`if answer == "Yes":` という魔法の一文に理由があるようです。一般的なif文の構造は、次のようになります。

```
if x:
    # Do something (何かする)
```

「x」は、Trueであるべき何かです。answer == "Yes"の「==」（等号2つ）はどんな働きをしているのでしょう？　これは、2つのものが同一かどうかを確かめています。同一ならばTrue（真）を、そうでなければFalse（偽）を返します。Pythonインタラクティブモードを開いて、いくつかの例で遊んでみましょう。

```
% python
>>> "Yes" == "Yes"
True
>>> "No" == "Yes"
False
```

似ているように見えても、「=」と「==」はまったく違います。次の例では何がどうなっているか、わかりますか？

```
>>> answer == "Yes"
Traceback (most recent call last):
    File "<stdin>", line 1, in <module>
NameError: name 'answer' is not defined
>>> answer = "Yes"
>>> answer == "Yes"
True
>>> answer = "No"
>>> answer == "Yes"
False
```

まず、answer変数に文字列“Yes”が格納されているかを確かめていますが、エラーが出ました。まだanswer変数を定義していないからです。ひとたび定義をすれば、その変数が“Yes”と同一であるかどうかを確認できます。そのあと、answer変数の文字列を書き換えて、文字列“No”と同一になるようにした場合は、== “Yes”はFalseとなります。

まとめましょう。=は変数に値を割り当てるときに使います。==は、同一かどうかを確かめるときに使います。一部のプログラミング言語には、この2つの区別がないものもあります（ExcelのスクリプトでるVBAなど）。Pythonでは、別物です。

よく聞かれるのは、「==は大文字と小文字の区別があるのか？」という質問です。答を知らないとして、どうやったらわかるでしょう？

```
>>> "Yes" == "yes"
False
```

なるほど！　==は大文字と小文字を区別しています。これについては、もう少し後で解説します。ところで、2つが違うかどうかを確かめたいときは、!=（エクスクラメーションマークと等号）が使えます。

```
>>> "yes" != "Yes"
True
>>> answer != "Blue"
True
```

Pythonでは、2つのものを比較するときに、ほかにもいろいろな記号が使えます（>はすでに見ましたね）。でもそれは、また後でお話しします。

次は、もっと大きな質問です。if文はどういう仕組みなのか？　それは、何かの真偽をチェックしています。もしTrueならば、:（コロン）以下の「インデントされた」コードを実行します。

インデントされた部分はとても重要です。Pythonではif文は、行の最後にコロンを付けて、その後にインデントしてコードを書き込みます（1行でも複数行でも大丈夫）。なぜか？　そうしなければ、どこでif文が終わるのか、Pythonが判断できなくなるからです。

そのいずれかでも忘れたときはどうなるでしょう（コロンを付け忘れるか、その後に続くコードをインデントするのを忘れたら）？　どんなエラーが出るでしょう？　前述のコードをコピーして試してみる価値はあります。後々、その間違いを犯したときにエラーを見てわかるようにするためです（それをやらかしたとしても、安心してください。私たちも山ほどコロンを忘れてきましたから）。

Pythonの空白（ホワイトスペース）

Pythonではインデントはとても重要です。Pythonのコードの中にタブを入れたものは、この本では初めて登場しましたが、最後ではありません（forループや関数でまた出てきます）。

Pythonでコードをインデントするときは、タブを使っても（Tabキーを押す）、半角スペースを4つでもかまいません（スペースバーを4回押す）。どちらを使うかは、永遠の問題です。開発者によって好みは分かれます。HBOで放映されていたドラマ『シリコンバレー』のエピソードに、主人公のリチャード・ヘンドリックスが、タブの代わりにスペースを使ったことからガールフレンドと破局するという話があったほどです。

Pythonでほんのちょっとイラつく問題として、ひとつのファイルの中では、タブかスペースかを決めなければならないというものがあります。タブとスペースの両方を使ったファイルを実行すると、こんなエラーが出ます。

```
TabError: inconsistent
use of tabs and spaces in
indentation
```

（不一致：インデントでタブとスペースが使われています）

じつにわかりやすい問題ですが、でもやっぱりイラつきます。自分の選択とは違うほうを使っているほかの誰かのコードをコピペしたときなど、よくこのエラーが出ます。

実際の話、ほとんどの開発者は、テキストエディターにタブをスペース4つに自動変換する設定に落ち着いています。幸い、Atomはデフォルトでこれを自動的にやってくれます。

3.2.2 else文とelif文

if.pyを変更してみましょう。

```
answer = input("Do you want to hear a joke?")

if answer == "Yes":
    print("What's loud and sounds like an apple?")
    print("AN APPLE")
else:
    print("Fine.")
```

elseは、ifがTrueでないときにどのコードを実行するかを指示するものです。このファイルを実行すると、次のようになります。

```
% python if.py
Do you want to hear a joke? No
Fine.
```

「ジョークを聞きたい？　いいえ　わかりました」

3つめのオプションに対応したい場合は、どうしましょう？　if.pyにちょっと追加します。

```
answer = input("Do you want to hear a joke?")

if answer == "Yes":
    print("What's loud and sounds like an apple?")
    print("AN APPLE")
elif answer == "No":
    print("Fine.")
else:
    print("I don't understand.")
```

elifを加えることで、もうひとつの条件を付けることができます。言うなれば、もうひとつのifです（実際、これはelseとifをつなげたものです）。これを実行すると、次のように表示されます。

```
% python if.py
Do you want to hear a joke? Yes
What's loud and sounds like an apple?
AN APPLE
% python if.py
Do you want to hear a joke? No
Fine.
% python if.py
Do you want to hear a joke? Blue
I don't understand.
```

「ジョークを聞きたい？　はい
やかましくてリンゴみたいに聞こえるものは？　AN APPLE
ジョークを聞きたい？　いいえ　わかりました
ジョークを聞きたい？　青　わかりません」

elifは、いくつでも好きなだけ入れることができますが、ifとelseはひとつずつです。私たちのコードが辿る手順を、1本の道筋として考えてみましょう。

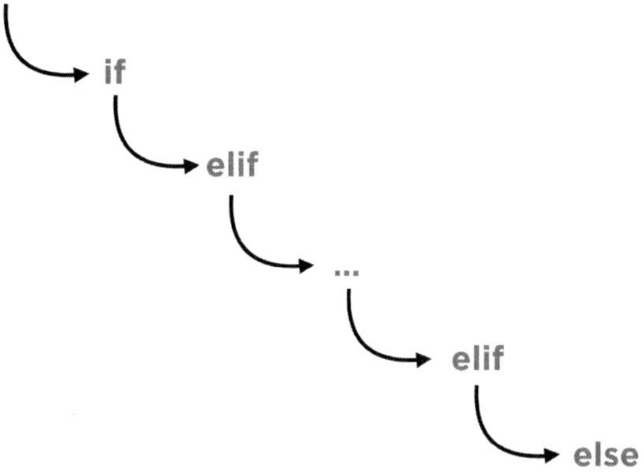

滝のように見えますね。ある意味、Pythonはつねにifからスタートして、ひとつ前の答がTrueでなかったときだけ、次を見に行きます。その途中で、ifまたはelifがTrueになるところが見つかれば、それ以降はもう見に行きません。結果として、elseの下のコードは、最後の砦なのです。オールマイティー、またはセーフティーネットと考えればいいでしょう。

ここまでは、とっても明解ですね。しかし、次はみなさんに変化球を投げます。みなさんの問題解決力を試してみましょう。ifとelseをひとつずつではなく、ifを2つ使ったらどうなるでしょうか？

```
answer = input(“Do you want to hear a joke? “)

if answer == “Yes”:
    print(“What’s loud and sounds like an apple?”)
    print(“AN APPLE”)
if answer == “No”:
    print(“Fine.”)
else:
    print(“I don’t understand.”)
```

はっきりわからない人のために、違っている行を示します。

```
if answer == "No":
```

このコードを実行すると、次のようなバグが出ます。

```
% python if.py
Do you want to hear a joke? Yes
What's loud and sounds like an apple?
AN APPLE
I don't understand.
```

最初のifとelseのコードが同時に実行されています。どうして？　なぜなら、Pythonは最初に1番目のifをチェックするからです。

```
if answer == "Yes":
    print("What's loud and sounds like an apple?")
    print("AN APPLE")
```

これは、答が「Yes」なので実行されます。しかし、Pythonは次のifも見にいっています。

```
if answer == "No":
    print("Fine.")
else:
    print("I don't understand.")
```

先頭の`answer == "No":`はFalseです。なので、Pythonはelseの下のコードを実行します。言い換えれば、ひとつのif、ひとつのelseではなく、2つのifを入れると、Pythonが行うチェックのチェーンが分割されてしまうため、それぞれ個別にチェックされるというわけです。

最初のifの中に、もうひとつのifを入れ込むことができます（ifの中には好きなだけifを入れることが可能です）。つまりこうすることで、もしAとBでCでないときはDを実行、といった複雑な条件を自在に組み立てることができます。

ただし、ifの中のifのコードには、インデントが2つ必要になります（タブは重要です！）。こんな感じです。

```
if x:
    if y:
        # Do something（何かする）
```

ループや関数など、今後Pythonのいろいろな考え方を学んでいくうちに、ループの中や関数などの中にステートメント（コードの一部）が入れ込まれているのを目にするようになります。これを「ネスト」（入れ子）と言います。ごく一般的なことなのですが、その読み方に慣れていないと、かなり頭が混乱するかもしれません。

3.3 Pythonの論理

==演算子を紹介した時点で、すでにPythonの論理演算の例をひとつだけ示しました。それは、等号の両側のものが同一ならばTrue（真）を返し、そうでなければFalse（偽）を返すというものです。みなさんは、Pythonには、2つのものを比較する方法（論理演算）がもっとほかにあるはずだと考えていることでしょう。次のようなものがあります。ただし、これがすべてというわけではありません。

```
== != > >= < <= not and or
```

これらの符号をどのように使うかは、Pythonインタラクティブモードで実際にこれらをいじってみるのが一番です。まずは、TrueとFalseから始めましょう。

```
% python
>>> True
True
>>> False
False
```

TrueとFalse（TとFは大文字）は、Pythonの中の値です。「変数なの？」と聞かれるかも知れませんが、答はノーです。単に、TrueとFalseです。これまで学んできたどのデータ型とも違います。専門用語では、「ブール値」と言います（19世紀に論理の代数系を最初に定義したジョージ・ブールの名前にちなんでいます）。

3.3.1 イコール

==（イコールイコール）演算子は、その両側のものが同一か否かを確認し、同一ならTrueを、同一でなければFalseを返します。

```
>>> answer = "yes"
>>> answer == "yes"
True
>>> answer == "no"
False
```

覚えてくださいね。似ているように見えて、=と==は、Pythonでは別物です。=は変数に値を割り当て、==は2つのものが同一かどうかを見ます。

3.3.2 ノットイコール

!=（ノットイコール）演算子は==の反対です。2つのものが「違うかどうか」を見ます。

```
>>> answer = "no"
>>> answer != "yes"
True
>>> answer != "no"
False
```

3.3.3 大なり小なり

＞（大なり）と＜（小なり）は、すでにPythonでの計算を学んだときに見ていますね。これらは、ご想像どおりに働きます。

```
>>> 10 > 12
False
>>> 10 < 12
True
```

また、何かと「大なりイコール」か、または「小なりイコール」かを知りたい場合は、>=や<=として使うことができます。

```
>>> 1 + 1 + 1 >= 3
True
>>> 1 + 1 + 1 <= 3
True
```

3.3.4 ～ではない

not（～ではない）演算子は、おそらくもっとも説明が簡単でしょう。値がどうであれ（TrueかFalseか）、反転させます。

```
>>> not True
False
>>> not False
True
>>> not 1 + 1 + 1 >= 3
False
```

notはひとつだけの「もの」を対象にして反転させるという点が、これまで見てきた演算子とは違うとお気づきでしょうか。==は2つの「もの」を見て同じかどうかを判断します。<も2つの「もの」を見て、どちらが大きいかを判断しています。

最後の例を見てください。ご想像のとおり、符号を組み合わせるときは、どちらを先に書くかで実行の順番が変わります。この場合、notの右側のものがすべて最初に実行され、その結果に対してnotが適用されます。正しい順番を忘れるとミスにつながるため、これに依存しすぎるのはよい習慣とは言えません。そこで私たちは、何を先に実行するかをハッキリさせるために、括弧を使うことをお薦めします。こんな感じです。

```
not (1 + 1 + 1 >= 3)
```

3.3.5 ～と～

and（～と～）は、これまでに学んだ論理演算を結合させることができます。

```
>>> username = "admin"
>>> password = "123456"
>>> username == "admin" and password == "123456"
True
```

and演算子は、どちらの側もTrueのときにだけ、Trueを返します。この場合は、username == "admin"がTrueで、かつ、password == "123456"がTrueなので、これら2つを一緒にしても、Trueであることに変わりありません。しかし、passwordを変えると……

```
>>> password = "wrong password"
>>> username == "admin" and password == "123456"
False
```

andの右側はもうTrueではないので、全体としてFalseとなります。ここでも、ご想像のとおり、andより先に==が評価されることに注意してください。これもまた、わかりやすくするために、次のように記述するとよいでしょう。

```
(username == "admin") and (password == "123456")
```

3.3.6 ～または～

or（～または～）演算子は、どちらかがTrueならばTrueを返します。どちらもFalseの場合だけ、Falseを返します。

```
>>> answer = "yes"
>>> answer == "Yes" or answer == "yes"
True
>>> answer == "No" or answer == "no"
False
```

3.3.7 イン

もうひとつ、説明しておくべき演算子にin（イン）があります。ある変数の中に別の変数があるかどうかを見るものです。あるものに、何かが含まれているかどうかを見たいときに使います。たとえば……

```
>>> "d" in "hello"
False
>>> "d" in "goodbye"
True
>>> "d" in "GOODBYE"
False
```

inは、このほかの文字列ベースの演算子と同様、大文字と小文字の区別があるので注意してください。もっとずっと便利なinの使い道に、リストがあります。リストの説明はまだでしたね。でもここでは簡単な例を示します。どんな働きをするのか、見ればわかると思います。

```
>>> people = ["Mattan", "Daniel", "Sarah"]
>>> "Mattan" in people
True
```

Pythonでの真偽について詳しく知りたい方は、「Python 比較演算子」や「Python 論理演算子」と検索してみてください。

3.3.8 論理演算の練習

Pythonの論理演算では（他のところでも同じですが）、TrueやFalseなどの言葉を組み合わせていくと、かなり複雑な構造が作れるようになります。私たちは、練習用のファイルlogic_practice.pyを用意しましたので、本書のウェブサイトからダウンロードしてください。今から10分間をかけて、このコードを上から1行ずつ、TrueかFalseかをよく考えてください。

```
True and True
False and True
(1 == 1) and (2 == 1)
"love" == "love"
(1 == 1) or (2 != 1)
True and (1 == 1)
False and (0 != 0)
True or (1 == 1)
"time" == "money"
(1 != 0) and (2 == 1)
"I Can't Believe It's Not Butter!" != "butter"
"one" == 1
```

```
not (True and False)
not ((1 == 1) and (0 != 1))
not ((10 == 1) or (1000 == 1000))
not ((1 != 10) or (3 == 4))
not (("love" == "love") and ("time" == "money"))
(1 == 1) and (not (("one" == 1) or (1 == 0)))
("chunky" == "bacon") and (not ((3 == 4) or (3 == 3)))
(3 == 3) and (not (("love" == "love") or ("Python" == "Fun")))
```

この例では、どの行もTrueまたはFalseとなるように作ってあります。どれがどちらになるかは、あなた自身で考えてください。最初は簡単ですが、下へ進むごとに複雑になっていきます。括弧付きの行では、まず括弧の中を先に処理してから、そのほかの処理がなされことをお忘れなく。

答がどっちになるか、行の右側にコメントで予想を書き込んでおくのもよいかも知れません。

```
True and True # True
```

答を確認したいときは、その行をコピーして、Pythonの対話モードにペーストしてください。

```
% python
>>> True and True
True
```

また、各行をprint()で実行することもできます。

```
print(True and True)
```

そしてファイルを実行して、結果を見ます。

```
% python logic_practice.py
True
```

3.4 if.pyで大文字と小文字を区別する

if.pyに、これまでに学んだことを応用してみましょう。下の行には大文字と小文字の区別があることがおわかりですね。

```
...
if answer == "Yes":
    print("What's loud and sounds like an apple?")
    print("AN APPLE")
...
```

なので、「yes」(yを小文字) とタイプしたら、次の結果になります。

```
% python if.py
Do you want to hear a joke? yes
I don't understand.
```

これは、orを加えることで解決できます。

```
...
if answer == "Yes" or answer == "yes":
    print("What's loud and sounds like an apple?")
    print("AN APPLE")
...
```

同様の処理を、elifにもしておきましょう。最終的に、if.pyはこんな形になります。

```
answer = input("Do you want to hear a joke?")

if answer == "Yes" or answer == "yes":
    print("What's loud and sounds like an apple?")
    print("AN APPLE")
elif answer == "No" or answer == "no":
    print("Fine.")
else:
    print("I don't understand.")
```

こうすれば、"Yes" and "yes"、または"No" and "no"も対応できるようになります。

```
% python if.py
Do you want to hear a joke? Yes
What's loud and sounds like an apple?
AN APPLE
% python if.py
Do you want to hear a joke? yes
What's loud and sounds like an apple?
AN APPLE
```

代わりに、こう書いたらどうなるでしょう？

```
...
if answer == "Yes" or "yes":
    print("What's loud and sounds like an apple?")
    print("AN APPLE")
...
```

前に書いたコード（answer == "Yes" or answer == "yes":）と似てはいますが、これは間違いです。次のようにややっこしいバグが出ます。

```
% python if.py
Do you want to hear a joke? yes
What's loud and sounds like an apple?
AN APPLE
% python if.py
Do you want to hear a joke? no
What's loud and sounds like an apple?
AN APPLE
% python if.py
Do you want to hear a joke? blue
What's loud and sounds like an apple?
AN APPLE
```

すぐに何かがおかしいことに気がつくでしょう。何をタイプしても同じ答えです。これには2つのことが関係しています。

1. TrueかFalseかのとき、Pythonがチェックする順番。orはどちらかがTrueのときにTrueになるのは、覚えてますよね。なので、最初に見に行ったanswer == “Yes”がTrueだったので、その次に”yes”がTrueかどうかを見にいっています。
2. Pythonでは空ではない文字列はすべてTrueと解釈されるという事実。おかしな話ですが、本当です。Pythonでは、文字列の値をTrueかFalseかで解釈しなければならないとき、文字列自体はTrueだと見なされるのです。

言い換えると、私たちの脳では次のように解釈されますが……

```
if answer == ("Yes" or "yes"):
```

Pythonは、実際にはこう解釈します。

```
if (answer == "Yes") or ("yes"):
```

変でしょ？　ここで、括弧の重要性がよくわかりますね。

さらにこのコードを発展させて、ユーザーの答を複数の値と比較したいときはどうしましょう？　たとえば、“Yes”、“yes”、“Y”、“y”を有効な答として受け入れるとします。 こう書きますか？

```
if answer == "Yes" or answer == "yes" or answer == "Y"
or answer == "y":
…
```

これでも正解です。正しく機能します。しかし、もっと簡単な解決策があります。すでにお話ししたinを使う方法です。

```
if answer in ["Yes", "yes", "Y", "y"]:
…
```

このほうが少し短くなります。それにわかりやすいですね。

もうひとつ、有効な改善策として、文字列関数を使う方法があります。セクション2.8.1でお話ししたとおり、文字列関数は、文字列に働きかけて、文字列に何かをするものです。lower()は文字列を小文字に変換しましたよね。たとえば、“Hello”.lower()とすると「hello」と答えます。

これも私たちのif文に使えます。

```
if answer.lower() in ["yes", "y"]:
...
```

これによって、基本的にユーザーの入力には大文字と小文字の区別がなくなります。“Yes”も“YES”も“yeS”も“yEs”もすべて小文字に変換されるため、同じ結果になります。

面白いことに、Facebook.comやTwitter.comなど、ほとんどのウェブサイトでは、サインアップの際のメールアドレスにこの機能を使っています。なぜなら、メールアドレスは大文字と小文字の区別がないからです。どう打ち込もうが、データベースに格納する前に小文字に変換されます。そしてログインするときは、どのようにメールアドレスをタイプしようが、小文字に変換されて、データベースに格納されているアドレスと比較されます。そうしなければ、2人の人が同じメールアドレスで、小文字と大文字を変えて登録できてしまいます。または、登録されているアドレスとまったく同じ大文字と小文字の配列でなければ、ログインできなくなってしまいます。

なぜ、大文字ではなく小文字なんでしょう？　つねに同じ結果になるならば、別にどっちでもいいんです。完成形のコードは、こんな感じです。

```
answer = input("Do you want to hear a joke?")

if answer.lower() in ["yes", "y"]:
    print("What's loud and sounds like an apple?")
    print("AN APPLE")
elif answer.lower() in ["no", "n"]:
    print("Fine.")
else:
    print("I don't understand.")
```

お望みならば、それぞれのオプションに変数を割り当てることもできます。

```
...
affirmative_responses = ["yes", "y"] (肯定的な答に対して)
negative_responses = ["no", "n"] (否定的な答に対して)
if answer.lower() in affirmative_responses:
    ...
elif answer.lower() in negative_responses:
    ...
```

開発者の中には、こちらのほうがよいと主張する人もいるでしょう。なぜなら、変数の名称自体が、「“yes”, “y”」と「“no”, “n”」がそれぞれ何なのかを説明しているからです。また別の開発者は、その説明はすでになされているので、無駄に長くなる（それによって読みにくくなる）だけだと主張するかも知れません。

どちらが望ましいか、またその理由については、みなさんの判断にお任せするとしましょう。こうした疑問は、最初はどうでもいいことのように思えても、コーディングとソフトウェア開発に関する興味深い疑問の根幹にまつわるものだったりします。とくに、わかりやすくて、後で変更がしやすいコードをどう書くべきか、といった問題です。

開発者がこうした問題をよく考慮していないために、事業全体が滞ってしまったことがあります。コードはバグだらけで、ソフトウェアの改善は困難でした。たとえば、一部の話によれば、1990年代、Netscape（ある上場企業）がひとつの大きな戦略上の過ちを犯しました。それはどのソフトウェア企業でもやりそうなことですが、遅くて非効率だと思われたコードを、まるごと最初から書き換えるという決断です(1)。その書き換えには3年間を要しました。

3.5 リスト

次にみなさんに紹介したいPythonの機能は、「リスト」です。私たちは、happy_hour.pyで、そして直近ではif.pyでリストに出会っていますが、ここでは本格的にリストの使い方を学びます。リストは、Pythonの中で何かをグループ化するためのものです。

新しいPythonファイルlist.pyを作って、以下のコードを記述してください。

```
# Python, lists are a way of grouping
# (usually) similar things together
the_count = [1, 2, 3, 4, 5]
stocks = ["FB", "AAPL", "NFLX", "GOOG"]
random_things = [55, 1/2, "Puppies", stocks]
```

ここでは3つのリストを作って、the_count、stocks、random_thingsという3つの異なる変数に格納しました。変数にリストを格納するときは、そこにリストが入っていることをわかりやすくするために、変数名を複数形にしておくと便利です。

Pythonでのリストの作り方はとても明解です。[で初めて、]で終わります

（角括弧でリストを開いて閉じる）。角括弧の中に何でも好きなものが入れられますが、それぞれカンマで区切ってください。Pythonのリストに入るものは、よく「要素」と呼ばれます。

上の例（random_things）では、2つのことに気づかれたと思います。

1. リストの中では、それぞれの要素は同じ種類でなくてもかまわない。
2. リストの中にリストを入れることもできる。

listで使える関数

Pythonのリストには、いくつもの便利な関数が使えます。

・len() リスト内の要素の数を教えてくれる。
・sum() リスト内の数を足し算する。
・min() リストの中でもっとも小さい数を教えてくれる。
・max() リストの中でもっとも大きい数を教えてくれる。

これらの関数を使いたいときは、その括弧の中にリストまたはリストを格納した関数を入れてください。たとえば、len(1, 2, 3, 4, 5)なら5となります。sum(1, 2, 3, 4, 5)なら15となります。

ただし、sum()が使えるのはリストに数値が入っているときだけです。反対に、min()とmax()は、数値のリストでも文字列のリストでも使えます（この場合は、アルファベット順で最初、または最後の要素が示されます）。この4つのリスト関数のほかにもいくつかの関数があるので、後ほど紹介します。

2つめのポイントは、実際に見てもそうハッキリとはわかりません。random_thingsの最後の要素は変数（stocks）ですが、変数はその中に何かを格納する箱に過ぎません。Pythonコードを実行すると、変数はかならずその中身に置き換えられます。つまり、random_thingsリストの中身は次の内容になります。

```
[55, 0.5, 'Puppies', ['FB', 'AAPL', 'NFLX', 'GOOG']]
```

試しに、あなたのファイルの中のrandom_thingsをprintして、コマンドラインに表示されるものと見比べてください（ちなみに、1/2は数学的な表現で、これは実際には浮動小数点の0.5に置き換えられます）。

コードを読み慣れていない人には、ちょっとわかりづらいかも知れません。リストの中にリストを入れ込むことができ、そのリストの中にさらにリストを入れることも可能です（何重にもできます）。どこにカンマがあるのか、ひとつのリストがどこで終わるか、別のリストがどこから始まるかを把握しにくいために、混乱するかも知れません。その技を身につけるには、実践あるのみです。

タプル

Pythonではときどき、「タプル」と呼ばれるものに遭遇します。基本的にこれは、角括弧の代わりに普通の括弧を使ったリストです。

```
% python
>>> numbers = (1, 2, 3, 4, 5)
```

タプルとリストは、ほぼ同じ働きをしますが、ひとつ大きく違っているのは、タプルは一度作ると変更が効かない（変更できない）という点です（プログラマーの言葉で言えば、これは「イミュータブル」です）。今作ったタプルに別の数値をappend() してみたらどうなるでしょう。

```
>>> numbers.append(6)
Traceback (most recent call last):
  File "<stdin>", line 1, in <module>
AttributeError: 'tuple' object has no attribute 'append'
```

「属性エラー：‘タプル’オブジェクトには‘append’という属性はありません」

もしタプルが、ちょっと機能の少ないリストだとしたら、どんな存在意味があるのでしょう？　答は、速いということです。さらに、開発者が後から変更が効かないリストを作りたいと思ったときに便利なのです。

私たちは、今はまだタプルを使わないでおくことをお薦めします。ここで紹介したのは、誰かが書いたコードにタプルが使われている（リストみたいだけど[ ]の代わりに( )になっている）のを見たときに備えてのことです。これで、タプルはリストみたいなものだということだけは覚えましたね。

3.5.1 最初からリストを作る

リストを作るときは、最初からすべての要素を入れて作る方法と（これまでやってきたやり方です）、空のリストを作っておいて、あとから要素をひとつずつ追加していく方法とがあります。それを理解するために、次のコードをlist.yに追加してください。

```
...
# You can start with an empty list (空のリストから始められます)
# and append or remove (追加や削除ができます)
people = []

people.append("Mattan")
people.append("Sarah")
people.append("Daniel")
people.remove("Sarah")
print(people)
```

「[]」はPythonでは空のリストを表しています。これはpeople変数のために作りました。そこに、要素をappend（追加）したりremove（削除）したりしています。

セッション1.5で使ったhappy_hour.pyをもう一度開いてください。ランダムに選択した人の名前が同じものになってしまう問題を覚えてますか？

```
...
random_person = random.choice(people)
random_person2 = random.choice(people)
...
```

2つめのランダムな名前を選択する前に、最初に選ばれた名前を削除することで、この問題は回避できないでしょうか？　ランダムに選ばれた最初の名前をリストから削除してから、2つめの名前をランダムに選べばいいのです。

```
...
random_person = random.choice(people)
people.remove(random_person)
random_person2 = random.choice(people)
...
```

3.5.2 文字列からリストを作る

次のコードをよく見てください。

```
"New York, San Francisco, London"
```

これはリストでしょうか？　違います。リストと呼んでもいいように見えますが、Pythonでは、これは文字列です。なぜなら、角括弧で囲まれていないからです。これはリストではありません。

```
["New York, San Francisco, London"]
```

これは形としてはリストですが、私たちが望むものではありません。このリストには、ひとつの要素しか入っていません（カンマは入ってますが、これはカウントされません）。Pythonのリストは、そこからランダムに何かを選択したり、リストをシャッフルしたり、何かがリストの中に含まれているかを確認したりなどなど、便利な機能がたくさんあります。

文字列をリストにするには、どうしたらよいでしょう？　そこで、Pythonのsplit関数を使います。

```
% python
>>> "New York, San Francisco, London".split()
['New', 'York,', 'San', 'Francisco,', 'London']
```

デフォルトでは、split関数は、文字列を半角スペースのあるところで分割します。これを変更するには、何で分割するかを教えてやります。

```
>>> "New York, San Francisco, London".split(", ")
['New York', 'San Francisco', 'London']
```

これで望みどおりのリストができました。list.pyに次のコードを追加して、忘れないようにしておきましょう。

```
# Use split() to turn a string into a list
cities = "New York, San Francisco, London".split(", ")
print(cities)
```

また、もっと自然な形でリストをprintする方法はないのかと思っているかも知れませんね（たとえば、角括弧をなくすとか）。次のコードをlist.pyに追加してください。

```
# Use join() to turn a list into a string
groceries = ["Milk", "Eggs", "Cheese"]
print(" and ".join(groceries))
```

このコードを実行すると、次のように表示されます。

```
% python lists.py
...
Milk and Eggs and Cheese
```

join関数は、リストを文字列に変換します。文字列のあとに句読点を加え（たとえば、「, 」のようにカンマのあとに半角スペースなど）、それをリストに引数として渡します。すると、リストの各要素の間にカンマと半角スペースが入った形の文字列として提示されます。

この関数自体は、直感的にすぐ理解できないかも知れません。これは、ほかにもリストに似たオブジェクト（タプルや文字列など）に使えるため、むしろ文字列関数だと考えるほうが受け入れやすいでしょう。もっとイカした技を見たい方は、`"-".join("hello")` を試してみてください。この本では、リストは、リストらしいオブジェクトだけを扱うことにしているので、こうした難しい問題は無視してしまって一向にかまいません。

3.5.3 リストの要素にアクセスする

リストに数値を入れた後、別の[ ]（角括弧のセット）を使うと、リストの要素を個別に取り出すことができます。lists.pyに次のコードを追加してください。

```
# Access elements of a list using [] ([]でリストの要素にアクセスする)
first_city = cities[0]
second_city = cities[1]
last_city = cities[-1]
first_two_cities = cities[0:2]
print(first_two_cities)
```

ここでは、リストはゼロで始まるインデックスで指定されているのがわかります。つまり、リストの最初の要素はゼロの位置にあり、次の要素は1の位置に、という具合に示されています。プログラマーでない人は混乱するかも知れませんが、じきに慣れます。

この例の場合、first_cityには文字列「New York」が入ります。last_cityには文字列「London」が入ります。first_two_citiesにはリスト['New York','San Francisco'] が入ります。

ここで紹介したのは、Pythonでの、リストを作る以外の[ ]の使い方です。これもまた、初心者には難解なところかも知れません。こんな使い方もあるからです。

```
first_city = ['New York', 'San Francisco', 'London'][0]
```

最初の角括弧は、新しいリストの定義、つまりリストを作成しています。しかし、2つめの角括弧（右端の[0]）は、Pythonにリストの最初の要素を取り出すよう指示しています。Pythonの優れた点は、リストの最後の要素を[-1]で取り出せるところです（[-2]とすれば最後から2番目が取り出せます）。なので、その正確な位置を知らなくてもいいのです。

[0:2]という使い方もすでにしていますね。2つの街の名前を取り出す方法で、Pythonでは「スライス」と呼ばれています。これは、下の形式で、リストの中の複数のエレメントを取り出すときに使います。

```
list[ここから：ここまで]
```

要は、スライスは最初の番号から、次の番号のひとつ手前までの要素が取り出されるということです。つまり、[0:2]なら最初と2番目の要素が得られますが、3番目の要素は含まれません（[2]は3番目です）。スライスでは、どちらかを空白にしておくこともできます。つまり、指定した番号のひとつ前までの要素をすべて取り出すか……

```
list[:stop]
```

または指定した番号から残りすべての要素を取り出すことができます。

```
list[start:]
```

よく飲み込めない場合は、Pythonの対話モードでスライスを何度か試して、確かめてみてください。

```
% python
>>> cities = ['New York', 'San Francisco', 'London']
>>> cities[:1]
['New York']
>>> cities[1:]
['San Francisco', 'London']
```

文字列にスライスを使う

Pythonのちょっと変わった面白い特徴に、文字列をリストのように扱えるというものがあります。たとえば、「New York, NY」という文字列があったとします。あたかもリストのように、[0]を使って最初のキャラクターを取り出すか、[0:3]で最初の3つのキャラクターを取り出すことができます。

```
% python
>>> "New York, NY"[0]
'N'
>>> "New York, NY"[0:3]
'New'
```

しかも、これもリストと同じように、最後の2つのキャラクターを次のようにして取り出すことができます。

```
>>> "New York, NY"[-2:]
'NY'
```

ここではスライスに加えて、「-2」で最後から2つめのキャラクターを指定し、そこから最後までを取り出すという方法を使っています。つまり「最後から2番目から最後のキャラクターまで（最後の2文字）を示せ」と言っているのです。便利でしょ？

リスト内の特定要素の位置を知りたいときは、どうしましょう？　Pythonにはindex()という関数があります。この関数がそれを教えてくれます。

```
>>> a = ["Mattan", "Daniel", "Priya"]
>>> a.index("Daniel")
1
```

これは、「Daniel」はリストの中の2番目の要素であることを示しています(Pythonのリストはゼロから始まることをお忘れなく)。

リストを使って何かを格納する際の困った点は、要素を取り出したいときに、その要素の位置を覚えておかなければならないこです（単語の意味を調べたいとき、その単語が載っているページ番号を覚えていなければ辞書を引けない、みたいな感じです)。セクション3.8では、辞書という、Pythonのもうひとつのデータ型について学びます。それは、数値の代わりに文字列を使ってものを調べられるので、その問題を解決してくれます。しかしその前に、リストで使える非常に便利なもの、「ループ」について説明しましょう。

3.6 リストをループさせる

ループ（繰り返し）に関する話はとても重要なので、loops.pyという、まっさらのファイルを作りましょう。

```
# Use for to loop over a list (forを使ってリストをループさせる)
numbers = [1, 2, 3]
for number in numbers:
    print(number)
```

これを実行すると、次のような結果が示されます。

```
% python loops.py
1
2
3
```

forループは、高いレベルでは、リストのすべての要素を同時に見て、その都度同じコードを実行するという作業をしています。これは、コードを短くするための近道です。この場合、私たちは1と2と3という数値が格納されたリストの、各要素を一度にprintしています。

近道と言いましたが、Pythonで同じことを回り道でやろうとすると、こうなります。

```
numbers = [1, 2, 3]

number = numbers[0]
print(number)
number = numbers[1]
print(number)
number = numbers[2]
print(number)
```

ループを使ったときと同じ結果になることがわかりますか？（わからない場合は、実際に実行してみてください)。

Pythonのforループの基本形は、次のとおりです。

```
y = [...]
for x in y:
    # xに何かする
```

この例の中のxとｙはなんでしょう？　yはforループを適切に実行する上で必要なリストです。これは事前に存在していなければなりません（数値のリスト、株価のリスト、人のリストなど)。

xは、forループの中で定義されるものです。forループを実行するための新しい変数を作るようなものです。xの内容はリスト内のすべての要素をひとつずつ（順番に）処理していく間に変化します。xは、forループを実行する前に存在している必要はありません。もし事前に存在していたら、それは上書きされます。

インデントにも注目してください。forループで何を繰り返すかをPythonに知らせるためのものです。インデントされた部分の終点に到達すると、ループの最初に戻り、次の要素に対して処理が繰り返されます。

私たちは、forループを「すべてに適用」ショートカットと考えるようにしています。

```
stocks = ["fb", "aapl", "nflx", "goog"]
```

forループを使って、すべての要素を大文字にしてprintするには、どうしたらよいでしょう？　私たちの答を見る前に、自分でコードが書けるかどうか、試してみてください。

私たちなら、たぶんこう書きます。

```
stocks = ["fb", "aapl", "nflx", "goog"]
for stock in stocks:
    print(stock.upper())
```

ここでは2つの変数、stockとstocksを使っていることに注意してください。

通常、リストを格納する変数を作るときは、名称を複数形にしておくとわかりやすくなります（stocks、numbers、random_things、peopleなど）。このリストにループを使用して、リスト内の個々の要素を指し示す変数を作りたいときは、単数形にするのがよいでしょう（stock、number、random_thing、personのように）。これらの変数は、Pythonからすれば、リストを見ていくときの単なる索引に過ぎません。

ループ用の変数に、iとかjとか、短い名前が付けられていることがたまにあります。利点としては、コードを非常に簡潔にできることです。欠点としては、やや解読しづらくなることです。名前を見ただけでは、その変数に何が格納されているのか推測できないからです。Pythonをもっと使いこなせるようになることには、変数名に関して自分なりの法則ができあがっていることでしょう。

3.6.1 ループ・チャレンジ

forループを使って、1から10までの数字の2乗の値をprintしてください。

今回は、制限時間は5分です。

3.6.2 ループ・チャレンジの答

この問題のもっとも単純な解決策は、1から10のリストから始めることです。そしてループを使って個々の要素を拾い出して、2乗にしてprintします。

```
numbers = [1, 2, 3, 4, 5, 6, 7, 8, 9, 10]
for number in numbers:
    print(number * number) # same as number ** 2
```

（数字 **2 と同じ）

実行するとこんな結果が表示されます。

```
1
4
9
16
25
36
49
64
81
100
```

もう少し上等にしたいなら、飾りを付けてみましょう。

```
numbers = [1, 2, 3, 4, 5, 6, 7, 8, 9, 10]
for number in numbers:
    print(number, "squared is", number * number)
```

これは、こんな結果になります。

```
1 squared is 1
2 squared is 4
3 squared is 9
4 squared is 16
5 squared is 25
6 squared is 36
7 squared is 49
8 squared is 64
```

```
9 squared is 81
10 squared is 100
```
（1の2乗は1、2の2乗は4……）

ボーナスチャレンジとして、1から10までループさせる、もっといい方法を考えてみてください。

なぜ、もっといい方法が必要なのでしょう？　1から100までをループさせるとなった場合を想像してください。すべての数字が入ったリストを作りますか？　1から100万のリストだったら、どうです？

「Python 1から10」とググってみると、range関数というものが出てくるはずです。それはこんな風に使います。

```
for x in range(10):
    print(x)
```

結果はこうなります。

```
0
1
2
3
4
5
6
7
8
9
```

range関数は、0から始まり、指定した数のひとつ手前で終わる数のリストを作るという点で、ちょっと変わっています(2)。これには、スタートしたい数字を指定できるオプションがあります。なので、1から10がほしいときは、range(1, 11):と書けばよいのです。

```
for number in range(1, 11):
    print(number, "squared is", number * number)
```

これは、私たちがリストを使って作ったコードよりも、少し短くなっていますが、ループする数字の範囲がずっと簡単に変えられようになっています。

試しに、1から100万までの2乗の数をprintさせてみてください。私たちが最初にやったみたいに、間違ってゼロをひとつ多めに入れてしまうと、Pythonスクリプトはしばらく実行したままの状態になります。早めに止めさせたいときは、Ctrl + Cを押してください。

3.6.3 何かをX回やらせる方法

ちなみに、同じコードを何度もforループで実行させることも可能です。

```
for _ in range(10):
    print("Hey ya!")
```

range(10)は10個のもの（0から9までの数）が入ったリストを作ります。なので、ループはその数だけ実行されます。forループの中にある「_」はなんでしょう？　Python開発者は、ループの中で実際には使われない変数であることを示すとき、よく名称に「_」を使います（なぜなら、使わないとは言え、そこには何か入れる必要があるからです）。代わりに「i」としても(別の名前でもいいのですが)、ループの中で使わなければ同じことです。でも、「_」のほうがサッパリしてます。

3.6.4 新しく2乗のリストを作る

ここまでは、print()をforループの中だけで使ってきましたが、もっといろいろなことができます。たとえば……

```
squares = []
for number in range(1, 11):
    squares.append(number * number)
print(squares)
```

これは以下のことをします。

1. squareという名前の空のリストを作る。
2. 1から10までの数をループする。
3. 各数値を2乗する。
4. 2乗した各数値をsquaresリストにappend（追加）する。

5. 完了したらsquaresリストをprintする。

もちろん、これと同じことをPythonならいろいろな方法でできます（間違いなくもっと速いやり方で）。でも、これもひとつの方法です。

ループの中でやるか、外でやるか、今ひとつ飲み込めない人のために、2つの間違ったやり方と、その結果どうなるかをお見せしましょう。

●間違いその1

```
for number in range(1, 11):
    squares = []
    squares.append(number * number)
print(squares)
```

squares = []をforループの中に入れました。どうなると思いますか？　実行すると、こんな出力が示されます。

```
[100]
```

ループごとに、squares変数の値を上書きでリストに追加しているためです。ループが終わって、もう上書きされることのない最後の値だけが残ったという形です。

●間違いその2

```
squares = []
for number in range(1, 11):
    squares.append(number * number)
    print(squares)
```

今度は、print(squares)をforループの中に入れました。どうなると思いますか？　こんな出力結果になります。

```
[1]
[1, 4]
[1, 4, 9]
```

```
[1, 4, 9, 16]
[1, 4, 9, 16, 25]
[1, 4, 9, 16, 25, 36]
[1, 4, 9, 16, 25, 36, 49]
[1, 4, 9, 16, 25, 36, 49, 64]
[1, 4, 9, 16, 25, 36, 49, 64, 81]
[1, 4, 9, 16, 25, 36, 49, 64, 81, 100]
```

この場合、squares変数の値を、すべてのループの最後にprintしています。なので、かわいいピラミッド型ができたわけですが、こんな結果を望んだわけではありません（ただ、コードの中で何が起きているのかを見るために、ループの中にprint()を入れて問題のデバッグに役立てることもできます）。

リストの内包表記

Pythonは、ひとつのリストから別のリストを高速に作る機能を備えています。これを「リスト内包表記」と言います。次のような使い方をします。

```
[number * number for number in range(1, 10)]
```

これまで見てきたものと基本的には同じですが、すべて1行に収まっています。初心者には、このリスト内包表記の構造はわかりづらいかも知れません。しかし、これを知っておく価値はあります。リスト内包表記の利点は、短いというだけでなく、最初に値を追加するための空のリストを作らずに済むということがあります。

3.7 FIZZBUZZ

FizzBuzz（フィズバズ）という言葉を聞いたことがありますか？　開発者の採用面接でよく聞かれる言葉です。この面接の質問が大嫌いだという開発者もいます。プレッシャーの中、ある一点について深く考えるよう強制され、どうやっていいかわからないことを調べるときに使う情報源（Stack Overflowなど）に当たることも許されません。とまあ、それはそれとして、課題を出します。

3.7.1 FuzzBuzzチャレンジ

1から100までの数字をprintするプログラムを書いてください。ただし、3の倍数のときは数字の代わりに「Fizz」を、5の倍数のときは「Buzz」をprintします。3と5の両方の倍数のときは、「FizzBuzz」をprintしてください。

この問題を解くには、もうひとつの材料が必要になります。その数が3または5で割れるかどうかをチェックするためのものです。私たちはそれを、Pythonの「%」（剰余演算）記号を使って行います。これは、ある数字を別の数字で割ったときの余りを教えてくれます。たとえば、3 % 3は0です。4 % 3は1、5 % 3は2、6 % 3は0となります。

つまり、number % 3 == 0とすれば、numberが3で割り切れるかどうかを知ることができます。これにはTrueかFalseが返されます。

さて、10分間でこの問題に挑戦してください！

行き詰まってしまいましたか？　それなら、もう少し読み進めましょう。

まずは、諦めて答を見る前に、もう数分間だけ頑張ってみることを強くお薦めします。約束します。安直に答を見にいくよりも、10分間、壁に頭をガンガン叩きつけるほうが（あくまで比喩ですが）早く学習できます。ある意味、この問題は、みなさんがコーディングで遭遇する数多くの問題を象徴しています。ほかの誰かさんが、先にこの答を出しているとは限りません。

次に、大きな問題は、小さなステップに分解することをお薦めします。実際それは、一般的なコーディング問題においても適切な手段です。それが最適なスタート地点を提供してくれます。こうすることで、何が使えて何が使えないかを、ひとつずつテストしながら進めていくことができます。

たとえば、私たちはこの課題を、次の小課題に分解しました。

1. 1から100までの数字をprintする。
2. その数が3で割り切れるかをチェックし、もし割り切れる場合は「Fizz」をprintする。
3. その数が5で割り切れるかをチェックし、もし割り切れる場合は「Buzz」をprintする。
4. その数が3と5で割り切れるかをチェックし、もし割り切れる場合は「FizzBuzz」をprintする。

ステップ2からステップ4までをどう解決すればよいかがわからなくても、ステップ1は簡単でしょう。何ページか前に、私たちは1から10までをprintする方法を考えました。1から100でも、基本的に同じです。

まずは最初のステップを解決してから、次のステップに移りましょう。「もし」という言葉が、どこかでif文を使うというヒントになったかも知れませんね（forループの中かも？）。

制限時間は10分程度としていますが、それ以上長くならないように気をつけてください。もう大丈夫となったら、この先の、私たちの答を確認してください。

3.7.2 FizzBuzzチャレンジの答

小さなステップに分けて取り組みます。

1. 1から100までの数字をprintする。

セクション3.6.2のループの課題を振り返ると、方法がわかります。

```
for number in range(1, 101):
    print(number)
```

その出力結果はこうなります。

```
1
2
3
...
99
100
```

range(1, 101)の最初の数と最後の数の指定方法を忘れてしまっても、心配いりません。インターネットで調べられますし、試行錯誤しているうちに覚えます。forループの中の変数には、ひとつに決めて使い続ける限り、どんな名称を付けてもかまいません（numberでもxでも）。

2. その数が3で割り切れるかをチェックし、割り切れる場合は「Fizz」をprintする。

ここで鍵となるのは、forループの中にどうやってif文を入れるかです。(number % 3) == 0により3で割り切れるかどうかをチェックできることは、もうわかっています（すでに説明しましたからね）。これを、ただif文に入れ込めばいいだけです。

```
for number in range(1, 101):
    if (number % 3) == 0:
        print("Fizz")
```

問題は、これでは次の出力しか得られないことです。

```
Fizz
Fizz
Fizz
...
```

このコードでは、3で割り切れる数に対応する「Fizz」だけが表示されて、それ以外の数字はひとつもprintされません。これは、if文にelseがないのが原因です。3で割り切れなかった数字はそのままprintするように、elseを使うことを忘れてはいけません。

```
for number in range(1, 101):
    if (number % 3) == 0:
        print("Fizz")
    else:
        print(number)
```

これで、私たちが求めていた出力が得られます。

```
1
2
 Fizz
...
98
Fizz
100
```

一般的な話として、コードはできるだけ早めに、何度もテストして、実際に思いどおりの動作をするかどうかを確かめることをお薦めします。そうすれば、その場でエラーに対処できます。最後まで仕上げてからのトラブルシューティングは、大変ですからね。

3. その数が5で割り切れるかをチェックし、割り切れる場合は「Buzz」をprintする。

ステップ2がわかれば、こっちは比較的簡単です。5で割り切れる数をチェックするelif文を追加するだけです。

```
for number in range(1, 101):
    if (number % 3) == 0:
        print("Fizz")
    elif (number % 5) == 0:
        print("Buzz")
    else:
        print(number)
```

これで、出力はこうなります。

```
1
2
Fizz
4
Buzz
...
98
Fizz
Buzz
```

4. その数が3と5で割り切れるかをチェックし、割り切れる場合は「FizzBuzz」をprintする。

最後のステップは、ちょっと引っ掛けです。ステップ3のように、ただelifを追加するだけでは済まないからです。

```
for number in range(1, 101):
    if (number % 3) == 0:
        print("Fizz")
    elif (number % 5) == 0:
```

```
        print("Buzz")
    elif ((number % 3) == 0) and ((number % 5) == 0):
        print("FizzBuzz")
    else:
        print(number)
```

このコードを実行しても、ステップ3で変更を加えたコードと結果は同じになってしまいます。とくに、3と5で割り切れる数（たとえば50とか30とか）も、「Fizz」のままです。

```
...
13
14
Fizz
16
17
...
```

こうなってしまうのは、ifとelifとelseが順番にチェックされているからです。たとえば、15を考えてみましょう。15は3でも5でも割り切れます。ループがこの数字に辿り着いたとき、何が起きるでしょうか？　最初の行で、これは3で割り切れるかどうかが調べられます。割り切れるので、print(“Fizz”)が実行され、elseは飛ばされます。

この問題には、いくつもの解決策がありますが、もっともシンプルなものは、ifとelifの順番を入れ替えることです。そうすることで、もっとも特殊なケースを真っ先にチェックさせることができます。

```
for number in range(1, 101):
    if ((number % 3) == 0) and ((number % 5) == 0):
        print("FizzBuzz")
    elif (number % 3) == 0:
        print("Fizz")
    elif (number % 5) == 0:
        print("Buzz")
    else:
        print(number)
```

これで、私たちが求める結果が得られます。

```
1
2
Fizz
...
14
FizzBuzz
16
...
98
Fizz
Buzz
```

ナイス！

さて、まだちょっと、洗練できる余地があります。たとえば、((number % 3) == 0 and (number % 5) == 0)は(number % 15) == 0と同じだとお気づきでしょう。これでコードを少し短くできます。短ければいいのかという議論はありますが。最初のアプローチのほうが見た目にわかりやすいし、後で条件を変更するにもやりやすいと言う人もいるでしょう。

FizzBuzzや、HackerRank.comなどのコーディングの練習サイトなどでは、課題に対して誰がいちばん短いコードで正解を出せるかを競ったりもします（もっと練習問題に挑戦してみたいという方は、ぜひHackerRank.comを訪ねてみてください）。

このFizzBuzzの正解で、今のところ私たちが（ネットで検索して）見つけたもっとも短いコードは、この1行のコードです。

```
for x in range(100):print(x%3//2*'Fizz'+x%5//4*'Buzz'or x+1)
```

短ければ優秀かと言えば、そうとも言い切れません。このFizzBuzzの1行の答は、必要以上に複雑で、ほとんど解読不能だという声もあります(3)。

3.8 辞書

Pythonのリストは、異なるものをグループにまとめてくれるので便利です。forループを使えば、同じコードを何度も書く手間も省けます。しかし、みなさんは間もなく、Pythonで特定のデータを格納するのに、リストはかならずしも最適な方法ではないと気づかれるでしょう。リストのあるひとつの制約に対処するために、新しいデータ型を紹介します。「辞書」です。

たとえば、公開株に関する大量な情報をPythonに格納するとしましょう。そこでリストを作ろうと考えます。

```
stock = ["Microsoft", "MSFT", "NASDAQ"]
```

さらに、株の最新の始値と終値も記録することにします。これもリストに加えましょう。

```
stock.append(108.25) # Open Price（始値）
stock.append(106.03) # Close Price（終値）
```

さて、特定の情報を引き出したいときは、すべての情報がどこに置かれているか、その正確な位置を覚えておかなければなりません（またはリスト全体をprintして数えるか）。たとえば、ティッカーは2番目の要素で、その終値は5番目だとします（いや、4番目だったかな？　とにかく簡単に忘れます）。そのとき、こんなコードが使えます。

```
print(f"{stock[1]} is trading at {stock[4]}")
```

しかし、とうてい理想的とは言えません。問題は、これらの情報をグループにまとめることはできても、リストに入れてしまうと、ある重要なものを見失ってしまうことです。それは属性です。つまり、要素の特質です。その人の髪の色、目の色、身長、体重などといった属性と同じです。リストを作る際には、Pythonは、それぞれの要素が何なのかを示すためのラベル付けの方法を与えてはくれません。

しかし、Pythonには「辞書」と呼ばれる別のデータ構造があります。これはリストのように機能し、数字で位置を示すのではなく、文字列でラベル付けができます(4)。これにより、順番は問題ではなくなります。文字列を使って、そのデータがどこにあっても取り出すことが可能になります。

辞書の働きを見るために、dictionaries.pyというファイルを作って、次のコードを記述してください。

```
# Dictionaries let you label values using strings（辞書では文字列で値にラベルが付けられる）
stock = {"name": "Microsoft", "ticker": "MSFT", "index": "NASDAQ"}
```

リストは角括弧を使いましたが、辞書は{}（波括弧）で囲むことに注意してください。Pythonでは、たくさんのものが入る辞書を作るとき、複数の行に分けるとわかりやすくなります。

```
# Dictionaries let you label values using strings
stock = {"name": "Microsoft",
         "ticker": "MSFT",
         "index": "NASDAQ"}
```

通常は、読みやすくするためにラベルは1行にまとめます。Pythonはすべてを1行として認識するため、タブやスペースはいくつ入れようが気にする必要がありません。また、波括弧の中に収まっている限り、いくら改行してもかまいません（happy_hour.pyで見たとリストの場合と同じです）。

辞書の中では、コロンの左側にあるものは「キー」と呼ばれ、右側にあるものは「値（バリュー）」と呼ばれます。これを「キー/値ペア」と呼びます。

```
'key': value
```

辞書では、キーにはかならず値が伴います。また値にはかならずキーが伴います。キーは文字列ですが、値は、文字列、数値、リスト、なんなら別の辞書でも、基本的に何でもかまいません。ひとつの辞書の中では、キーは一意です（つまり、同じキーを何度も使うことはできません）。キーと値との間には、かならずコロンが入ります。また、キー/値ペアの間はカンマで区切ることをお忘れなく。

辞書から何かを取り出すときは、リストで行ったように、[ ]（角括弧）を使います。ただし辞書では、角括弧の中には数字ではなくキーを入れます。dictionaries.pyに次のコードを追加してください。

```
print(f"{stock['name']}'s stock ticker is {stock['ticker']}")
```

ここで取得した`stock['name']`と`stock['ticker']`は、MicrosoftとMSFTです。これは、stock辞書を作ったとき、最初にそれぞれのキーに設定した値だからです。

f文字列は、キーを使ってstock辞書の値を探し出し、それを文字列に直接入れ込んでくれます。ひとつ気をつけるべきは、f文字列の中では、シングルクォーテーションかダブルクォーテーションか、どちらを使うかを決めておくことです。f文字列の外側にダブルクォーテーションを使ったときは、キーにはシングルクォーテーションを使います（`f"{stock['name']}'s`…のように）。そうしないと、Pythonはキーの先頭でf文字列が終わるものと考えてしまいます。

下の2つのコードの一部は似ているように見えますよね。

```
stock[1]
```

と

```
stock['ticker']
```

しかし、上が使えるのはリストだけで、下は辞書だけで使えます。[]の中のものは、どれを扱うかを示すヒントになっています。

リストと辞書の違いを理解するには、現実の辞書の使い方を考えてみるとよいでしょう。言葉の意味を調べたくて辞書を手に取ったときは、その単語（キー）が見つかるまでページをめくって、意味（値）を読みますよね。現実の辞書がリストのような構造だったら、調べたい言葉の意味が書かれているページ番号を記憶しておかなければなりません。そんな辞書は使い物になりませんよね。

辞書のキーのリストを得る

辞書の中のキーのリストは、.keys()という関数で取り出せます。

```
>>> stock = {"name": "Microsoft",
...          "ticker": "MSFT",
...          "index": "NASDAQ"}
>>> stock.keys()
dict_keys(['name', 'ticker', 'index'])
```

これは、たくさんのものを収めた辞書で、どんなキーが使われているかを忘れてしまったときに便利です。

3.8.1 辞書チャレンジ その1

辞書は、ユーザーなど、何かの情報を格納するのによく使われます。dictionaries.pyにuserという新しい辞書を作ってください。これに、次のキーを入れます。'name'、'height'、'shoe size'、'hair'、'eyes'。これらのキーの値に、あなたの情報を入れてください。できたら、辞書に格納された各値を個別にprintしてみてください。

3.8.2 辞書チャレンジの答 その1

user辞書は、こんな感じになるはずです。

```
user = {'name': 'Mattan',
        'height': 70,
        'shoe size': 10.5,
        'hair': 'Brown',
        'eyes': 'Brown'}
```

インデントと改行は、ここでは意味を持ちません。ただ読みやすくするだけのものです（お望みなら、辞書全体を1行にしてもかまいません）。値のprint方法は、あなた次第です。私たちはf文字列を使いました。

```
print(f"Name: {user['name']}")
print(f"Height: {user['height']}")
print(f"Shoe Size: {user['shoe size']}")
print(f"Hair Color: {user['hair']}")
print(f"Eye Color: {user['eyes']}")
```

これを実行すると、こうなります。

```
Name: Mattan
Height: 70
Shoe Size: 10.5
Hair Color: Brown
Eye Color: Brown
```

もちろん、すべて1行でprintすることもできます。その場合は、こんなコードが考えられます。

```
print(f"{user['name']}'s height is {user['height']}, shoe size is
```

```
{user['shoe size']}, hair color is {user['hair']}, and eye color
is {user['eyes']}")
```

しかし、これでは1行のコードにしては長過ぎます。

3.8.3 キー/値ペアを追加する

辞書を格納したstock変数が作ってあるので、新しいキー/値ペアを追加してみましょう。dictionaries.pyに次のコードを書き加えてください。

```
...
stock["open price"] = 108.25
stock["close price"] = 106.03
print(stock)
```

実行すると、こんな形で株価が示されます。

```
{'name': 'Microsoft', 'ticker': 'MSFT', 'index': 'NASDAQ', 'open
price': 108.25, 'close price': 106.03}
```

新しいキー/値ペアの追加には、基本的にはキーで値を探すときと同じコードが使われます（`stock["open price"]` のような）。違うのは、等号で何かを入れてやる点です。キーは単なる文字列なので、キーの名前には半角スペースが使えます。

もうひとつ気をつけるべきこととして、キーは大文字と小文字の区別があるという点です。たとえば、`print stock ["Open Price"]`とタイプすると、次のエラーが出ます。

```
Traceback (most recent call last):
    File "dictionaries.py", line 26, in <module>
        print(stock["Open Price"])
KeyError: 'Open Price'
```

またたとえば、`stock["volume"]` のように、辞書に存在しないキーを使おうとしても、同じKeyErrorが出ます。

辞書から何かを取り出すときの安全な方法

キーに何が入っているかよくわからないとき、その値を安全に取り出したいときは、get関数を使います。

```
stock.get('volume')
```

これは、もしこのキーが存在すれば、その値を返します。キーが存在しないときでも、get()はエラーを出しません。ただ何も返しません。エラーメッセージを出して残りのコードの実行を止めてしまわないので、ある意味便利です。

get関数には、もうひとつクールな機能があります。デフォルトの値を設定しておいて、辞書にキーが見つからなかったときにそれを返させるようにできるのです。

```
stock.get('volume', 'Value not found')
```

「値が見つかりません」

辞書に何が入っているかわからないときは、get()を使うのが無難ですが、これは両刃の剣でもあります。コードに何か不具合があったとき、その把握に役立つエラーも隠してしまうことがあるからです。

3.8.4 辞書チャレンジ その2

セクション3.8.1の辞書チャレンジで作ったuser辞書にfavorite movies（好きな映画）キーを追加して、printしてください。

3.8.5 辞書チャレンジの答 その2

私たちは、こんな風にこの課題を解きました。

```
...
user['favorite movies'] = ['Pulp Fiction', 'Magnolia', 'The Royal
Tenenbaums']
print(f"Favorite Movies: {user['favorite movies']}")
```

実行すると、こう表示されます。

```
Favorite Movies: ['Pulp Fiction', 'Magnolia', 'The Royal
Tenenbaums']
```

これで、user['favorite movies'] という値がリストに設定されました。もし次のようにしていたら……

```
user['favorite movies'] = 'Pulp Fiction, Magnolia, The Royal
Tenenbaums'
```

値は、リストではなく文字列になっていたはずです。その違いがよくわからない場合は、セクション3.5.2を読み返してください。

もしみなさんが私たちと同じく、Pythonのリストをprintしたときの読みにくさにイラついているとしたら、リストを文字列としてprintすることもできます。すると、こんな表示になります。

```
Favorite Movies: Pulp Fiction, Magnolia, The Royal Tenenbaums
```

セクション3.5.2を思い出してください。join()を使えば、どんなリストも文字列に変換できました。同じことがdictionaries.pyでもできます。

```
print(f"Favorite Movies: {', '.join(user['favorite movies'])}")
```

これで、もう少し読みやすい出力結果が得られます。

3.8.6 辞書は何に使うのか？

辞書は、表（またはデータベース）から取得した行の表示に使えます。列の名前をキーにすれば、情報のラベリングができるからです。次ページの表を見てください。

Name	Height	Shoe size	Hair	Eyes	Favorite movies
Mattan	70	10.5	Brown	Brown	['Pulp Fiction', 'Magnolia', 'The Royal Tenenbaums']
...	...	...	...	...	...

Pythonで最初の行を取り出して、それを使って何かしたいときは、これをリストとして見ることができます。

```
user = ['Mattan', 70, 10.5, 'Brown', 'Brown', ['Pulp Fiction',
'Magnolia', 'The Royal Tenenbaums']]
```

しかし、リストの中の各要素が何を示しているのか、これではわかりません。70とか10.5ってなに？　どっちの「Brown」が髪の色で、どっちが目の色なの？　辞書を使えば、列の名前も把握できます。

```
user = {'name': 'Mattan',
        'height': 70,
        'shoe size': 10.5,
        'hair': 'Brown',
        'eyes': 'Brown',
        'favorite movies': ['Pulp Fiction',
                'Magnolia',
                'The Royal Tenenbaums']}
```

ちょっと読みづらいところがありますが、これには、これ以外の方法では得られない重要な情報が含まれています。

簡単な練習をしましょう。あなたはブログをやっていて、いくつものブログ記事を投稿していると想像してください。Pythonを使って、あなたはそのデータベースに接続して、もっとも新しいブログ記事を取り出しました。それは、blog_postという辞書に入っています。辞書の中のこの記事を見つけ出すのに、どんなキーや値を想像しますか？　次のようなキーがあると思われます。

- title
- body
- author
- created_at
- published_at

blog_postにcreated_atやpublished_atというキーが存在するであろうことが、どうしてわかったのでしょうか？　ブログには、そうした関連データを記録しておく傾向があり、無数にデータベースを見てきた私たちは、普通ならこれらが記録されていることを知っているからです。

この時点で、いきなり難しい話に突入しそうだと感じていることでしょう（まったくそのとおり）。実際のデータベースには、何百という列と何千という行があります。すべてのデータセットに対して、前のような辞書を作らなければならないとしたら、非常に扱いづらいコードになってしまうはずです。しかも、それは普通の人たちがデータと聞いて思い浮かべるものとも違います。

私たちは、データベースは列と行でできた表だと考えます。さらにそれは、コードのファイルではなく、Excelファイルなどに保管するのが普通です。この本の第2部では、この問題をもう一度見直して、大きなデータセットをもっと直感的な方法で扱えるPythonのパワフルなツールを学んでいきます。

3.9 まとめ

この章では、if文、Pythonの論理演算、リスト、forループ、辞書を学んでPythonの理解を深めました。また、プログラマーの採用面接でよく出題される、とくに難解なFizzBuzz問題にも挑戦しました。これまで学んできたことで、現実のデータ分析がほぼ行える状態になりましたが、その前に、あと2つのPythonの重要な要素を学ばなければなりません。関数とインポートです。それがこの本の第1部の最後の章となります。

第4章
Pythonの基本 パート3

第1部でお話するべき話題の中でも、関数を後回しにしたことから察するに、さぞ難しいのだろうなと身構えていらっしゃるかも知れません。ところが、Pythonの考え方はきわめてシンプルにできていて、関数は、言わば、あちらこちらで再利用できるコードの保存方法に過ぎません。私たちは、まずこのシンプルなところを先に説明してから、章の終わりにかけて、もっと高度な話に入っていこうと考えています。そのとき、頑張れば報われることを、しみじみ感じられるはずです。とくに、第2部に進んだときにね。

Excelを使ったことがあれば、関数とは何か、どう使うのかはすでにご存知だと思います。Excelには、sum()、average()、count()、concatenate()、さらにはif()といった便利な関数が内蔵されています[1]。

この本でも、すでにいくつかのPython関数に触れてきました。たとえば、print()、len()、lower()などです。この章では、関数のパワーをもっとたくさん引き出す方法を学びます。

4.1 この章で学ぶこと

この章を終えるころには、オリジナルの関数をイチから作れるようになっています。学ぶのは、関数の引数、出力、リファクタリング、それに、誤った型の数値や引数を渡すという関数でやりがちな失敗についてです。最後に、Pythonのパッケージと、他の人が作った関数を読み込んでPythonのパワーを劇的に高める方法についても解説します。

4.2 関数入門

新しいファイルfunctions.pyを作って、次のコードを書き込むところから始めましょう。

```
grades = [90, 85, 74]
prices = [12.99, 9.99, 5.49, 7.50]
print(sum(grades) / len(grades))
print(sum(prices) / len(prices))
```

リストを解説したセクション3.5を振り返って、Pythonには数値のリストの合計を計算するsum()と、リストの中に要素がいくつあるかを計算するlen()という関数が備わっていたことを思い出してください。ここでは、2つの数値のリストを作り、それぞれのリストの「平均」を計算してprintしています。平均とは、リストの中の要素の合計を、リストの要素の数で割った値と定義できます（こうした平均は、とくに平均値（mean）と呼びます）。結果はこうなります。

```
% python functions.py
83.0
8.9925
```

こうした作業、つまり平均値の計算を何度も繰り返す予定だった場合は、どうでしょう。そんなときは、この計算を関数にしておくと便利です。functions.pyのコードを次のものに置き換えれば、それが可能になります。

```
# Functions are little snippets of code（関数はコードの断片）
# that we can reuse over and over（何度でも再利用できる）
def average(numbers):
    return sum(numbers) / len(numbers)

grades = [90, 85, 74]
prices = [12.99, 9.99, 5.49, 7.50]

print(average(grades))
print(average(prices))
```

Pythonで新しい関数を作るには、次の手順を踏みます。

1. まずは、def（define：「定義」の略）と半角スペースから始めます。
2. 次に関数名を入れます（変数名を付けるときの約束事が、ここでも通用します。小文字で表記し、スペースを空けたいときはアンダースコアを使います)。後でこの関数を実行する（呼び出す）ときに、この名前を使います。
3. その次は括弧です。括弧の中には入力値（引数）を入れます。これが、関数が実際に実行されるときに渡されます。関数の中では変数のように扱われます。
4. 関数を定義する行の最後は：(コロン）で締めくくります。これをお忘れなく。
5. 関数に名前を付けて引数を設定したら、この関数の中に含めたいすべてのコードをインデントの中に記述します。if文やforループと同じで、Pythonはインデントされた行を見て、どこからどこまでが関数に含まれるコードなのかを見極めます。

一般的な関数の構造は、こんな感じです。

```
def function(input1, input2, ...):
    # Do something with inputs（inputに対して何かする）
    return ...
```

関数ができたら、その関数名の後に、必要な引数を括弧でくくってつなげてやれば実行（「呼び出し」とも言います）できます。

今回の場合、avarage関数にはnumbersという引数がひとつだけ入っています。これはリストですが、Pythonから見ればリストも1個の入力に変わりありません。関数の引数についてはこの章で詳しく説明しますが、このnumbersとはいったい何なのかを考える前に、avarage関数を定義できたのは注目に値します。後でこの関数を実行する、つまり呼び出すときに、それが何であれ、同時に渡されたものの関数内での呼び名として、適当な代用語を決めておく必要があります。

この代用語、つまり引数は、基本的には関数の中だけで通用する変数です。

numbersという言葉を選んだのは、この関数が数の平均を計算するものであり、たくさんの数字を入力することが想定されるため、それが適切だと思ったまでです。みなさんが関数を作るときは、引数には好きな名前を付けてかまいません（新しい変数を作るときと同じです）。ただし、関数の中では、その名前を変数として扱うことが要求されます。

そのため、この関数を実行して、gradesやpricesのようなリストを渡すと、関数内のnumbersは、それらのリストに置き換えられます。変数を渡す必要はありません。反対に、リストを直接渡すことも可能です。

```
print(average([0, 1, －1])
```

[0, 1, －1]というリストは、関数内ではnumbersの役割を果たします。そして、結果として関数は次のように返します。

```
sum([0, 1, －1]) / len([0, 1, －1])
```

何かを返すと言えば、この関数の中の1行に、先頭にreturn（返す）と付いたものがあることに気づきかれたと思います。

```
def average(numbers):
    return sum(numbers) / len(numbers)
```

returnとは、何をするものでしょう？　この関数が何を出力するかを決めるものです。ほとんどの場合、関数の最後の行に置かれます（後で詳しく説明します）。他の例も見てみましょう。functions.pyに次のコードを追加してください。

```
address = "3022 Broadway, New York, NY 10027, USA"
city = address.split(', ')[1]
print(city)
```

このコードを実行すると、こう表示されます。

```
% python functions.py
...
New York
```

どうなっているのでしょう？　番地、町、郵便番号、国という形式の住所を文字列として格納した変数があり、次の行のコード、address.split(', ') で、住所を分割して、カンマと半角スペースで区切ったリストに変換しています。これは次のように返します。

```
['3022 Broadway', 'New York', 'NY 10027', 'USA']
```

そして、このリストから[1]を使って2つめの要素を取り出し（リストの要素は[0]から始まることをお忘れなく）、変数cityに格納します。

そこで、「ふむ、いつかまた同じ作業をしそうだな。関数にしておこうか」と考えたとします。その関数は、こんな形になります。

```
def get_city(address):
    return address.split(', ')[1]

address = "3022 Broadway, New York, NY 10027, USA"
city = get_city(address)
print(city)
```

これは、前に行ったものと同じ出力をもたらしますが、私たちは、前に使った address.split(', ')[1] を関数に包み込んで、returnを追加して、引数をコードに揃えました。

実行の際に関数に渡すaddress変数は、get_city関数を定義したときに引数として同じ名前を付けたものとは、まったくの別物です。それでも大丈夫。「スコーピング」のおかげでちゃんと動きます。スコーピングとは、関数の中で作られ、関数の中だけで使える変数（入力の名称も含む）のことです。

スコーピングとは、説明しようとすると大変に複雑で頭がこんがらがってしまう代物なのですが、関数の中のaddress（とにかく何でも関数を実行するときに渡されるもの）は、関数の外で定義したaddressとは別のものでもかまわない、とだけ言っておけば今は十分でしょう。その証拠に、下に示したコードもちゃんと動きます。

```
...
columbia = "3022 Broadway, New York, NY 10027, USA"
city = get_city(columbia)
print(city)
```

これでもいいんです。理解できましたか？　よろしい。ではみなさんのスキルをテストしてみましょう。

4.2.1 関数チャレンジ

get_state()という関数を作ってください。この関数は「3022 Broadway, New York, NY 10027, USA」という形式の文字列から、州の略号（NYなど）だけを抜き出して返すというものです。

4.2.2 関数チャレンジの答

get_state関数の定義は、get_city関数よりもやや複雑な作業です。いくつか追加のステップが必要だからです。下記のような形式の住所（address）の場合……

```
address = "3022 Broadway, New York, NY 10027, USA"
```

次のようにカンマでsplitすると、

```
address.split(', ')
```

こうなります。

```
['3022 Broadway', 'New York', 'NY 10027', 'USA']
```

ここから、[2]を使って3番目の要素を取り出します。

```
address.split(', ')[2]
```

結果はこうです。

```
'NY 10027'
```

この文字列には、州の略語と郵便番号が入っています。でも、ほしいのは州の略号だけです。どうやって取り出しましょうか？　この場合は、もう一度半角スペースでsplitするという手があります。

```
address.split(', ')[2].split()
```

2つめのsplitには引数は入れません。splitはデフォルトで、半角スペースで区切るようになっているからです[(2)]。これで、また新しいリストができました。

```
['NY', '10027']
```

この2つめのリストとの1番目の要素を[0]で取り出せば、ようやく州の略号だけが得られます。

```
address.split(', ')[2].split()[0]
```

これを、get_state関数に入れ込んでやると、次のようになります。

```
def get_state(address):
    return address.split(', ')[2].split()[0]

state = get_state(columbia)
print(state)
```

これで次の出力が得られます。

```
% python functions.py
...
NY
```

もちろん、Pythonには他にもいくつかこの問題を解く方法はあります。そのひとつには、2つめのsplit()は使わず、「NY 10027」の最初の2文字だけを[0:2]で取り出すやり方もあります（セクション3.5.3のコラム『文字列にスライスを使う』を参照)。よかったら、こっちの方法も試してみてください。

このチャレンジで定義したget_state関数も、その前に作ったget_city関数も、入力する文字列の形式に依存します。文字列を変えてしまうと、もうどちらの関数も用をなしません。たとえば、関数に入力したaddressに部屋番号も追加したとしましょう。

```
"3022 Broadway, Room 142, New York, NY 10027, USA"
```

すると途端に、get_city()もget_state()も、我々が期待する出力は返さなくなくなります。たとえば、`get_city("3022 Broadway, Room 142,`

`New York, NY 10027, USA")` とすると、「`Room 142`」と返してきます。`get_state("3022 Broadway, Room 142, New York, NY 10027, USA")` とすると、「`New`」と返します。

これは、関数には、取得する入力に大きく依存してしまう場合があることを示しています。関数を作るときは、さまざまな形式の入力を考慮しなければいけません。なので、異なる入力に対応できるコードを書くか、さもなければ少なくとも、いつも同じ入力を与えなければなりません。この問題については、セクション4.2.10で再び考えます。

4.2.3 関数とは何をするものか

ここでいったん、数歩下がって、なぜ関数というものがあるのかを考えてみましょう。関数を理解するひとつの考え方として、入力を受けて出力する、というものがあります。

入力には、ほぼあらゆるものが想定できます。出力も同じ。関数の中では、一連のステップが何度も何度も繰り返し処理されます。ちょうど工場のように、鉄やアルミやガラスやゴムや塗料といった材料を取り込んで、車などの、何らかの出力をもたらします。

同じようにして、今書いているコードが、今後いろいろな場所で使い回しされるなと感じたときは、関数にしておくと便利です。login()は、ほとんどのウェブサイトで使われている一般的な関数です。ユーザー名とパスワードを入力すると、それが正しいかを確認して、ユーザーをウェブサイトにログインさせます。

現在のところ、get_city()とget_state()という私たちが作った2つの関数は、文字列を入力すると文字列が出力される形になっていますが、関数はもっといろいろなことができます。たとえば、次のような関数もあるでしょう。

・単語（文字列）を入力すると、その単語の複数形（文字列）を出力する。言語によっては、コーディングが難しい関数になるでしょう。
・たくさんのテキスト（文字列）を入力すると、その中からもっともよく使われる単語を出力する（文字列のリスト）。
・2つの数値（2つの整数または浮動小数）を入力すると、割り切れるかどうかを答える（TrueまたはFalse）。

FizzBuzzチャレンジ（セクション3.7.1）で、ある数字が3か5で割り切れるかどうかを何度もチェックしたのを覚えてますか？　そこでは、同じようなコードを何度も繰り返す必要がありました。

```
(number % 3) == 0
```

と、以下です。

```
(number % 5) == 0
```

この2つのコードはよく似ていますが、それが、これらを関数化する価値があることを示しています。functions.pyファイルに次のコードを追加して、関数にしてみましょう。

```
def divisible_by(number, divisor):
    if (number % divisor) == 0:
        return True
    else:
        return False

print(divisible_by(15, 3))
print(divisible_by(20, 3))
```

15は3で割り切れますが20は割り切れません。なので、これを実行すると、次のような結果になります。

```
% python functions.py
...
True
False
```

関数の引数にラベルを付ける

ところで関数には、呼び出すとき、引数に任意でラベルが付けられる機能があります。

```
print(divisible_by(number=15, divisor=3))
print(divisible_by(number=20, divisor=3))
```

この2つがもたらす結果は、`divisible_by(15, 3)` と `divisible_by(20, 3)` とまったく変わりません。こうしておけば、後で見たとき、また別の人がこのコードを使うとき、引数名がラベルの役割をしているため、どっちの引数がどっちなのかを識別しやすくなります。関数の引数にラベルを付けると、もうひとついいことがあります。引数の順番を変えられるという点です。

```
print(divisible_by(divisor=3, number=15))
```

これでも、`divisible_by(15, 3)` と同じ結果が出ます。ラベルを付けると、Pythonは、引数が渡された順に、どの入力がどの引数に対応するかを自動的に判断します。

4.2.4 リファクタリングと技術的負債

コードの中の、何かよからぬものを示唆する兆候のことを、「コードの臭い」と呼びます。柔軟性に欠ける、解読が難しい、思ったよりもエラーが多いといった印象です。

コードの臭いのひとつの例として、重複があります。まったく同じか、よく似たコードが、ひとつのファイルに、または複数のファイルにまたがって何回も登場するというものです(3)。重複コードは、何らかの機能を更新したいとき、重複しているコードすべてを修正しなければならず、またその箇所をすべて覚えておく必要もあるため（「検索してすべて置き換え」を手動でやるみたいな)、とても面倒です。コードが大きくなると、この困難さは想像を超えます。見落としてしまう可能性も高くなり、コードがバグだらけになるか、機能しなくなります。

この問題を回避するには、重複コードをすべて抽出して、関数のようなひとつの場所にまとめて再利用するのがいちばんです。利点は、関数の機能を修正したいとき、またはコードを改良したいとき、ひとつの場所だけを変更すれば済むことです。

「リファクタリング」という言葉があります。機能はまったく変わらなくても、コードを書き直して整理することを言います。まったく同じ働きをするコードの良し悪しって、いったい何でしょう？　解読しやすさ、簡潔さ、速さ、後で改善しやすい柔軟さなど、いろいろあります。

初めてdivisible_by関数を書いたとき、まったく問題ないように見えました。

```
def divisible_by(number, divisor):
    if (number % divisor) == 0:
        return True
    else:
        return False
```

しかし翌日これを見て、コードが必要以上に長いことに気がつきました。もっと少ない行に整理することはできますか？　こんなのは、どうでしょう？

```
def divisible_by(number, divisor):
    return (number % divisor) == 0
```

「==」を使えば、つねにTrueかFalseが返されるので、これでもいいのです。

この短いバージョンのほうが、最初のものよりもずっといいでしょ？　一般的に言って、コードは、何をどうしているのか解読ができる限りにおいては、長いより短いほうがいいのです。

FizzBuzzチャレンジの答にあった、たった1行なのにほとんど解読不能なコードを覚えてますか？（セクション3.8.2）以下は、短いけど望ましくないコードの例です。

```
for x in range(100):print(x%3//2*'Fizz'+x%5//4*'Buzz'or x+1)
```

なぜよくないのでしょう？　ひとつには、Pythonには短いコードほど速いとは限らないという点があります。しかしもっと深刻なのは、解読が困難なことです。他のコーダー（それは未来のあなたかも知れませんよ）が見ても、なんだかわかりません。

コーディングには「技術的負債」として知られる大切な考え方があります。技術的負債は、コードの中の小さな（大きいものもありますが）欠陥（つまりコードが不明瞭だったり不効率に書かれている場所）が積み重なったものです。または、もっとよくできたはずなのに、将来のことを考慮せずに書かれた部分も含まれます。

最初に書かれたコードが最良だったり、最高に明瞭だったりすることは、まずありません。でもいいんです。コードを書くときの第一の目標は、機能することだからです。完ぺきなコードを書くことではありません。書き始めのうちはとくに、何がよいコードで、何が悪いコードなのかははっきりしません。悪いコードを書いてしまうことを恐れてばかりいては、体が固まって何も書けなくなってしまいます。

コードを書き進め、何度も書き直すうちに、コードの中の小さな欠陥が積み重なって、大きな技術的負債に成長し、後に「返済」を迫られるようになります。自分で書いたコードを見直して、改善（リファクタリング）できるかを確認する習慣を身につけてください。

技術者でなければ、とくにコードの機能が一切変わらない場合、リファクタリングの価値は理解しづらいかも知れません。それは、目に見えない形の改善です。企業は、製品への新機能の追加などによる顧客のためのビジネス価値の創出に注力するあまり、目先の価値を生み出さないリファクタリングなどは無視してしまう傾向があります。

問題は、コードを見直して改良を施さなければ、技術的負債が溜まり始めるという点です。技術的負債は、製品開発チームの歩調を妨げ、歩みを「(赤ちゃんの）ハイハイ」に変えてしまいます。コード重複などが原因で、ほんの小さな変更に予想を超える時間がかかってしまうシナリオを想像してみてください。時が経つにつれて、コードはどんどん大きくなり（大企業では何百万行ものコード長になることもあります。Microsoft Windowsなどは、およそ5000万行とも言われています[4]）、やがてこんがらがったヒモの巨大な塊のようになります。そこでは、ひとつの場所に変更を加えると、別の場所に思わぬ影響が出ます。

最終的に技術的負債は、組織全体の歩みを「ハイハイ」にしてしまいます……という、教訓のお話でした。

4.2.5 関数チャレンジ その2

uppercase_and_reverse()という関数を作ってください。テキストを入力すると、大文字に変換して左右を逆にします。こんな結果をもたらすコードです。

```
>>> uppercase_and_reverse('banana')
'ANANAB'
```

今から5分間で挑戦してみてください。

4.2.6 関数チャレンジ その2の答

わかりましたか？　一緒に見ていきましょう。関数を作るときは、何を入力にして、何を出力するかをまず考えるようにすると、やりやすくなります。この場合はきわめてシンプル。入力は文字列で、出力も文字列です。

次に、関数の名称と、引数の名称、つまり入力の名前を決めます。関数名はuppercase_and_reverse()とすでに決めているので、考えるべきなのは入力の名前です。ここではtextとしておきましょう（実際、stringでもwordでも何でもかまいません）。

```
def uppercase_and_reverse(text):
```

ここがスタート地点です。次はどうしましょう？　大文字と左右反転のどちらを先にしましょうか？　この場合は、どちらでもかまいません。どの順番でもいいのですが、なかには順番が影響する関数もあります。大文字から取りかかりましょう。

```
def uppercase_and_reverse(text):
    text.upper()
```

セクション2.8.1『文字列関数』でupper関数について簡単に触れましたが、「Pythonで文字列を大文字にする方法」とググっても、さくっと答が得られます。

まだ終わりではありません。大文字にしたテキストを新しい変数に格納します（関数の内部で作られる変数は、関数の外では変数として通用しません。この関数の中でしか生きられないのです）。

```
def uppercase_and_reverse(text):
    uppercased_text = text.upper()
```

それでは左右反転しましょう。このやり方は、まだお教えしていませんでしたが、何も知らなくても、最初に思い浮かんだコードを試してみましょうか。uppercased_text.reverse() 。でもこれは不正解。Pythonにはreverse()という関数はないからです。次に何をすべきかは、Googleに聞いてみましょう（真面目な話、Pythonの疑問をググる習慣を付けておくのはよいことです。コード学習では、これが実用的なスキルとなります）。「Python 文字列 反転」とGoogle検索してみましょう。私たちは、Stack Overflowで次のサンプルコードを見つけました。

```
>>> 'hello world'[::-1]
'dlrow olleh'
```

[::-1] とは何か、どうやって使うのか？　私たちも答は知りません。少し調査してみれば、これをとても便利に応用できるようになります。しかしこの練習においては、すでに役割を果たしています(5)。これをuppercase_and_reverse関数に組み込んでみましょう。

```
def uppercase_and_reverse(text):
    uppercased_text = text.upper()
    uppercased_reversed_text = uppercased_text[::-1]
```

しかし、まだこの関数は何も返しません。この状態で実行しても、Noneと返すだけです（これについてはセクション4.2.9で詳しく説明します）。

私たちの関数に何かを出力させるには、先頭にreturnが付いた1行を追加して、何を出力するかを指示しなければいけません。

```
def uppercase_and_reverse(text):
    uppercased_text = text.upper()
    uppercased_reversed_text = uppercased_text[::-1]
    return uppercased_reversed_text
```

では、次のようにテストしましょう。

```
print(uppercase_and_reverse('Banana'))
```

　すると、こう返すはずです。

```
ANANAB
```

　これで関数は機能します。しかし、もう一度この関数を見て、リファクタリングできるかどうか考えてみましょう。uppercased_reversed_text変数は、何をするものでしたか？　これは単に出力を返すためだけのものなので、なくてもかまいません。これを省略するにはどうします？　このようにできます。

```
def uppercase_and_reverse(text):
    uppercased_text = text.upper()
    return uppercased_text[::-1]
```

　この時点で、upper()と[::-1]は1行にまとめられると気づいた方もいるでしょう。これで、uppercased_text変数も、丸ごとなくせます。

```
def uppercase_and_reverse(text):
    return text.upper()[::-1]
```

　コードを書き換えるときは、確実に動作することを確かめながら、ひとつのステップごとに進めるのが賢明です。後になって判明するのではなく、その場でミスが発見できます。

4.2.7 関数チャレンジ その3

　finance_functions.pyという新しいファイルに、次の公式を使ってお金の将来価値を計算する関数を作ってください。

　将来価値 = 現在価値 × (1 + レート)^{期間}

　そしてこの公式を使って、1000ドルの、5年間、10パーセントの利息率での将来価値を計算してください。制限時間は10分間です。

4.2.8 関数チャレンジ その3の答

新しいファイルfinance_functions.pyを作り、新しい関数を定義します。

```
def future_value():
```

この時点で、この関数の入力をどうするか、その名称を何にするかを決めておかなければなりません。将来価値を計算するためには、3つの情報が必要です。

1. 現在価値（present value）。整数または浮動小数点数で入力されます（1000とか10.58とか）。
2. 収益率（rate of return）。Pythonにはパーセンテージを扱うデータ型がないので、浮動小数点数になります（0.1など）。
3. 期間（periods）。整数になります（5など）。

これらの入力をpresent_value、rate、periodsとしましょう。

```
def future_value(present_value, rate, periods):
```

この関数の出力は、将来価値です。Pythonではこのように計算します。

```
present_value * (1 + rate) ** periods
```

セクション2.7にも登場しましたが、Pythonではべき乗を「**」と表記します。これらをまとめると、こうなります。

```
def future_value(present_value, rate, periods):
    return present_value * (1 + rate) ** periods
```

次の1行を追加して、テストしてみましょう。

```
print(future_value(1000, .1, 5))
```

ファイルを実行すると……

```
% python finance_functions.py
```

```
1610.5100000000004
```

.5100000000004とはいったい何かと疑問に思っている方は、コラム『浮動小数演算』を読んでください。

浮動小数演算

Pythonで計算を行うと、おかしな結果になることがあります。

```
>>> .1 * .1
0.010000000000000002
>>> (.1 + .1 + .1) == .3
False
```

どうしたことでしょう？　コンピューターは、奇妙なエラーを出す形で浮動小数点数を格納します。0.125という数字を例にとりましょう。人間は、10進法という形式で計算します。言い換えれば、0.125は1/10 + 2/100 + 5/1000 + 0/10000 + …と私たちは解釈します（学校で10分の1、100分の1、1000分の1を習ったときのことを覚えてますか？）。

コンピューターはバイナリーです。0と1だけの2進法です。なので0.125は、0/2+0/4+1/8+0/16+ …と解釈されます。問題は、ほとんどの関数では二進法で表記できない点です。ただ近似値が示されます。

奇妙な話ですが、これは10進法の問題でもあります。たとえば、3分の1は、10進法では表現できません。0.3とか0.33とか0.3333と表していけば、だんだん正確さは増しますが、10進法で1/3を書き表すことはできないのです。

Pythonはこの2進法の浮動小数点数の表記問題を、できるだけ近い値から、特定の桁より下を切り捨てることで解決しています（Python 3の場合は17桁）。しかしときどき、そのごくごく小さい数字が近似値の中に残り、予期せぬ形で現れてしまうのです。なので、0.010000000000000002みたいな数値が示されてしまいます。

驚くべきことに、これはPythonだけの問題ではなく、2進法でしか計算できないあらゆるコンピューターに共通した問題なのです（最終的に、コンピューターの信号はすべてゼロと1に集約されます）。これに対処するには、さらに四捨五入するという方法があります。

```
>>> round(.1 + .1 + .1, 15) == round(.3, 15)
```

10桁の精度で十分だと思われる方もいるでしょう。結局のところ、銀行でさえ、利息の計算を何桁まで出すかの決断を迫られています。NASAがロケットを打ち上げるとき、円周率は15桁までしか使わないことをご存知でしたか？

NASAがそれで十分と言うなら、私たちにもそれで十分です。この問題をもっと詳しく知りたい方は、Pythonのドキュメント『Floating Point Arithmetic: Issues and Limitations』（浮動小数点演算、その問題と制限）［訳注：日本語版は以下です。https://docs.python.org/ja/3/tutorial/floatingpoint.html］をご覧ください。

簡単な解決策は、round関数を使って答をもっとも近い小数点2位の値に四捨五入することです。

```
def future_value(present_value, rate, periods):
    return round(present_value * (1 + rate) ** periods, 2)
...
```

これで、もっと現実的な結果が得られるようになりました。

```
% python finance_functions.py
1610.51
```

ここでもうひとつ、関数のナイスで大切な機能に光が当たりました。こんな状況を想像してください。このコードで将来価値を大量に計算してきましたが、まだ関数にはしていません。あるとき浮動小数点数の演算で問題が発見され、そこを修正したいと考えました。そのためには、いくつもいくつも更新を繰り返さなければなりません。しかしこれを関数にすれば、更新は1回で済みます。

4.2.9 関数の落とし穴：returnがない

コーディングの初心者がよくやるのが、関数の中から結果を直接printするというものです。たとえば、finance_functions.pyでは、こんなコードを書くこともできます。

```
def future_value(present_value, rate, periods):
    print(round(present_value * (1 + rate) ** periods, 2))

future_value(1000, .1, 5)
```

これは、コマンドラインで実行したときには正しい答を導き出してくれます。

```
% python finance_functions.py
1610.51
```

「やった！　ひとつステップを省略できた！」と喜ばれるかも知れません。しかし、よく求められることですが、変数の出力を保管しようとしたとき、適切でないことがすぐにわかります。

```
def future_value(present_value, rate, periods):
    print(round(present_value * (1 + rate) ** periods, 2))

balance = future_value(1000, .1, 5)
print(f"Your account balance is: {balance}")
```

balanceの値はどうなるでしょう？　自分で確かめてください。

```
% python finance_functions.py
1610.51
Your account balance is: None
「あなたの口座の残高：なし」
```

ここで起きているのは、関数が何も返さないため、出力がなかったということです。将来価値を計算してコマンドラインにprintするところまでできているのに、関数の出力を格納するbalance変数を作ってみると、Pythonは値が「None」だと言ってきます。文字どおり「何もない」、「空っぽ」だということです。

値がNoneの変数で何かをしようとすると、大きな問題が引き起こされます。たとえば……

```
...
```

```
balance = future_value(1000, .1, 5)
print(balance * 100)
```

これは次のエラーを招く結果となります。

```
% python finance_functions.py
1610.51
Traceback (most recent call last):
    File "finance_functions.py", line 6, in <module>
        print(balance * 100)
TypeError: unsupported operand type(s) for *: 'NoneType' and 'int'
```

ここでPythonが言っている「TypeError: unsupported operand type(s) for *: 'NoneType' and 'int'」（タイプエラー：*の対象となる値の型が対応しません：NoneTypeと整数）とは、Noneと整数を掛け算しようとしたのでPythonにはどうしていいかわかりません、という意味です。ほぼすべての場合、NoneTypeという言葉が含まれるエラーを受け取ったときは、何も返さない関数を使っていることを意味しています。そのため、それを格納する変数はNoneになってしまうのです。

ほぼすべての関数は、何かを返さなければなりません。面白いことに、私たちが使ってきた関数には、ただひとつ、何も返さないものがあります。なんだかわかりますか？　print関数は、本当に特別なことをする（コマンドラインに何かを表示する）ものなので、何も返さなくてもいいのです。なので、出力を関数に格納する意味がありません。

4.2.10 関数の落とし穴：入力を受け付けない

もうひとつ不適切はやり方は、input()で関数の中から直接、入力を取得するというものです。

```
def future_value():
    present_value = float(input("What's the present value?"))
    rate = float(input("What's the rate of return?"))
    periods = int(input("Over how many periods?"))
    return round(present_value * (1 + rate) ** periods, 2)

print(future_value())
```

この関数には、明示的な引数がないことに注目してください。これを実行すると、次のように表示されます。

```
% python finance_functions.py
What's the present value? 1000 (現在価値は？)
What's the rate of return? .1 (収益率は？)
Over how many periods? 5 (期間は？)
1610.51
```

問題は、コマンドラインから手動で入力を取得する形式に固定されていることです。将来価値の計算を、コマンドラインからの直接入力された値ではなく、たとえば、データベースに保存されているデータを使って行う場合はどうでしょう？　それには別の関数を作るか、この関数に変更を加えるかしかありませんが、そうすると、私たちのコードの別の部分の変更が必要です。

コマンドラインから、ユーザーが直接入力する形式が本来の目標であったなら、関数の外で入力を取得し、それを変数にして関数に入力として渡すほうが、ずっといい形になります。

```
def future_value(present_value, rate, periods):
    return round(present_value * (1 + rate) ** periods, 2)

present_value = float(input("What's the present value?"))
rate = float(input("What's the rate of return?"))
periods = int(input("How many periods?"))
print(future_value(present_value, rate, periods))
```

経験から言って、関数は、どこから入力が来るか、また出力がどう使われるかには、あまりこだわらないほうがいいのです。

4.2.11 関数の引数

前にも述べましたが、関数の引数は、関数に渡すときに明示的にラベルを付けることができます。

```
def future_value(present_value, rate, periods):
    return round(present_value * (1 + rate) ** periods, 2)
```

```
print(future_value(present_value=1000, rate=.1, periods=5))
```

こうすると、どの引数が何に対応しているのかが一目でわかります。お望みならば、引数の順番を変えることも可能です。

```
...
print(future_value(rate=.1, present_value=1000, periods=5))
```

さらに重要なこととして、関数の引数に「デフォルト値」がある場合、引数を指定するときにラベルが必要になるという点があります。関数を定義するとき、引数は次のようにデフォルト値に設定できます。

```
def future_value(present_value, rate, periods=1):
    return round(present_value * (1 + rate) ** periods, 2)
```

periods = 1が追加されています。これは、この関数を実行するとき、今後この引数は除外されますという意味です。

```
...
print(future_value(1000, .1))
```

この場合、present_valueは1000に設定され、rateは.1に設定されています(なぜなら、その値を明示的に渡しているからです)。しかし、periodは1です（それがデフォルト値だからです)。

これまで私たちが使ってきた関数にも、そのほとんどに「オプション引数」(デフォルト値で設定されている引数）はありました。ドキュメントを読めば、そのことがわかります。たとえば、print関数の説明（オンラインで読めます）では、いくつかのオプション引数が紹介されています。そのひとつが、`sep=' '` です（sepはセパレーターの略)。これを使えば、print関数のデフォルトの区切り文字は半角スペースとなります。しかし、sepの値は上書きが可能です。お望みなら、こんな変な形にもできます。

```
% python
>>> print("Dollar", "dollar", "bills", "y'all", sep='$')
Dollar$dollar$bills$y'all
```

print関数には複数の引数がデフォルト値として入っているため、そのひとつを上書きしたいときは、引数の名称を明示的に渡す必要があります（sep='$' のように）。これから使用する関数にも、オプション引数を持つものが多くあります。とくに、本書の後半でデータ分析に役立つものとして紹介する関数は、それにあたります。そのような関数を学ぶ最良の方法は、インターネットでドキュメントを読むことです。

これを執筆している時点のPythonのprint関数に関する解説は、こんな感じです。

```
print(*objects, sep=' ', end='\n', file=sys.stdout, flush=False)
Print objects to the text stream file, separated by sep and
followed by end. sep, end, file and flush, if present, must be
given as keyword arguments.
All non-keyword arguments are converted to strings like str()
does and written to the stream, separated by sep and followed by
end. Both sep and end must be strings; they can also be None,
which means to use the default values. If no objects are
given, print() will just write end.
...
```

テキストストリーム・ファイルにオブジェクトを表示します。sepで区切り、最後にendが付きます。sep、end、file、flashが指定された場合はキーワード引数として渡さなければなりません。

すべての非キーワード引数はstr()が行うように文字列に変換され、ストリームに、sepで区切られ、最後にendを付けて記述されます。sepもendも文字列でなければなりません。また、Noneを指定することもできます。Noneは、デフォルト値の使用を意味します。オブジェクトが渡されない場合は、print()は単にendのみが適用されます。

…

［訳注：日本語訳は以下から読むことができます。
https://docs.python.org/ja/3/library/functions.html」

ドキュメントは、いつも平易とは限らず難解なときもありますが、早い時期に接しておく意義はあります。この場合、「*objects」と記された引数は、こちらが望むかぎりいくつでもprint()に指定できます。また、4つのオプション引数（sep、end、file、flush）が操れるとなっています。

これから先、新しい関数が紹介されたときは、ドキュメントを読んで、他にどんなオプション引数があるのかを確かめてください。そうした習慣を身につけることで、Pythonの知識は倍々に増えていきます。

4.3 Pythonパッケージを読み込む

Python基礎編の最後となる大きなポイントは、Pythonパッケージの読み込み（import）です。「パッケージ」（Pythonでは「ライブラリ」とか「モジュール」と呼ばれることもありますが[6]）とは、いろいろなスクリプトやアプリケーションで使われることを想定して作られたコードの塊を表す一般名称です。Pythonのいいところは、内蔵パッケージがたくさんあり、Pythonファイルに簡単に読み込めることです。内蔵パッケージだけで足りないときは、インターネットのPython Package Index（pypi.org）を探せば、1万以上のパッケージが見つかります。

Pythonの最大の強みは、Python用に作られたパッケージの幅の広さです。これらをimportすれば、コードでやりたいことのほとんどすべてが可能になります。『xkcd』という、ランダル・モンローが描く有名なウェブコミックがあります。彼の『Python』という作品は、そこをうまく表現しています。

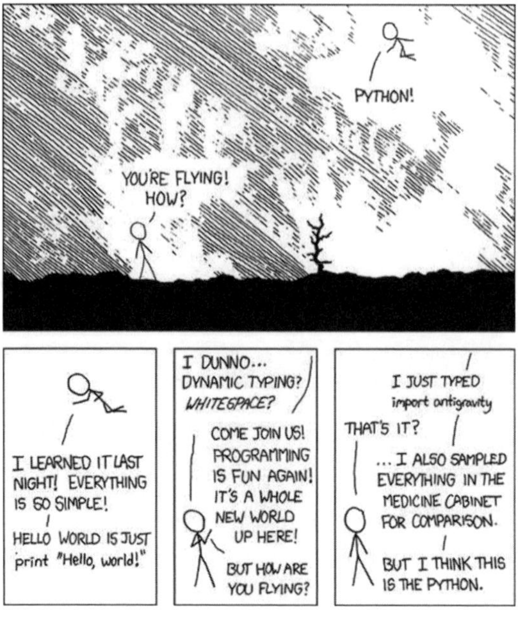

【1コマめ：上段】
「Python！」
「飛んでる！　なんで？」

【2コマめ：下段左】
「夕べ知ったんだ！　すべてはめちゃくちゃシンプルだって！　Hello Worldも“Hello World”ってprintするだけでいいんだ！」

【3コマめ：下段真ん中】
「なんだそれ……動的型付け？　空白文字？　こっちへ来いよ！　またプログラミングを楽しもう！　ここにはまったく新しい世界がある！　でも、どうやって飛んでるの？」

【3コマめ：下段右】
「ただ、import antigravity（半重力）ってタイプしただけだよ」
「そんだけ？」
「それから比較のために薬棚の中身を全部サンプリングした。でも、これがPythonなんだと思う」

まあ、わからない人には、そんなに面白くないでしょう。でも、この漫画は、他のプログラミング言語と比較すると、Pythonではまさに魔法のような機能を簡単に追加できるという事実の、魔法とも思える本質を表しています[7]。

私たちはすでに、Pythonパッケージをimportしています。happy_hour.pyでは、こんなコードを見てきました。

```
import random
...
random_bar = random.choice(bars)
random_person = random.choice(people)
...
```

ここで私たちは、import randomでrandomパッケージを読み込み、choice関数を使っています。パッケージをimportして、そのパッケージの関数を使う場合は、一般的に以下のような形になります。

```
import package
package.function()
```

これをこのまま実行しても、「ModuleNotFoundError: No module named 'package'」というエラーが出るだけです。packageという名称のパッケージは存在しないからです。

パッケージを読み込んだら、そのパッケージの中にあるすべての関数がコード内で使えるようになります。その仕組みを理解するために、importing.pyという新しいファイルを作り、次のコードを記述してください。

```
import statistics

print(statistics.mean([90, 85, 74]))
print(statistics.mean([12.99, 9.99, 5.49, 7.50]))
```

実行すると、こんな結果が出ます。

```
% python importing.py
83
8.9925
```

avarage関数を作ったのを覚えてますか？　Pythonには、そのstatisticsパッケージにmean()という平均値を出す関数があると言ったら、驚くでしょうか？　statisticsパッケージには統計に関連する便利な関数がたくさん入っています。median()、mode()、stdev()、variance() などなど。ファイルの先頭でパッケージをimportすると、そのパッケージに含まれているすべての関数に、パッケージ名、ピリオド、関数名でアクセスできるようになります。たとえば、statistics.mean()といった具合です。

その関数を使うたびにいちいちパッケージ名をタイプするのが面倒なら、パッケージをimportするときに、略名を設定することもできます。こんな風にです。

```
import statistics as st

print(st.mean([1, 2, 3]))
print(st.mean([12, 87, 10.5]))
```

このテクニックは、後で詳しく説明しますが、pandasのようなデータ分析パッケージなど、特定のパッケージの使い方を解説したドキュメントを読むと、たびたび出てきます。もうひとつ。パッケージの中の関数で、使いたいものはひとつだけしかないとわかっているときは、その関数だけをimportすることも可能です。これには、fromとimportを使います。こんな風に……

```
from statistics import mean

print(mean([1, 2, 3]))
print(mean([12, 87, 10.5]))
```

「from statistics import mean」では、meanの後に括弧を付けないことに注意してください。このテクニックを使えば、importing.pyファイルで、関数名の前に毎回かならずパッケージ名をフルで書かなくてもよくなります。ここでは触れませんが、パッケージ全体を読み込むよりも、こちらのほうが望ましい理由は他にもあります。ただし、これを使うには、どの関数を使うか、事前にわかっている必要があります。

4.3.1 Python標準ライブラリ

Pythonに内蔵されているパッケージ一式は、まとめて「Python標準パッケージ」と呼ばれています。インターネット上にあるその他のパッケージを簡単にダウンロードしてimportする方法は後で説明します。この本で解説した手順に沿ってAnacondaでPythonをインストールした方は、人気の高いパッケージがたくさんバンドルされていたことに気がつくでしょう。その場合は、それらを外部から個別にダウンロードする必要はありません。

「Python標準ライブラリ」とググると、random、math、statisticsなど、たくさんのパッケージがリストアップされたページが出てきます。利用できるPythonパッケージをすべて学ぶ必要はありません。絶対に使うアテのないものも多くあります。重要なものは、ここですぐに覚えます。

randomパッケージについて、もう少し突っ込んでみましょう。すでにhappy_hour.pyファイルで使っていますからね。「Python標準ライブラリ」とググった後、Pythonドキュメントを開くと、randomパッケージの使い方を説明したページにアクセスできると思います（またはただ「Python random」と検索して、Python 3のドキュメントをクリックしてください）。

randomパッケージのドキュメントでは、私たちが使ったchoice関数の詳しい説明を読むことができます。しかしその他にも、ランダム化に関連する面白い関数がたくさんあることがわかるでしょう。たとえば、こんな関数です。

- shuffle() — リストをランダムにシャッフルする。
- sample() — リストからランダムに数値をひとつサンプリングする。
- random() — 0から1の間の疑似乱数を生成する。みなさんお馴染みのExcelのRAND()と同等。
- uniform(a, b) — 2つの数値の間で擬似乱数を生成する。

randomに関しては、もっとたくさんの関数がありますが、そのすべてに共通点があることを知ってほしかったのです。それは、どれも無作為性に関連しているということです。

なぜ、すべての標準パッケージと関数がデフォルトで使えるようになっていないのでしょうか？　どうして、それぞれ手動でimportしなければいけないのでしょう？　ひとつには、量が膨大だからです。Python標準パッケージに含まれているすべてのパッケージをimportしようとすると、毎回読み込みに数秒かかります。じつに無駄なことです。

試しに、Python対話モードで次のように実行してみてください。

```
% python
>>> import this
```

すると、ティム・ピータースの素敵な詩『The Zen of Python』（Pythonの禅）がコマンドラインに現れます。書き出しはこんな感じです。

```
Beautiful is better than ugly.
Explicit is better than implicit.
...
「美は醜に勝る
明示は暗示に勝る……」
```

対話モードにいる間に、次の１行を実行してください。

```
>>> import antigravity
```

いえ、冗談ではありません。import antigravityを実行すると、ウェブブラウザーが開いて、さっきお見せしたあのxkcdの漫画が表示されます。面白いでしょ？（しかも超オタク！）。このウェブコミックは大変に有名なので、Pythonそのものに内蔵されたのです。

4.3.2 Pythonパッケージのimportチャレンジ

Python標準パッケージのドキュメントを開いて、statistics、math、datetimeパッケージから、それぞれ関数をひとつ選び、importして、その使い方を学んでください。そしてそれらの機能について、コメントに書き込んでください。今から10分程度で、自力で行うこと（このチャレンジには答合わせはありません）。

4.3.3 サードパーティーのパッケージをダウンロードして読み込む

Pythonに含まれている内蔵パッケージの他に、何万というサードパーティーのパッケージがあり、コーダーたちがインターネット上で公開しています。Pythonには、開発者が自分で制作したパッケージを公開できる公式ウェブサイト「pypi.org」があり、自由にダウンロードができます。Pythonには「pip」というコマンドラインのコマンドがあります。これは、ウェブサイトから簡単にパッケージを取得できるという非常に便利なコマンドです(8)。

サードパーティーパッケージのひとつに、pandasというものがあります。これは、PythonからExcelファイルやCSVファイルを読めるようにするものです。大変に人気なので、厳密にはPythonの一部ではないにもかかわらず、私たちがPythonのインストールに使ったAnacondaのインストーラーで、自動的に読み込まれます。pandasがインストールされていない場合は、コマンドラインで次のコマンドを実行すると取得できます。

```
% pip install pandas
```

このコードは、pypi.orgにアクセスして、あなたのコンピューターの、どのファイルからもアクセスできるよう特別に設定されたフォルダにpandasをダウンロードします（そうすることで、ダウンロードは一度で済みます）。これにより、ファイルの中で使えるようになります。このpip installというコマンドは、Python対話モードではなく、コマンドラインで実行しなければならないので注意してください。

第2部では、pandasについてもっと詳しく見ていきます。また、Pythonで使えるその他のデータ分析用ツールについても詳しく解説します。こうしたサードパーティーのパッケージは、Pythonのパッケージをググればたくさん現れます。またその多くはpipを使ってインストールできます。

GITHUB

Pythonのパッケージをググると、よくGithub（ギットハブ）に行き当たります。これは開発者がコードやその使い方の解説を投稿する人気サイトです。Githubには、ひとつのコードに一緒に取り組んでいるコーダーのチームの仕事を支援する機能もあります（コード版Dropboxみたいなものです）。

サードパーティーのPythonパッケージを探すときは、Githubを見て、そのインストール方法や使い方のわかりやすいドキュメントがあるかどうかを確かめるとよいでしょう。新しかったり、あまり人気のないパッケージでは、ドキュメントがないこともあります。その場合は使い方がなかなかわかりません。やがてそのパッケージが知れ渡り、人気が出てくれば、また多くの開発者がそこに関わるようになれば、ドキュメントも充実してきます（たとえば、Githubでpandasパッケージを検索してみてください）。

その副産物として、わかりやすいドキュメントがあるかどうかを見れば、目的の作業にサードパーティーのそのパッケージが使えるかを判断する手がかりになります。もうひとつ、サードパーティーのパッケージを評価する基準として私たちがよく使うのが、Githubのスターの数です（Facebookの「いいね！」みたいなものです）。お目当てのパッケージの人気度がわかります。

4.4 まとめ

この章では、関数とその使い方を深く探求しました。関数を使ってコードのリファクタリングをする方法を学び、引数が多すぎたり少なすぎたり、間違った引数の使用など、関数に関連する失敗も見てきました。

最後に、Pythonでパッケージから関数をimportする方法も学びました。これにより、本書の後半で、Pythonを使ったデータ分析の学ぶ際に、広大なサードパーティー・ツールの世界へアクセスできるようになりました。

4.5 第1部の修了

これで、本書の前半はおしまいです。よくここまで頑張りました。お疲れ様！

私たちはこれまで、後半の学習に進めるよう、Pythonの基礎に集中してきました。後半では、ビジネス上の課題を解決するというPythonの現実的な応用に入ります。そう聞いて、期待を高めてくれたなら嬉しく思います。この先、みなさんが学ぶことは、もっとずっと便利で実用的なものとなります。

これから学ぶことのすべては、前半で学んだ考え方に立脚しています。これからも、前半の内容を振り返り、Pythonの考え方を簡単に振り返ることができます。いや、そうすることになるでしょう。

第2部
データ分析入門

第2部へようこそ。私はダニエル・ゲッタです。これからみなさんに、Pythonでのデータ分析についてお教えします。ここまで学んでこられたみなさんには、この21世紀において、データを操れることがMBAにとってどれほど重要かを改めて説明する必要はないでしょう。でもちょっとだけ、私の経歴と、PalantirとAmazonでの仕事で私の経験がどう役に立ったか、そしてそこから、第2部の内容があらゆるMBAカリキュラムの中心になるべきだと気づいたワケについて、お話しします。

データが扱えて当たり前に

私は、ケンブリッジ大学とMITで物理学と数学を学んだ後、オペレーションズリサーチ（経営とビジネスにデータと分析の力を与える問題解決と意思決定の方法論）の博士号を取得するためにニューヨークに渡りました。博士論文のための研究で、Amazon.comのサプライチェーンのグループに出会い、そこで毎日、何千ものデータによって意思決定が行われているのを見ました。私はあらゆるものを改善するデータの力に魅せられ、それがもとで、世界中の民間企業や行政機関に協力してデータから価値を生み出す手助けをするPalantir Technologiesに加わりました。私は民間企業を担当し、世界の幅広い産業分野の組織と仕事をしました。最初はデータサイエンティストとしてデータ分析を用いて重要な決断を支援し、後にチームリーダーとして、さらに多くの分析プロジェクトに関わるようになりました。

私は企業経営者たちと何時間も話し合いました。彼らはそれぞれの分野の専門家であり、とても有能な人々で、MBAも多くいました。彼らは私に、ビジネスの仕組みを教えてくれました。そして私は、彼らのデータから見識を引き出すコードを書いて実行する方法を教えました。そこで気づいたのは、Palantirのスタッフがほとんどの技術的作業を行ってはいるものの、私たちの仕事に本気で関わり理解しようと努めてくれるクライアントの存在が、計り知れない助けになったということです。医薬品から一般消費財、法律、消費者金融に至るまで、どんな業界でも、仕事相手が真剣に関わってくれるかどうかが、プロジェクトの成功を占う鍵になります。

世界がますますデータドリブンになる昨今、データを扱えることは、特別なことではなく、当たり前になりつつあります。私はそれを、コロンビア大学のスキル向上への熱意をどんどん高めていく学生たちとともに、そしてコンサルティングをしているほとんどの企業において、来る日も来る日も実感しています。データを処理してくれるアナリストがいたとしても、自分がしていることを理解していれば、的確な質問を投げかけることも、逆に彼らの質問を正しく理解することも、可能になります。さらに、そうしたデータ分析が自分でできれば、申し分ありません。以前は、Excelをマスターしていれば事足りました。しかしデータセット（私たちが知りたいこと）が巨大化し複雑になるにつれて、それはもう過去の話になっています。

必要なスキルを実践的に習得しよう

第２部では、Pythonがどのように役に立つのかを見ていきます。ニューヨークに本社を置くレストランチェーンDigのケーススタディを参考に、データ分析のパワーとその重要性を解説します。データを使ってDigの課題にどう対処するか、そして第１部で学んだPythonの基礎の上にそれをどう構築するかを通じて、巨大なデータセットを利用して彼らの要求に応える方法を紹介します。

第２部には、演習を含んだ独立したセクションがないことに気づかれるでしょう。その代わりに、私たちは各章に練習問題を織り込みました。本文のところどころにダイヤモンド記号「◆」が配置されていますが、そこは、答を読む前に立ち止まって目の前の問題を考えるよう、みなさんに促しています。そうしたチャレンジには、自分で手を動かしてコードを書く実践的なものもあれば、頭で考える概念的なものもあります。

この本は、幅広い読者を対象に書かれています。ちょっと興味があって気楽に読み始めた方は、答まで一気に読み進んでしまってかまいません。細かい部分で頭を苦しめることなく、何ができるのかを簡単に把握できます。または、もし、データセットを直接扱う仕事に就いていて、自分でデータ分析を行うために必要なスキルを習得したいと考えている方は、じっくり時間をかけてチャレンジに取り組むことをお薦めします。

データを使って物事をよくする方法に、私は情熱を燃やしています。ビジネスを支える巨大なデータセットから、ゆっくりとながらも確実に実用的な見識を引き出すことが、何にも増して重要です。それを実現させるためにPythonに用意されたツールを、早くみなさんに紹介したくてなりません。

第5章
データ分析の準備

みなさんはすでに、Pythonの基礎中の基礎を固めています。本書の第2部では、Pythonをビジネスの現場で利用する上でもっとも重要な部分であるデータ分析を扱います。

まず大切なのは、なぜPythonでやる必要があるのか、なぜExcelのままではいけないのかを考えてみることです。Pythonを使う理由はたくさんあります。

1. **スケール**：Excelの最新バージョンでは、最大104万8576行、1万6384列に限定されていて、そんなに小さなデータセットでも動作が重くなります。データセットは、その多くが（これから見ていくDigのデータセットなど）、Excelの範囲をはるかに超えています。
2. **堅牢さ**：Excelのスプレッドシートがある程度以上複雑になると（そしてとくにvlookupや同種の関数を使って別のデータセットと組み合わせる作業をした場合）、そのワークブックは何をするためのものなのかといった「大きな絵」を見るのが特別に難しくなります。計算は、複数シートのセルに及ぶため、どのようにして結果を得るかを見いだすのが一苦労です。これが悲惨な結果をもたらします。一部で言われているとおり、JPモルガン・チェースが数十億ドル（そのとおり、数十億ドルです）の損失を出した、かの有名な「ロンドンの鯨」の大失敗は、じつにExcelのスプレッドシートの小さなエラーが原因でした(1)。
3. **自動化**：ビジネスの現場では、よく自動化が求められます。自動化に関しては、Excelはよいソリューションとは言えません。たとえば、店舗ごとの売上げをリスト化した数百のファイルを保有する企業があったとします。

その数百あるファイルの一つひとつに対して同じ分析を実行する、あるいは、なんとかすべてを一まとめにして全体としての分析を行うというのは、Excelではとてつもなく困難な作業です。
4. **総合力**：データ分析には、ひとつの質問に答えるために必要なデータを使用するというように、他との関わりがなく個別的に行われるものもありますが、その会社の別部門と連携した大きなワークフローの一部である質問への対応を求められることもあります。Excelは、そうした業務の枠組みに組み込めるほど堅牢ではありません。またこのようなタイプの分析作業は、他の業務に「挿入」して使えるというものでもありません。それに対してPythonは、ウェブサイトの運用、データ分析の実行、企業の人材配置システムの運用といった多様な作業を扱えるだけの十分な機能を備えています。

Pythonなら、この4つの問題のすべてを解決できるだけでなく、別の問題にも対処できます。Pythonなら、大きなデータセットに対する、反復可能で自動化可能な分析を素早く効率的にこなせます。この第2部では、そうした業務の仕組みを解説します。しかし、おそらくもっと重要なこととして、データドリブンな考え方をお教えします。つまり、データを使ってビジネス上の課題を特定し、答を出す方法です。

5.1 この章で学ぶこと

この章では、Pythonでデータを扱うために必要なツールの基本を学びます。

まずは「Jupyter Notebook」（ジュピターノートブック）を紹介します。これまで使ってきたコンソールに比べて、ずっとリッチな形でPythonが使えるようになります。

次に、データ分析用のパッケージとしてPythonでもっとも人気が高い「pandas」を紹介し、pandasを使って、いろいろな形式でのファイルの読み書きの方法、保存や共有のためのディスクへの書き出しの方法を解説します。これまでおもにExcelでデータを扱ってきた人にとっては、慣れるまでに少々時間がかかるかも知れませんが、データを使って答を出したいビジネス上の特定の課題を考えるとき、これが物を言います。

最後に、アメリカ東海岸で拡大の意欲を示すレストランチェーンDigを紹介します。Digからは、第２部で重要になる数多くの実例を拝借しています。

以上を学び、第6章から始まるDigのデータセットを使った本格的で実用的な分析のための準備を整えましょう。

5.2 この章で必要になるもの

この章を進める前に、「Part2」という名前のフォルダを作ってください。そこに第２部で使うすべてのファイルを格納します。このフォルダの中に、さらに次の2つのフォルダを作ってください。

- 「Chapter5」というフォルダ。ここに、この章で行う演習の途中のファイルを格納します。今は空のままにしておいてください。
- 「raw data」というフォルダ。この章で読み込んで分析を行うデータをダウンロードするためのものです。そのデータは本書のウェブサイトにあります。このフォルダの中に以下のファイルをダウンロードしてください。
  - ○ Students.xlsx
  - ○ Restaurants.csv
  - ○ Items.csv
  - ○ Simplified orders.zip
  - ○ Summarized orders.csv
  - ○ University.xlsx

まとめると、まずは「Part2」というフォルダを作り、その中に2つのフォルダを作ります。ひとつは「raw data」。ここに上記のファイルをダウンロードします。もうひとつ、空のフォルダ「Chapter5」も、Part2フォルダの中に作ってください。

5.3 Jupyter Notebook入門

第１部では、ターミナルを使ってPythonのコーディングの基本を学びました。第２部では、ターミナルではなく「Jupyter Notebook」という別のツールを使います。これから詳しく説明しますが、このツールではPythonコードの実行方法が異なり、いくつか便利な部分もあります。その中のひとつに、コードの出力を、表やグラフなどで、ずっと簡単に可視化できる機能があります。これがデータを扱う作業にとても適しています。実際、Jupyter Notebookは、データ分析に関連するコードの記述においては、今のところ、もっとも人気の高いツールとなっています。

Jupyter Notebookを使って実行するPythonのコードは、ターミナルで実行したものとまったく同じですが、ウェブサイトのようなインターフェイスを使ってタイプすることになります。こんな感じです。

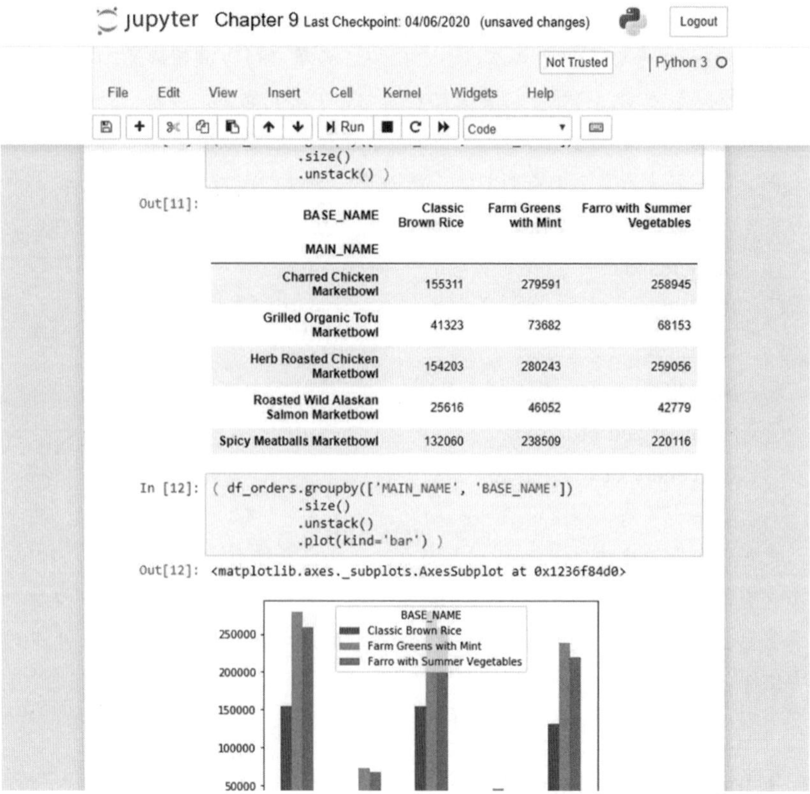

見てすぐにわかると思いますが、かなり複雑な分析でも、表やグラフを交えたリッチなコンテンツとして、ユーザーフレンドリーな形で結果を示してくれます。

5.3.1 Jupyter Notebookを立ち上げる

まずは、Jupyter Notebookを立ち上げましょう。最初に、セクション1.4で説明したコマンドライン（Macならターミナル、WindowsならAnaconda Powershell Prompt）を開き、プロンプトに`jupyter notebook`とタイプしてください(2)。

すると、ウェブブラウザーに次のような画面が開きます。

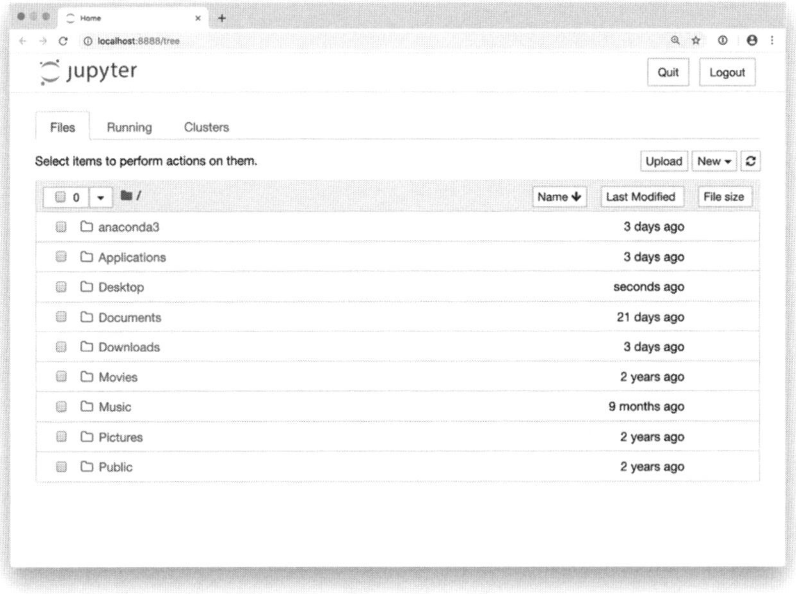

実際には、あなたのコンピューターに何が入っているかによって、フォルダ名が違ってきます。この画面に示されているファイルやフォルダは、`jupyter notebook`コマンドを実行したときに開いたフォルダの中身です。

ちなみに、これはウェブ上で一般に公開されるわけではありません。あなたのファイルが、誰かにアクセスできるようになるわけでもありません。Jupyter Notebookは、単にウェブブラウザーを、コンピューターの中をナビゲートして特定のファイルを操作するためのインターフェイスとして使っているだけです。これに関しては、あとでもう少し詳しく解説します。

次に、セクション5.2で作った「Part2」フォルダを開いてください。右上にある「New（新規）」をクリックし、「Python 3」を選択してください。

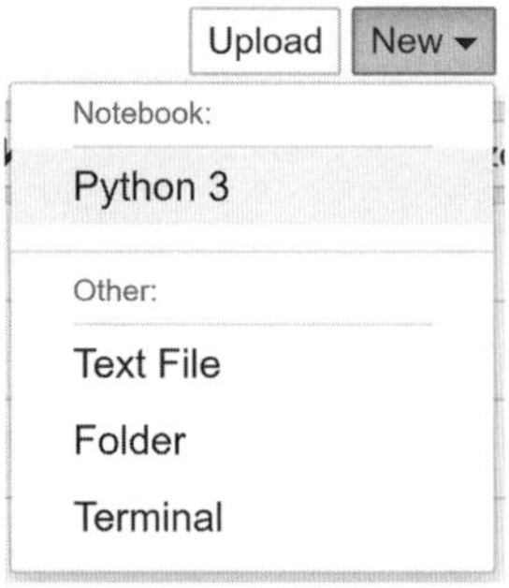

これで、新しいタブが開き、新しいJupyter Notebookファイルが作られます。次のようになります。

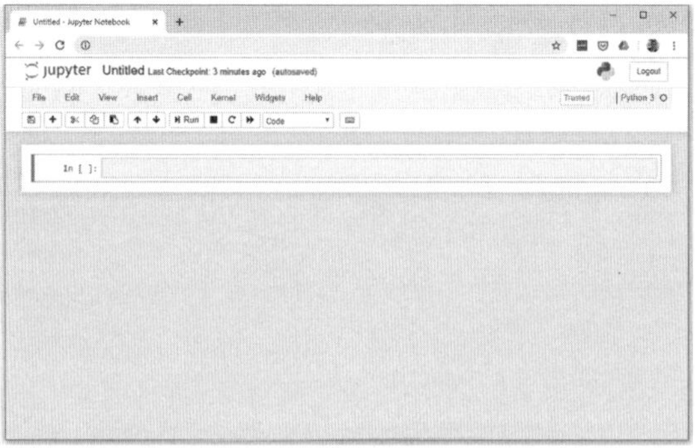

このファイルのいちばん上には「Untitled」と書かれています。前のタブに戻ると、同じ場所にUntitled.ipynbというファイルが作られていることがわかります。上の画面は、Jupyter Notebookでそのファイルを開いたところです。

5.3.2 コードセル

Jupyter Notebookは、いくつものセルで構成されています。今は、私たちのノートブックにはセルが1つしかありませんが（In [ ]と左側に書かれた四角い枠）、これから追加していきます。それぞれのセルは、「編集モード」と

「コマンドモード」のいずれかで操作できます。詳しくは後ほど説明します。

セルの第一の目的は、コードを書き入れることです。セルの内側をクリックして（するとIn [ ]の左側の縦のバーが緑色に変わり、編集モードに切り替わったことが示されます）。このセルに、1+1とコードをタイプしてください。

```
In [ ]: 1 + 1
```

コードをタイプしたら、Ctrl+エンターキーを押してください。これで、Pythonにコードの実行を命令します。ツールバーの小さな三角形が描かれた「Play」ボタンでも実行できます。すると3つのことが起こります。

```
In [1]: 1 + 1
Out[1]: 2
```

- このコードの出力（この場合は2）がセルの下に示されます。
- 次にIn [ ]は、ほんの一瞬In [*]となり（速すぎて見えないはずです）、In [1]に変わります。[*]はセルが実行中であることを示し、[1]は、これがこのノートブックで実行された最初のセルであることを示しています。
- セルの左側のバーは青に変わります。これは、もうすでに編集モードではないことを示しています。このセルは、今はコマンドモードです。これについては、後ほど詳しく説明します。

もう一度、Ctrl+エンターキーを押してください。出力は変化しません（コードが同じだからです）。しかし、セルの左側の表示はIn [2]となります。このノートブックで2番目に実行されたセルであることを示しています（この数字が1に戻ることはありません。これは、絶対に元に戻らない一瞬一瞬を大切にせよとJupyterがそれとなく諭してくれているのかも知れません）。

ここまでは問題なし。しかし、このノートブックにもっとセルを増やしたいと思ったときは、どうしましょう。そのためにはまず、セルをコマンドモードに切り替えて、左側のバーが青になるのを確かめる必要があります。これまでの説明のとおりに実行された方は、もう青になっているはずです。バーが緑のときは（セルをクリックして編集モードに切り替わってしまったのでしょう）、Escキーを押せばコマンドモードに切り替わり、左側のバーは青になります。

コマンドモードに切り替えると、いろいろなコマンドが使えるようになります。たとえば、「a」とタイプすると現在選択されているセルの上（above）に新しい空のセルが作られます。「b」とタイプすると、現在選択されているセルの下（below）に新しい空のセルが作られます。両方とも試してみてください。

これで複数のセルができましたね。どのセルも、編集モードにすれば個別に編集ができます。セルをクリックするか、セルが選択されている状態でエンターキーを押せば編集モードになります（左のバーが緑になれば編集モードです）。また、矢印キーを使ってセルの選択を切り替えることもできます。Escキーを押せばコマンドモードに切り替わります（左のバーは青になります）。

セルを削除したいときは、そのセルをクリックして、Escキーでコマンドモードに切り替えて、「d」を素早く2回押してください。セルが消えてしまうので、気をつけてください。一度削除したセルを元に戻したいときは、コマンドモードに切り替えてから、「z」をタイプしてください。

Jupyter Notebookを理解する上で重要なのは、ノートブックのすべてのセルは、「Pythonカーネル」と呼ばれる同じPythonの作業空間で実行されるということです。それを確かめるために、2つのセルそれぞれに、次のコードをタイプしてください。

```
a = "Hello"
```

```
print(a)
```

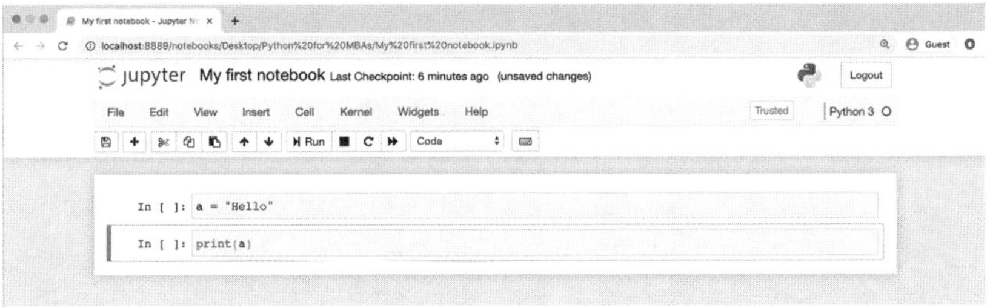

そして、上のセルを実行してから下のセルを実行してください。変数aは最初のセルで定義されていますが、次のセルでも有効になっています。これのおかげでJupyter Notebookは、長いマルチステップの分析で非常に便利に働いてくれるのです。また、ノートブックを分けておけば、それぞれのカーネルで実行されることになるため、横に並べて別々の分析が行えます。

Ctrl+エンターキーで実行したのを思い出してください。そうすると、セルが実行され、そのセルが選択されたままになります。セルの実行には、この他に2つの方法があります。Shift+エンターキーを押すと、セルを実行した後に下のセルが選択されます。Alt+エンターキーを押すと、セルが実行され、そのセルの下に新しい空のセルが作られます。最初から情報量が多過ぎましたね。今のところは、このいずれかひとつのショートカットだけ覚えておけば十分です。Jupyter Notebookにもう少し慣れてきたら、他の2つも便利に使えるようになるはずです。

カーネルとフロントエンド

第1部でやっていたようにコードをターミナルで直接実行する方法と、Jupyter Notebookで実行する方法との違いを考えておくと、何かと助けになります。ターミナルでコードを実行するときは、すべてがひとつの場所で起こります。ターミナルにPythonコマンドを入力するとき、コードを実行するPythonの「エンジン」（Pythonカーネル）も同じターミナルの中にあります。

Jupyter Notebookでは、ちょっと様子が違います。セクション5.3.1でJupyter notebookを開くとき、コマンドラインのウィンドウを使いました。このウィンドウは、ブラウザーで作業をしている間も開いたままになっていて、Pythonカーネルが実行されています。第1部で使ったときと同じです。

しかし今度は、ターミナルに直接コードをタイプする代わりに、ブラウザー上のJupyter Notebookにタイプします。セルを実行するごとに、コードはPythonカーネルに送られ、カーネルはコードを実行して結果をブラウザーのインターフェイスに返して、みなさんが見られるようにします。

これが、初心者を混乱に陥れやすい動作の説明になります。コマンドラインのウィンドウを、ブラウザー上でJupyterが走っている状態で閉じてしまったら、どうなるでしょう？　こんなメッセージがブラウザーに現れます。

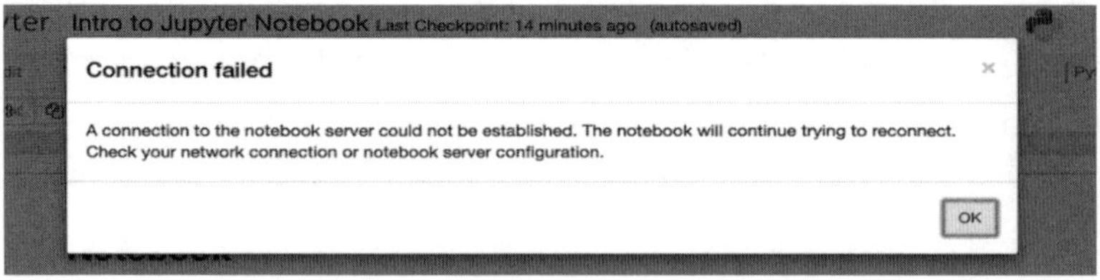

Jupyterは、Pythonカーネルに接続できないと訴えているのです。あなたが閉じてしまったからです。接続してコードを実行すべきカーネルが存在しないため、もうノートブックでは、コードは何ひとつ実行できません。もしこうなったときは、すべてをいったん閉じて、Jupyterを再起動してください。

どうしてJupyterは、「Pythonカーネル」と「コードをタイプして結果を見るインターフェイス」をわざわざ分離したのか、不思議に思われることでしょう。そうする理由のひとつは、多くの業界での使われ方に関係しています。非力なデスクトップパソコンやノートパソコンでは実行できない、非常に大きくて複雑なデータセットとアルゴリズムを使用する場合です。そうしたものは、クラウドの中にあるような容量の大きなマシンで実行しなければなりません。残念ながら、クラウドマシンはデータセンターに置かれているのが普通で、簡単にはアクセスできません。Jupyter Notebookを使うとき、Pythonカーネル（あらゆる演算を行います）を、そのようなクラウドマシンに置くことができます。しかし、みなさんが実際にコードをタイプするインターフェイスは、ほとんどパワーを必要としないため、あなたのコンピューター上にあってもかまわないのです。本書の目的と外れるので、ここではPythonカーネルをクラウドマシンに置く機能は使いません。コマンドラインウィンドウの中のPythonカーネルも、ブラウザーの中のインターフェイスも、すべてあなたのコンピューターの中に置くことができます。しかし、あなたの会社のデータサイエンス部門と仕事をするときには、いきなりそうした複雑なシステムに出くわすことになるでしょう

5.3.3 セルのMarkdown

Jupyter Notebookに書き込めるのはコードだけではありません。新しいセルを作って、Escキーを押してコマンドモードに切り替え、「m」をタイプしてください。これでセルは「Markdownセル」になります。お望みなら、ツールバーのメニューから「Markdown」を選択してもかまいません。

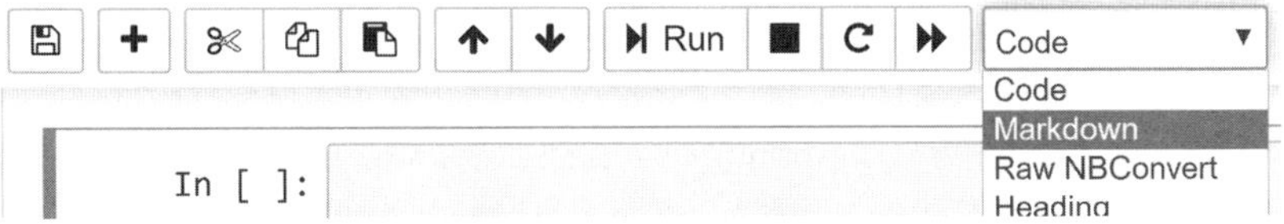

Markdownセルにはコードは入りません。ここには注釈が入ります。コメントと似ていますが、これには形式があります。

このセルに何かテキストをタイプして、Ctrl+エンターキーを押して実行してみてください。テキストは別のフォントで表示されることに注目してください。これは、ノートブックに注釈を入れたいときに便利です。

Markdownセルには、プレーンテキスト以外のものも書き込めると聞いても、みなさんは別に驚かれないでしょう。ここにはMarkdownと呼ばれる言語を使って、もっとリッチなフォーマットでテキストが書き込めます。Markdownセルの編集に戻りましょう。セルに「# Section 1」とタイプして、実行してみてください。先頭の「#」は、フォーマットをレベル1の見出に指定するための合図です。「##」とすれば、レベル2の見出しになります。「###」ならレベル3の見出しです。こんな感じになります［訳注：＃や＃＃の後に半角スペースを入れるのを忘れないでください］。

Chapter 5

Section 5.5

Section 5.5.1

Markdownではもっとたくさんのフォーマットが使えますが、本書のテーマから外れますね。「Markdown記法チートシート」とGoogle検索すると、関連情報がたくさん見られます。

5.3.4 ipynbファイル

ノートブックの内容は、ipynbファイルに保存されます。なので、ノートブックを閉じて、これを誰かに送ると、彼らはそれを開き、あなたが最後にファイルを実行したときに含まれていたすべてのコードを即座に見ることができます。

これはとても便利な機能ですが、ノートブックをまだ数回しか使ったことのない人には、ちょっと混乱を招くかも知れません。

その理由を理解するには、ノートブックをセルが2つの状態（片方には「a = “Hello”」、もう片方には「print(a)」が記述されている）に戻してください。これらのセルを順番に実行すると、すべては問題なく動作します。

では、このノートブックを［File（ファイル）］>［Save and Checkpoint（保存とチェックポイント）］、またはCommand+S、MacならCtrl+Sで保存してください。そうしてタブを閉じ、フォルダのリストに戻ります。このノートブックに関連するファイルが緑色の本のアイコンでファイルリストに示されているのがわかるはずです。これは、まだバックグラウンドでPythonカーネルがこのノートブックに対応していることを示しています。このノートブックをクリックして元に戻せば、ノートブックは閉じられなかったかのように、すべてが以前の状態で表示されます。

面白いのは、背後で実行されているPythonカーネルを再起動したときに何が起きるかです。再起動するには、ファイルのリストに戻り、フォルダのリストが含まれているタブの中の、ファイルの左側にある小さなチェックボックスをクリック、上部に現れる「Shutdown（シャットダウン）」ボタンをクリックしてください。これで、そのノートブックの背後で実行されているPythonカーネルを完全に終了させたいとJupyterに伝えます。これは、第1部で使っていたコンソールを閉じるのとまったく同じことです。これにより、Pythonがメモリーに保管していたあらゆる変数が消去されます。

では、ノートブックを再び開いてください。まったくの空白のノートブックを想像するでしょうが、ここが面白いところです。前回、print文で出力したものが、まだそこにあります。Jupyterは、ipynbファイルにその出力を保存していたのです。そうする理由は簡単です。ノートブックを閉じて同僚にそれを送り、あなたの分析を共有したいとき、その同僚のパソコンにPythonカーネルがなかったとしても、出力は見ることができます。Jupyterがそんな配慮をしてくれるのです。

短所は、実際にはもう停止しているのに、Pythonカーネルがまだ動いているような錯覚を与えることです。それを確かめるには、最初の1行を実行せずに、直接2行目のprint (a)を実行してみることです。するとこんなエラーが出ます。

```
---------------------------------------------------------------
NameError  Traceback (most recent call last)
<ipython-input-1-f04e0af0ace6> in <module>
----> 1 print(a)

NameError: name 'a' is not defined
```

最初の1行を実行しなかったので、そのPythonカーネルに変数は作られていません。そのためPythonは、printしようとしたときに変数が見つけられず、エラーになるのです。

このエラーが出たとき、簡単な解決策は、そのノートブックの上から下まで、すべての行を実行して、必要な変数をすべて定義することです。いちばん簡単にやるには、[Kernel（カーネル）] > [Restart&Run All（再起動し全てを実行）] をクリックして、カーネルの再起動を確認するボタンをクリックしてください。

こうしたことは忘れてしまうのが常で、いずれまた変数が見つからないというNameErrorに出くわすことになります。そのときは、ご自分の体のことを思って [再起動し全てを実行] をクリックすればよいということを思い出し、イライラを鎮めてください。

最後に紹介するJupyter Notebookの機能は、とっても便利なものですが、その説明はセクション5.5.5までとっておきましょう。その前に、pandasの「データフレーム」を説明しておきます。

DIGケーススタディ：勘と経験からデータドリブンな分析へ

Jupyter Notebookの基本について見てきました。これで、私たちはPythonでデータを扱う準備が整ったわけです。このような題材を解説する本の多くは、広範なビジネスの現場での応用よりもPythonの使い方に重点を置いているため、オモチャのような簡単なデータセットを扱っています。この本では、違うアプローチを採用しました。実際、前書きでも述べましたが、第２部の目的はみなさんにデータドリブンな考え方を教えることにあります。それは、本物のビジネス事例とそれに伴う複雑なデータセットなしには実現しません。

そんなわけで私たちは、これからの学習を、ニューヨークで店舗を展開して規模拡大を目指すレストランチェーンDigのケーススタディに基づいて進めていきます。このコラムでは、Digの物語と、Digの事業をいろいろな側面から紹介します。それは、私たちが行うさまざまな分析の、とくに第9章での学習の意欲を高めてくれることでしょう。早くこの先を掘り進めたいという方は（Digと掘る、洒落たわけではありませんよ）、このままセクション5.4に飛ばれてもかまいません。そこでは、これから使用するデータについて解説しています。Digの物語は、その後で読まれるとよいでしょう。

序章

このケーススタディは、シャーリーン・アズマット、モリー・フィッシャー、そしてDigの幹部チームのみなさんの話に基づいています。Digに関する詳細、業務、データは、Digの機密情報を守るために、このケーススタディでは一部フィクションにしてあります。

このケースは、もともと2019年にコロンビア大学の『Columbia CaseWorks』（www8.gsb.columbia.edu/caseworks）でケースナンバー200202、C. Daniel Guetta著『From Intuition to Data-Driven Analytics: The Case of Dig』（直感からデータドリブンの分析へ：Digの事例）として公開されたもので、許可をもらって使っています。事例（Cases）はThe Case Center（www.thecasecenter.org）で購入ができます。

Dig（旧Dig Inn[(1)]）は、農家から食材を直接手に入れ、こんがりチキンからサツマイモのローストまで、熟練のシェフたちがその場で調理するおいしい野菜中心のメニューをお手頃価格で提供するという、勝利のコンセプトを確立しました。普段から、店の外にまで長い行列が伸びるのは珍しいことではないものの、ありがたいことに、カウンターの中から手際のいいスタッフが客を次々とさばいていきます。この事例が書かれた時点で、ニューヨーク市内、ライ・ブルック、ボストンに30近い店舗を構え、堅実なベンチャーキャピタルに支援されたDigは、拡大の意欲を見せています。

2011年創業のDigは、経営チームに牽引されて、一軒のレストランから、複数の街にまたがるブランドに成長しました。この進化の理由は、Digのメニューばかりでなく、業務における劇的な変化が関係しています。たとえば、配達アプリで商品を選べるようにしたり、ケータリングサービスを立ち上げたり、一部で配達専門のメニューを開発するなどです[2]。成長に伴い、Digは、業務と経営に関するあらゆる側面のデータを集めていきました。しかし、あくまで商品の完成度を高め、Digのアイデンティティーを確立することに重点を置いていました。データを用いた分析は、1回限りのものが多く、個別の質問の答を出すために、ダッシュボードのような安定したシステムやレポートツールは利用せず、内容のまるで異なるデータセットを組み合せるという骨の折れる作業を必要としました。

2019年6月、次なる拡大への準備を整えたとき、これまでよりももっとデータに依存する必要があると、Digの経営チームは感じました。次々にオープンする新しいレストランは、前のレストランとは内容が異なるため、一貫した意思決定のための経営の勘が通用しづらくなり、次第に頼りにならないものになっていったのです。データおよびオペレーショナル・プロダクト担当シニアマネージャーのシャーリーン・アズマットとそのチームが直面した包括的な課題は、Digが営業している3つの街以外への拡大をどう支えるかでした。Digのレストランの専有面積と顧客ベースが成長するにつれ、そのサプライチェーンのあらゆる部分に注意を払わなければならないことを、彼女は気づいていました。

「できる限り最適な形でネットワークを築きたいのです」とアズマット。「成長するに従い、複雑さが増していきました。需要の違い、地元の野菜や肉をどれだけ注文できるか、労働力の供給とアメリカの労働法に関する状況の変化、その他の要因が、私たちの事業に影響を与えます。私たちが持つデータから役に立つ見識を取り出し、成長する課題に役立てることが、私のチームの仕事になります」

PUMP ENERGYからDIG INNへ

Digの創業者アダム・エスキンは、ブラウン大学を卒業後、コネチカット州グリニッジの非公開株式投資会社Wexford Capitalに就職しました。ビジネスコンセプトを探す仕事を任されたエスキンは、1997年にスティーブとエレナのカペロニス夫妻によって創業された、マンハッタンに5つの店舗を展開するレストランチェーンPump Energy Foodを知りました[3]。Pumpは、卵の白身のオムレツや健康的な油やサラダといった、フィットネス愛好家に向けた高タンパクな料理で知られていました。投資会社Wexfordのアソシエイトであったエスキンは、Pumpの過半数の株式を購入するよう会社を説得し、2006年12月にはその投資の担当者となりました。彼は即座に改善に取り組みました。オフィスを開設してブランディングの専門家を呼び寄せ、Pumpのロゴ、ウェブサイト、レストランの雰囲気を変えさせました。

簡素化を進める観点から、エスキンはPumpのメニューを150品目から厳選された健康食品に絞り込みました[(4)]。その後4年間、彼はPumpの改革を進め、そのレストランチェーンの大転換期を迎えることになります。

彼はこう振り返っています。「すぐに気がついたのです。個人的に私が食べたいもの、つまり毎日食べられる新鮮な野菜を中心とした食事の方向には、まだ手つかずの市場があると。そこで、2011年、地場の季節の農産物を手頃な価格帯で提供する、まったく新しいメニューでDig Innをリブランドしました」[(5)]

エスキンは、Pumpの高タンパク低脂肪の食事は、ボディービルティングをする人たちには魅力的ながら、一般の人たちの間では、総じて健康食は「味が今ひとつ」と認識されています。彼には重要な鍵となる信念がありました。健康な食事もおいしくできる、というものです。生のオレガノと赤ワインビネガーで煮込んだビーフ、マスタードシードとイタリアンパセリを和えた赤キャベツの千切り、リンゴと煮込んでクルミを和えたスイスチャードなどは、おいしく栄養を届けてくれます。「人々はもっと味を求めています。食べることは、すべての人が楽しめる体験なのです」とエスキンは話しています。

PumpをDigにリブランドしたことに対する客の反応は上々でした。「今のところ、手応えは最高です」とエスキン。「人々は、食べ物と健康について、とくに、その食材がどこで採れたものか、どう調理されたかについて、この10年間で格段に関心を高めました。みなさんは、私たちを本当によくわかってくれているようです。私たちの……哲学に即した仕事をです」[(6)]

DIGのビジネスモデル：手頃な価格帯の美味しいローカルフード

昔ながらの完全サービスのレストランとファストフードとの交差点であるファストカジュアルのセクターは、小さいながら急速に成長しています。そこは一般的に、カウンター越しにサービスを行うレストランで構成されますが、装飾、サービス、メニューに関しては、マクドナルドやバーガーキングのようなファストフードチェーンよりは高級です。また、そのセグメントの大多数は、従来型のファストフードチェーンよりも健康的な食材にフォーカスしていて、平均的なファストカジュアル店の利用者は、健康的なメニューを求めています[(7)]。そのため、一般的なファストカジュアルの食事は12ドルほどかかり、ファストフードの平均的な会計金額5ドル[(8)]の2倍になっています。このセクターはまだ小さく、2016年のレストランの売上げ7800億ドルの

7.7パーセントを占めるに過ぎない[(9)]ものの、流星のごとく急速に拡大しています。2018年、アメリカのレストランチェーン・グループのトップ500の中のファストカジュアルチェーンは、422億ドルの収益をあげています。これは前年比で8パーセントの伸びです[(10)]。

一見すると、Digはファストカジュアル・セクターの数あるレストランの中では小規模のようですが、大きな違いがあります。「私たちは、自分たちをファストカジュアルチェーンだとは思っていません」とアズマット。事実、Digの理念には、他のファストカジュアルレストランとは決定的に違う部分があります。意識的な食材の調達に注力している点です。中小のオーナー農園と深い関係を気づき、フェアな契約を交わして、農園のさらなる持続可能化を助けるというプロセスに重きを置いているのです。

初期のチャレンジについて、エスキンはこう話しています。「当初苦労したことの中に、我々のメニューに載せる料理のタイプの決め方がありました。お客さんは何を望んでいるのか。『私たち』らしいものとは何か。ジュース、シェイク、スープ、サンドウィッチなどを試しました。数多くの試行錯誤を重ねた末、Digにとって完ぺきなメニューに辿り着きました。サラダよりもずっと持続性のある健康にいいメインとサイドディッシュを自由に選べるというものです。家庭料理に求めるものをシェフが作る！　そんな食事を提供したいのです」[(11)]

魅力的なメニューを作りながら、会社がこの理念を忠実に守り続けられるよう、Digは最高料理責任者としてマット・ワインガーテンを雇い入れました。彼が、グルメなメインとサイドを含むメニュー[(12)]をデザインし、10ドル前後で価格を決めます。次ページの画像では、2019年9月のDigのメニューが見られます。その価格帯で利益を出すのは冒険であり、それには、食材が収穫され処理される地元の農園から、それを調理し客に提供するレストランに至るまで、微細に調整されたバリューチェーンが必要でした。

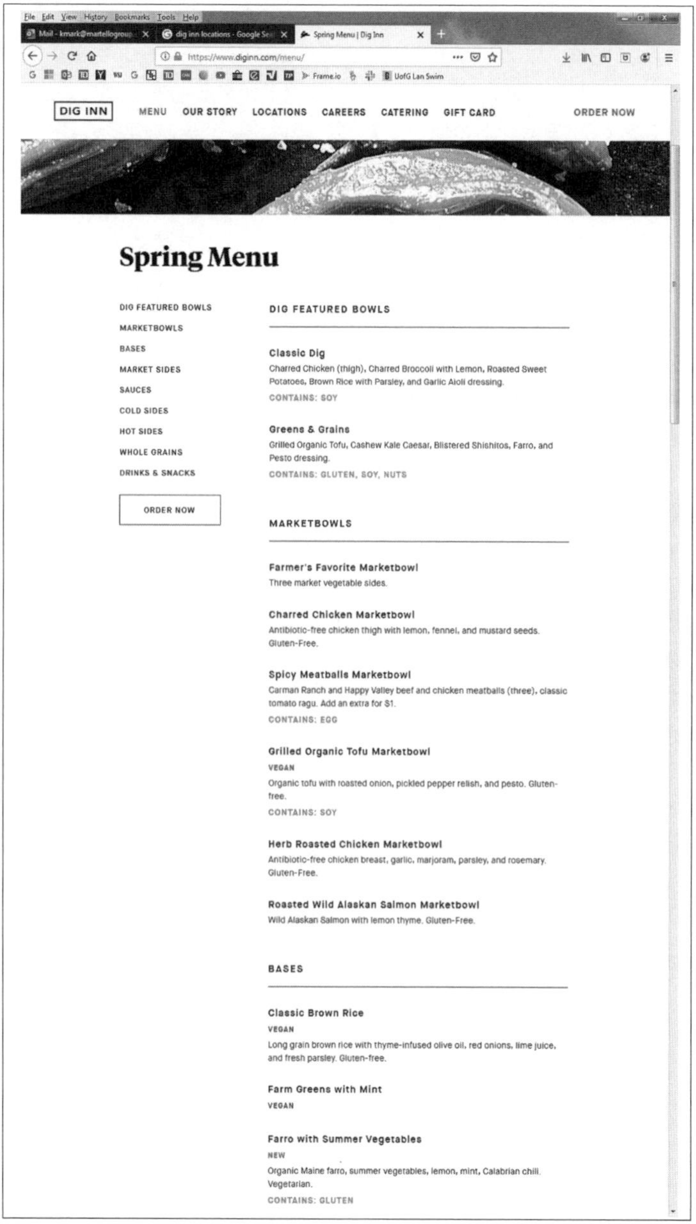

画像1●Dig Innのメニュー
出展: https://www.diginn.com/menu/

バリューチェーン：農家からシェフから顧客へ

バリューチェーンのいちばん上には、Digが農作物を調達する地元の農家があります。通常Digは、農家とは協働的アプローチをとっています。農家と腰を据えた話し合いの場を定期的に設け、年間の需要計画を決め、季節単位で食材購入の契約を行います。これにより同社はパートナーを育むと同時に、農作物の調達をできる限り効率化できます。毎日、農家とパートナーはDigのサプライセンターに農作物を届け、それがレストランに配られます。Digでは、農作物を収穫し、冷蔵し、Digレストランに届けるまでをわずか3日で行えると見積もっています。2019年、Digは900万ポンド（約4080トン）の野菜を130件以上の農家、パートナー、牧場主から購入すると予測されます。そのうち10万ポンド（約45トン）は、Digの農園Dig Acresで生産されます。

Digのバリューチェーンで重要なのは、そうしたパートナーたちと一緒に働き、彼らを成長させることで、顧客のニーズと味を、季節ごとに変化する農作物の供給状況とのバランスを保っている点です。顧客の意向を探り、その好みを季節のメニューに反映させるためには、相当のスキルが必要になります。アダム・エスキンはこう語っています。

> 我々のシェフたちは、季節ごとに変わる農作物を使って料理をするという難題に立ち向かっています。私たちのレストランでは「1つのサイズで全員にフィットする」という具合にはいきません。シェフたちは生の食材に対応しなければなりません。農家から届いた新鮮な食材を見て、レシピを調整しています。こうした料理方法は、とくに、これまでプロとして厨房で働いたことのないDigの見習いシェフに教えるには、長い時間がかかります。私たちは、この挑戦をよく理解し、包丁の使い方教室を開いたりDig Farmを見学したりと、研修生たちのメンタリングに深く関わるようにしています(13)。私たちはこれを、料理の質の維持というだけでなく、チームとしての料理人仲間としてのキャリアを育てる一助として行っています(14)。

調理という点でも、Digのやり方は独特です。「すべてはレストランで調理されます。そしてDigのすべての従業員は、調理の訓練を受けます。とくに包丁の技術には力を入れています」とアズマットは話しています。つまり、従業員全員が必要とあらば進んで調理を手伝える、そして実際にそうしているということです。「全従業員が、店で出す料理の経験を持っているということが、我々にとってとても重要なのです。しかしそれは、競争よりも雇用に気を遣うという意味でもあります。Digで働くために必要とされるスキルセットは、通常のファストカジュアルレストランよりも広範なものになります」

すべてのアイテムをすべてのレストランで新鮮なまま調理するためには、人員配置の挑戦も相当複雑になります。事実、Digはすべてのレストランで、食事を客に出すためだけでなく、調理に関しても適切な人員を確実に配置しなければなりません。この作業は、Digへの要求がつねに変化し、1日のうちの時刻、1年のうちの時期、天候、地元のイベント、その他数多くの要因にも左右されるという点によって、さらに難しいものとなります。

Digレストランの食品第一の精神を支えているのは、人員配置だけではありません。それぞれのDigレストランは個性的なデザインがなされていて、レストランスペースの多くの部分が、新鮮な食材を確実に用意し、貯蔵し、提供するために割かれています。完成したアイテムは、大きな鉄のボウルに入れられ、長いカウンターの後ろの棚に保管されます。それは客からよく見えるように、そして効率的にサーブできるようにデザインされています。

Digで注文される料理の大半は、ボウルです。1つのベース（3つのオプションから選択）、2つのマーケットサイド（8つほどのオプションから選択）、メイン（6つほどのオプションから選択）から構成されています。しかし、それらのアイテムを単独で注文することも可能です。飲み物やスナックも数多く取りそろえています。

食事の注文と提供は、Digのバリューチェーンの最後の決定的なリンクです。Digの注文は、前述のとおりその大半が店内のものですが、店外からの注文を受けることにも大きな価値があると、Digはすぐに気づきました。具体的には、Digには店舗の外から注文できる方法が3つあります。アプリで注文して店で受け取る方法、デリバリーの注文、そして大口の注文にはケータリングで対応できるメニューがあります。

当初、これらの注文方法は、Digの既存のインフラに大きく依存していました。Digはサードパーティーのサービスと契約して食事の配達をしていました。客はそのサービスを通じてDigのメニューを注文できます。これが瞬く間に成功しました。イースト52ストリート店では、オープン以来デリバリーサービスによる売上げは30パーセント以上を保ってます[15]。しかし、そこには問題もありました。Digボウルを構成する可能な オプションすべてを想定すると、客が注文するDigボウルはおよそ1500種類となり、間違える危険性が大きくなります。ボウルが店を出てしまったら、もう取り返しがつきません。天候もまた問題になります。店舗で注文されたものなら、その場で直接食べてもらえます。その他の注文では、口に入るまでに配達などで15～60分ほど置かれることになります。

Digのファストカジュアル事業がスタートするや、イノベーションを継続し、客のDig体験の境界を押し広げようとチームは躍起になりました。顧客フィードバックと業界のトレンドをじっくり調べてみると、デリバリーに大きな可能性があることがわかりました。2018年、オンラインデリバリー業界は846億ドル規模でしたが(16)、Digが調べたところによれば、客はおそまつな料理や、ろくに連絡もなく配達の遅れることなどに我慢させられていました。この課題に取り組むために、Digは2019年、「ルームサービス」をベータリリースしました。まったく新しい形のデリバリーサービスです。まったく新しいメニューとプラットフォームで、デリバリー専門に構築され最適化されたものです。

2019年4月、エスキンとそのチームは、Digの営業範囲を現在の3つの街から広げることを考えました。新たに24ユニットを想定し、2000万ドルの投資で支援します。そのうち1500万ドルはダニー・メイヤーのEnlightened Hospitality Investments株式ファンドからの資金です。Digはすでに、Avaltが主導し、Monogram Capital Partnersと、OSI Restaurant Partnersの元CEO、ビル・アレンが参加したシリーズDラウンドによって3000万ドルを調達していました(17)。

拡大戦略の一環として、Digチームは、そのバリューチェーンのすべての側面の見通しを確かなものにしたいと考えました。たとえば、フィラデルフィアのような新しい市場に参入するとき、地元の農家を含む新しいサプライチェーンを組み立て、土地を見つけ、スタッフを雇い、メニューをデザインしてスケジュールを立てなければなりません。

データドリブンへの移行

この拡張計画はエキサイティングなものでしたが、そこには拡張ならではの課題がいくつかありました。直感、スキル、経験は強力なツールになります。しかし残念なことに、困った点もありました。スケールアップができないのです。

「私たちは昔から、慎重に成長してきました」とアズマット。「ニューヨークにいて、ひとつのところにレストランを数軒出すことで、食事と文化の一貫性を保つことができました。ボストンの出店は、ニューヨークの外でも私たちの基準を保持できるかを確かめる、最初の試みでした。私たちには、ブランドを代表する地元のリーダーが必要でした。また、地理的に近接した関係性への依存度を、一貫性へのこだわりを犠牲にすることなく、減らす必要もありました」

レストラン件数の多い新たな世界では、すべてのレストランのすべての意思決定を直感で一括して行うのは困難だと、Digは気がつきました。Digは、意思決定を補助するために、もっとデータに大きく依存しなければなりませんでした。しかもアズマットのチームは、バリューチェーンの各ステージで、どのようにデータを使って意思決定に役立てるかを考えなければなりませんでした。

しかしある意味、意思決定にデータを使うのは最後の段階だとDigは考えていました。多くの人は、データドリブンの意思決定は、たとえば高い洞察力を提供してくれるダッシュボードと複雑な予測分析モデルを使って、最後の最後に集中して行うものと思い込んでいます。しかし、そうした作業には、足場を固める基盤が必要です。会社全体の事実の根拠となる、中身の詰まった、統一された、信頼できるデータ資産です。

Digも例外ではありません。アズマットは、そこを重々承知していました。

データ収集は、使えそうなデータを集めることだと思われがちですが、データ分析を始めるや、それがいかに大変な作業であるかを思い知ることになります。ひとつ例を示します。私たちの人事データです。やむを得ず、従業員とその就業時間を複数のシステムを使ってトラッキングすることになりました。なので、「各レストランでは、平均して何人の従業員が働いているか?」といった単純な質問ですら、私たちのいちばん優秀なアナリストが半日拘束されます。まずは各データセットのクエリを行い、結果を総合して、膨大な時間をかけてその結果が正しいかどうか検証するのです。

そこは、データをもっと有効に活用したいと思う企業にとってイライラが溜まるところです。最初からもっとデータに大切にしていれば、仕事がどんどんキツくなるようなことにはならなかったと思いたくもなります。しかしそう単純な話ではありません。「振り返るに、私たちはそれほど変わったことはしていません」とアズマット。「成長を目指し会社のアイデンティティーを探しているときに、そんなことに貴重な時間と資源を投入するのは馬鹿げていました。率直に言って、初期のころのあらゆるデータを集めていたことで、先手を打てたのだと思います!」。実際、もっと早い時期からそこに力を入れようとしても、できたかどうかは不明です。毎日毎日みんながそれを使い、漸進的な改善を提案しない限り、しっかりとしたデータ基盤を無から築くのは容易ではありません。これを膨大な量のデータと鈍重なインフラを有する伝統ある企業だけの問題だと思うのは簡単ですが、どの企業も例外ではありません。

これは、起こり得る問題のひとつの例に過ぎません。データセットに点在する数量の単純な比較だけでも、大変な作業になります。たとえば、「総売上」を考えてみましょう。それにはオンライン注文は含まれるのか？　返品、返金、クレジットは含むのか？　そしてもちろん、たとえば人材配置が販売に与える影響を評価しようと、まったく異なるデータセットとの比較を行うとなれば、話はさらに複雑になります。

意思決定の支援に、データを体系的に活用できるようにするために、その前段階としてアズマットのチームは、数々の異質なデータセットを、素早く効率的に質問に答えられるデータベース、つまり「真実を語る資料」としてまとめる処理工程を編み出さなければなりませんでした。「それまで私たちの仕事の大半は、そうした意思決定を支援できるインフラ構築に関するものでした」とアズマット。「そこで私たちは、それを実現させるために、かなりの資源を投資しました。私のチームと密接に作業を行うデータエンジニアのチームを編成するなどです」

このようなデータベースを構築する際には、そのホストに使用するツールの選択が重要になります。現代のほとんどの企業では、データのスケールからして、Microsoft ExcelやMicrosoft Accessのような簡単なデスクトップツールでは不十分です。幸い、まさにそうした目的のクラウドベースのソリューションを提供する、紛れもない家内企業からなる業界があります。Digでは、Google BigQueryとLookerを使っています。画像2と画像3は、Digのアズマットのチームが使っているそれらのツールのスクリーンショットです。

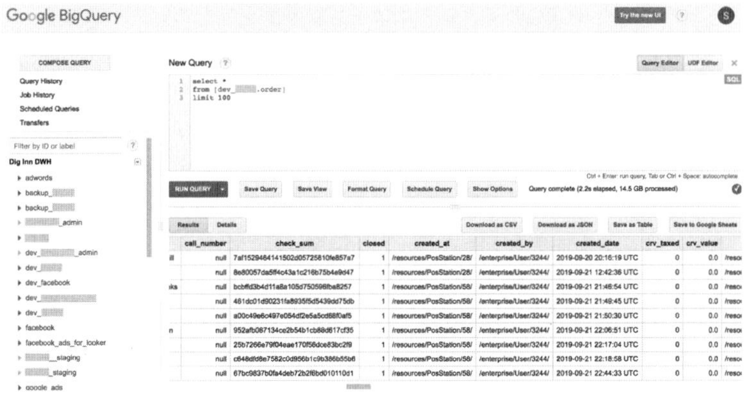

画像2●Digで使っているBigQuery環境のスクリーンショット
機密情報に関する部分は隠してあります（出展：Dig）

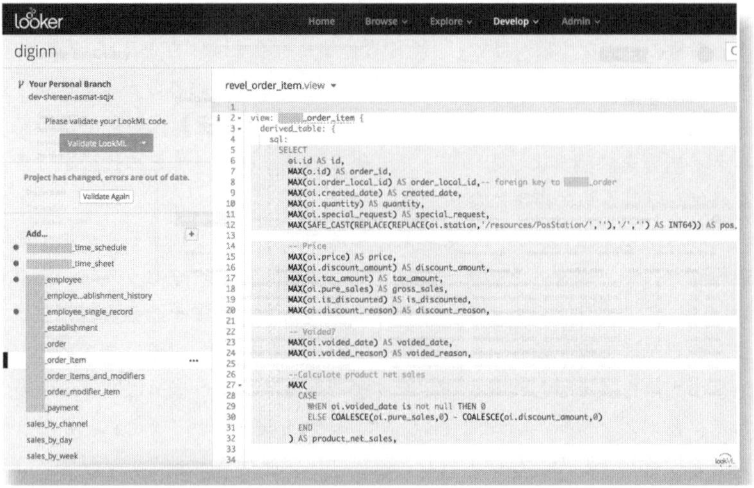

画像3：Digが使っているLookerのインスタンスのスクリーンショット
機密情報に関する部分は隠してあります（出展：Dig）

技術的なハードルの他にも、こうした取り組みには慣習的な障壁も存在します。不完全なデータに基づいて、あまりにも安直にプロジェクトを立ち上げてしまうと、そのデータに精通した敏腕の企業幹部と対面したときにしっぺ返しを食らうことになります。最初の結果に問題が発見されるや、プロジェクト全体に対する幹部たちの信頼が一気に失われます。

「Digでは本当に幸運でした」とアズマットは話しています。

> そのため、CEOのアダム・エスキン以下、全社をあげて、会社をさらにデータドリブンにする取り組みを行っています。これが積み重ねのプロセスであり、ときどき問題が起きることもあり、まずはしっかりとしたデータ基盤を築き上げるために重要なことだと、全員が理解しています。私は個人的に、会社全体を完全に透明にすることで、多くの信用を得られたと感じています。みんながばらばらに、孤立して仕事をするより、すぐに役に立つダッシュボードの構築といった小さな達成可能なゴールにみんなで集中して、全員が自分たちの進捗に対してつねにアップデートされる状態を保っています。

これはしばしば、勝利の戦略となり得ます。理屈の上からは、最初から野心的なトップダウンのやり方で、あらゆるシステムとデータセットの再構築をしたくなります。しかしそうしたアプローチは、多くが失敗に終わります。理由はたくさんあります。最初に、求められる仕事量を小さく見積もりがちである点です。それはコストに響く遅延を招きます。次に、トップダウンの再構築は、時として現在のシステムを捨てて一から作り直す必要が生じます。これは最後の最後までほとんど何も見えず、遅延の悪影響を増大させます。３つめに、会社の業務とそれに関連するデータ収集のフレームワークは、時間のかかるトップダウンのアプローチではひとつに重なりません。現場の現実はプロジェクトが完了する前に変化することが多く、完成した時点ですでに時代遅れになっていることが考えられます。もうひとつ、トップダウンのアプローチを導入すると、最初のプロジェクト計画の段階を過ぎたときに、他の業務とは個別に進めたくなる衝動に駆られます。これが成功した試しはありません。どんなに慎重に計画されたプロジェクトでも、事業のあらゆる複雑性を採り入れることができません。

Digのデザインは、こうした落とし穴を避けるように考えられました。特定の緊急のゴールに集中することで、アズマットと彼女のチームは関連するチームと緊密に連絡を取り合い、すべての段階において実行可能な作業を直接提供せざるを得ない状況に自らを置きました。もちろん、全体のプロジェクトが最初から最後まで完了するにはもっと時間がかかりますが、その過程の各段階で価値が確実に創造される結果を生みます。

具体例を尋ねると、アズマットの目が輝きました。

> まずは、もっとも重要な決定として、メニューに何を載せるか、がありました。私たちは季節の移り変わりが大好きです。季節ごとにメニューを変化させています。契約農園が作るものに触発されたスペシャルメニューを短期間提供していました。昔から、私たちはつねに売上げデータに依存して、週間レポートを出し、各プロダクトのパフォーマンスを追跡していました。残念ながら、それらは一度きりの分析による静的なレポートであり、年月が経つとスプレッドシートやGoogle Docsでごちゃごちゃな状態になってしまいました。そのため、各年のデータに基づいて将来のための決断を下すときには、直感に頼るしかなく、好みによるバイアスがかかる恐れがありました。
>
> たとえば、私たちはDigの中でもかなり健康を意識した集団です。オフィスでは、一般のアメリカ人に対して著しくマカロニ＆チーズを食べない人たちだと揶揄されるほどです。新しいデータ基盤を使

えば、私たちは過去のプロダクトのパフォーマンスデータを引き出すことができます。それを使って店で出すスペシャルを決めるときは、もっといいものをと時間を忘れて没頭しました（私たちは面白いと思っても、拒否されることがあります。それはパフォーマンスが悪いとデータに示されます）。私たちの発見がマーケティングに影響した例もあります。顧客は私たちの感謝際のスペシャルメニューを気に入ってくれたので、私たちはそのコンセプトに乗ることにしました。

また、まったく違う分野でのこんな例も思い浮かびます。Digで私たちが大切にしていることに、スタッフの訓練と彼らの経歴の育成があります。スタッフの１人が苦悩していることを示す重要な指標に、シフトの無断欠勤の有無があります。過去において、無断欠勤の回数を計算するのは、非常に骨の折れる作業でした。それを行うには、2つのデータセットを結合しなければならないからです。ひとつめのスケジュールシステムでその従業員の出勤予定を調べてから、ふたつめの給料明細システムのデータからその人物が実際に出勤したかどうかを調べるのです。現在は、これら2つのシステムを同じ基盤に置いているので、驚くほど詳細な情報がわかります。問題の従業員を特定できるだけでなく、レストランのパフォーマンスをその店のカルチャーを示す指標に使うことで、低迷していれば是正措置を講じることができます。さらに、トレーニングチームに価値のある知見を与えることもできます。ある特定の役職に無断欠勤が多くなる傾向があった場合、私たちはその役職を見直すか、訓練方法を考え直す必要があります。

そうそう、食品ロスのことも忘れてはいけません。私たちは、取り寄せた食材を最後まで使い切ることを、とくに心がけていますが、レストランがどれだけ食材を無駄にしているかを割り出すのは頭の痛い作業でした。店舗、配達、ケータリングなど、すべての注文システムからの売上げのデータを合算して、それを使ってどれだけ注文するべきだったかを計算し、その結果を我々の注文システムのデータと比較して、実際にどれだけ注文したかを割り出します（複数の注文システムがありますが、特別なことではありません）。すべてのレストランにわたってその計算を行うことがどれほど大変か、それを言い始めたら止まらなくなります。今は、無駄の多い順にレストランをランク付けできます。そして、無駄に悩むレストランは、効率のよいレストランから学ぶことができます。

次の画像は、アズマットのチームがこの取り組みの一環として構築したダッシュボードのひとつで、Digのサプライチェーンの時間ごとのパフォーマンスを追跡するためのものです。この最新の取り組みの前は、ダッシュボードの構築には、1人のアナリストがほぼ1週間をかけて行っていました。現在彼らは、このダッシュボードが読み込むデータセットを統合したことで、つねに更新され、価値ある知見をDigの経営チームにリアルタイムで提供しています。

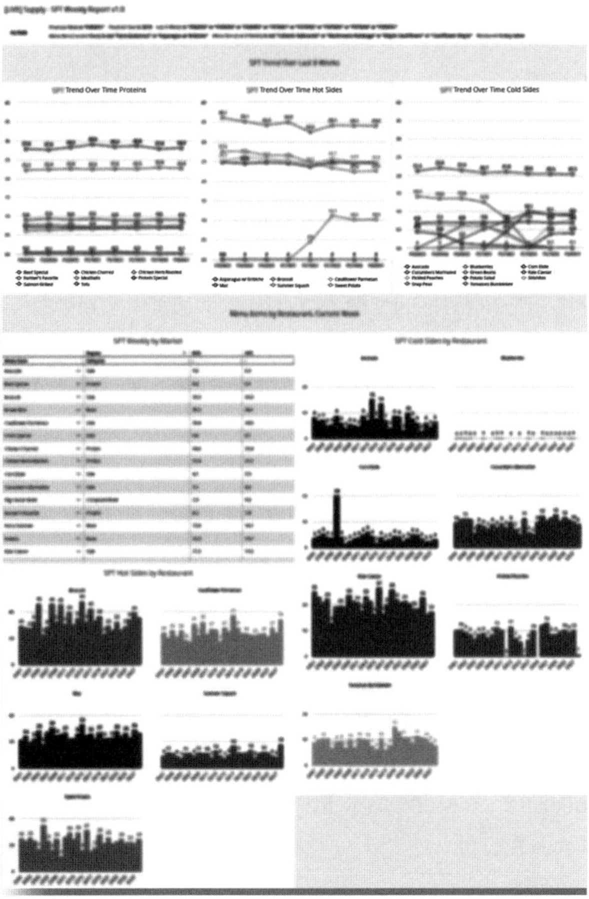

画像4●Digの週間サプライチェーンレポートのスクリーンショット
注意：機密情報について図の一部と数値はぼかしてあります。グラフは単純にアイテムの需要を示すものではありません（出典：Dig）

Digが拡大に着手すると、アズマットとそのチームが扱えるようになった豊富なデータを活用して、経営陣からレストランのスタッフに至る全員をエンパワーメントすることに、彼女の目がしっかりと据えられました。まだ仕事は山積みですが、今のところ結果が出ていることから、彼女は、経営陣と手を取り合って仕事をするアプローチが、努力に見合うだけの結果をもたらすという手応えを得ています。「また来年、話を聞きに来てください。そのときは、3つの実例だけで話は終わりませんよ！」

5.4 データ

セクション5.2でダウンロードしたファイルには、Digのニューヨーク市で展開しているレストランの1年分のシミュレーションデータが入っています。Digの機密情報を守るために、データは合成で作っています。各レストランは、実際のDigのレストランの場所とほぼ同じになっていますが、完全には一致していません。では、各データセットを見て、内容を確かめましょう。一部のデータセットはExcelで開くには大きすぎます。なので、そこに含まれていると私たちが言う列が、そこに含まれているのだと、私たちを信用してもらうしかありません。セクション5.6.1で実際に確認できます。

- Restaurants.csvデータセットには、各レストランに関連するデータが含まれています。これには次の列が設定されています。
  - RESTAURANT_ID：レストランの一意のID
  - NAME：レストランの名前
  - ADDRESS：レストランの住所
  - LAT：レストランの緯度
  - LONG：レストランの経度
  - OPENING_DATE：レストランがオープンした日付
  - DELIVERY_START：レストランがデリバリーの注文を受け付けるようになった日付

- Items.csvデータセットは、Digで販売しているアイテムのリストです。ボウルで提供されるものや、個別に提供されるもの（サイドやデザートなど）が含まれます。ボウルに盛られる品は、どれもサイドとして個別に注文することもできます。このファイルには次の列が設定されています。

- ITEM_ID：アイテムの一意のID
- ITEM_NAME：アイテムの名前
- ITEM_TYPE：アイテムのタイプ（main / side / sauce / cold side / dessert / drink）

- Simplified orders.csvファイルは、ダウロードした中で最大のファイルです。注文ごとに1行となっていて、データセットのスパンは1年間です。ご想像のとおり、このファイルはとても大きく、あまりにも大きいために何行含まれているか確かめるのが困難です。それを見る方法を知りたい方は、セクション5.6.1まで待ってください。

このファイルに記録されている注文は、ほとんどがボウル（Digのメイン）です。各ボウルには、次のものが含まれます。

- ベース1（サラダ、ファッロ、またはライス）
- メイン1（チキン、ビーフなど）
- サイド2（マカロニ&チーズ、ニンジンなど）

さらに、各注文にはクッキーやドリンクが含まれる場合があります。ボウルで注文されていない場合は、クッキーとドリンクだけの注文もあります。

これは、現実にDigで注文される内容を、かなり単純にしています（だからファイル名にSimplifiedと付いています）。実際には、ひとつのボウルに複数のアイテムを入れる場合もあり、サイドとして別に注文されるアイテムもあります。複数のボウルが注文されることもあります。そうした複雑な要因は、本書の目的に沿って排除しました(3)。

このデータセットには、次の列が設定されています。

- ORDER_ID：注文の一意のID
- DATETIME：注文が入った日時
- RESTAURANT_ID：注文が入ったレストランの一意のID。Restaurants.csvでのRESTAURANT_IDに対応。
- TYPE：注文のタイプ（IN_STORE、PICKUP、DELIVERY）
- DRINKS：注文されたドリンクの数

○ COOKIES：注文されたクッキーの数
○ MAIN：この注文のボウルに入るメインのITEM_ID。Items.csvのITEM_IDに対応。ボウルに2つのメインが入る場合は、そのうちのいずれかをランダムに選択して記述。ボウルなしの注文の場合は、値は無しとなる。
○ BASE：注文されたボウルのベースのITEM_ID。Items.csvのITEM_IDに対応。ボウルに2つのメインが入る場合は、そのうちのいずれかをランダムに選択して記述。ボウルなしの注文の場合は、値は無しとなる。
○ SIDE_1 and SIDE_2：この注文のボウルに含まれる2つのサイドのITEM_ID。Items.csvのITEM_IDに対応。ボウルなしの注文の場合は、値は無しとなる。

- Summarized orders.csvファイルは、大きな注文ファイルを日々のレベルに統合したものです。レストランごとの営業していた1日が1行になっています。次の列が設定されています。
○ location：当該の場所
○ day：この行が該当する日付
○ number of orders：この日のそのレストランの注文数
○ percentage of deliveries：その日のデリバリーの注文の比率

ケーススタディから推測された方もいるでしょうが、Digにおいて（そして実際の話、データをもっと活用したいと考えているすべての団体にとって）、データとの格闘で重要なのは、意思決定の中心人物が、できる限りもっとも効率的な方法でデータのクエリができるようにすることです。その手段のひとつに、大きなデータセット（Simplified orders.csvみたいな）を要約して、小さなデータセットにする（Summarized orders.csvみたいな）というものがあります。そうすれば、分析が楽にできます。第２部を修了するころには、それを自分で行うのに必要なすべてのスキルを身につけていることでしょう（詳しくはセクション9.6を見てください）。

5.5 Pandasライブラリ

Pythonのデータ分析で主力となるのが、pandasと呼ばれるライブラリです。これはウェス・マッキニーが開発し、現在は、つねにライブラリ機能の改良と拡張（そしてStack Overflowでの質問の対応）を行うユーザーの活発なコミュニティを誇ります。

本書の第２部では、Pythonのコマンドラインのインターフェイスはもう使いません。その代わりに、各章ごとにJupyter Notebookを作り、そこでコードを実行します。この本のウェブサイトには、それぞれの章にひとつずつJupyter Notebookがあり、それぞれの章のコードが収められています。セクション5.3.4で学んだとおり、下のセルは上のセルに依存する関係にあるため、各ノートブックを順番に実行しなければなりません。今は、Jupyter Notebookを、セクション5.2でダウンロードしたこの章のファイルが入っているフォルダ（第１部でデスクトップに作ったcodeフォルダだと思いますが）に作ってください。

新しいノートブックを作ったら、次のコマンドでpandasをPythonにインポートしてください。

```
import pandas as pd
```

念のため、このコマンドの後半は、今後、pandasを「pd」で対応できるようにするものです。いちいちpandasとタイプしなくても済みます。

pandasライブラリで、次の2つの新しいデータ型が使えるようになります。これが、データを扱う作業の基礎を形成します。

・シリーズ型（Series）：列を格納します。
・データフレーム型（DataFrame）：複数のシリーズ（列）を、それぞれの列のタイトルとともに集めて、完全なテーブルを作ります。

次の図はデータフレームの構造を図解したものです。

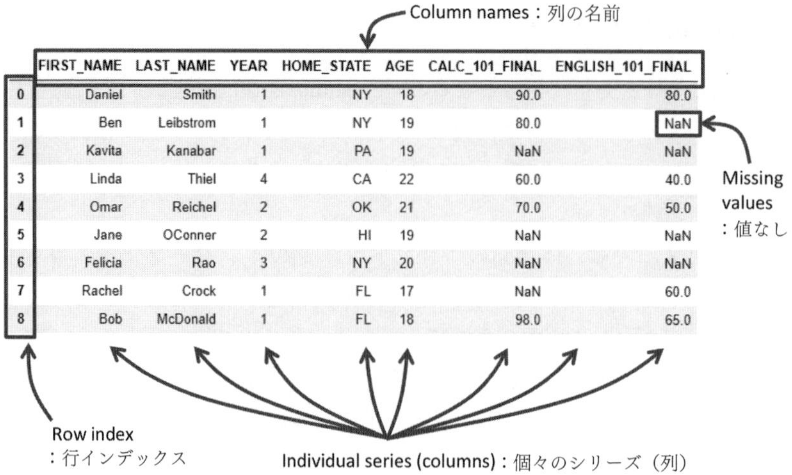

	FIRST_NAME	LAST_NAME	YEAR	HOME_STATE	AGE	CALC_101_FINAL	ENGLISH_101_FINAL
0	Daniel	Smith	1	NY	18	90.0	80.0
1	Ben	Leibstrom	1	NY	19	80.0	NaN
2	Kavita	Kanabar	1	PA	19	NaN	NaN
3	Linda	Thiel	4	CA	22	60.0	40.0
4	Omar	Reichel	2	OK	21	70.0	50.0
5	Jane	OConner	2	HI	19	NaN	NaN
6	Felicia	Rao	3	NY	20	NaN	NaN
7	Rachel	Crock	1	FL	17	NaN	60.0
8	Bob	McDonald	1	FL	18	98.0	65.0

個々の列は、列に関連付けられたタイトルとともにシリーズに格納されます。行インデックス（セクション5.5.3で詳しく説明しますが）には、それぞれの行の名前が含まれます。デフォルトでは、行インデックスは0から始まり1ずつ増える行番号になっていますが、他の名前を付けることもできます。「NaN」は、pandasでは値がないことを示す記号です（not a number：非数の略語です）。非数の扱いについては、後で詳しく説明します。

5.5.1 pandasのデータフレーム

これからは、ファイル（ExcelやCSVなど）から直接データフレームを読むのが基本になります。詳しい方法についてはセクション5.6で解説します。その前に、簡単な例を見ていきましょう。辞書の中の各要素が列に対応し、要素のリストを含む辞書を使えば、pandasの中で直接データフレームを作ることができます。Jupyterで新しいセルを作り、次のコードをタイプして実行してください（ちょっと長いので、以下からコピーしてかまいません。https://www.pythonformbas.com/df_students ）。

```
students = (
    {'FIRST_NAME': ['Daniel', 'Ben', 'Kavita', 'Linda',
                    'Omar','Jane', 'Felicia', 'Rachel',
                    'Bob'],
     'LAST_NAME': ['Smith', 'Leibstrom', 'Kanabar', 'Thiel',
                   'Reichel', 'OConner', 'Rao', 'Crock',
                   'McDonald'],
     'YEAR': [1, 1, 1, 4, 2, 2, 3, 1, 1],
     'HOME_STATE': ['NY', 'NY', 'PA', 'CA', 'OK', 'HI',
                    'NY','FL', 'FL'],
     'AGE': [18, 19, 19, 22, 21, 19, 20, 17, 18],
     'CALC_101_FINAL': [90, 80, None, 60, 70, None, None,
                        None, 98],
     'ENGLISH_101_FINAL': [80, None, None, 40, 50, None,
                           None, 60, 65]} )
df_students = pd.DataFrame(students)
```

最初のステートメントは、各要素が列に対応し、その列に各値を割り当てる辞書を作っています。ステートメントが大変に長いので、15行に分割してあります。これが全部で1つのステートメントであることをPythonに知らせるにはどうしたらいいでしょう？　いちばん上の1行の末尾に括弧開きを付けて、最後の行の終わりに閉括閉じを付ければよいのです。そうすればPythonは、括弧に囲まれた部分の改行は無視します。

2つめのステートメントは、pandasのパッケージ（pdで参照できるようにしましたよね）に入って、辞書からデータフレームを作っています。そしてその結果を、df_studentsという変数に格納しています。

それでは、新しいセルを作って、下のコードを実行して、データフレームを表示してください。

```
df_students
```

結果を次ページに示します。

	FIRST_NAME	LAST_NAME	YEAR	HOME_STATE	AGE	CALC_101_FINAL	EI
0	Daniel	Smith	1	NY	18	90.0	
1	Ben	Leibstrom	1	NY	19	80.0	
2	Kavita	Kanabar	1	PA	19	NaN	
3	Linda	Thiel	4	CA	22	60.0	
4	Omar	Reichel	2	OK	21	70.0	
5	Jane	OConner	2	HI	19	NaN	
6	Felicia	Rao	3	NY	20	NaN	
7	Rachel	Crock	1	FL	17	NaN	
8	Bob	McDonald	1	FL	18	98.0	

pandasとJupyter Notebookが力を合わせて、美しくまとまったデータフレームを示してくれます。

5.5.2 シリーズとして列にアクセスする

これでデータフレームができました。このデータフレームの個々の列にアクセスする方法は2つあります。ひとつめは、単純に列の名前を角括弧に記述するというやり方です。

```
df_students['FIRST_NAME']
```

```
0      Daniel
1         Ben
2      Kavita
3       Linda
4        Omar
5        Jane
6     Felicia
7      Rachel
8         Bob
Name: FIRST_NAME, dtype: object
```

ふたつめは、データフレームの名前の後にピリオドを入れ、その後に列の名前を指定する方法です（読みやすくするために、今後はJupyter Notebookのセルに表示させた状態ではなく、コードをそのまま紙面に記述することがあります。それでも、前に述べたとおりそのコードをJupyterで実行することは可能です）。

```
df_students.FIRST_NAME
```

どちらを使うかは好き好きです。しかし、場合によっては、最初の方法のほうがうまくいくことがあります。たとえば、アクセスしたい列と同じ名前の変数があった場合です。そんなときは、こうします。

```
i = 'HOME_STATE'
df_students[i]
```

df_students.iで同じような結果を得ようとしても、うまくいきません。pandasは変数の中の文字列ではなく、「i」という名前の列を探しに行ってしまうためです。同様に、列の名前にスペースが含まれているときも、ふたつめの方法は使えません。

ひとつのシリーズを取得すると、出力は、データフレーム全体をprintしたときとは違い、きれいなテーブルの形にはなりません。プレーンテキストとしてprintされます。しかしこれは、データフレーム（複数の列を含む）ではなくシリーズ（ひとつの列のみ）を表示していることを示唆しています。

とは言え、次のコードについて考えてみてください。

```
df_students[['FIRST_NAME']]
```

	FIRST_NAME
0	Daniel
1	Ben
2	Kavita
3	Linda
4	Omar
5	Jane
6	Felicia
7	Rachel
8	Bob

2つの出力の、決定的な違いに注目してください。最初のケースでは、角括弧の中に文字列を入れ、pandasに「文字列にある名前の列を選択してシリーズを返せ」と命じています。結果がシリーズ型なので、プレーンテキストで表示されます。次のケースでは、角括弧の中にリストを入れ、pandasに「リストの列だけを含むデータフレームを新たに示せ」と命じています。結果はデータフレーム型（1列だけですが）なので、きれいに表組みされた形で出力されます。

次の例を見れば、この2つのモードの違いがよくわかります。左側のコードは、データフレームの中のひとつの列だけを選択して、シリーズとして抽出しています。右側のコードは、既存の列のサブセットを選択して、それをデータフレームとして返しています。あなたの意図を、pandasは何を見て判断しているのでしょうか？　pandasは、角括弧の中に入れたもののデータ型を見ています。右のコードでは、角括弧の中にリストが入っています。なのでpandasは、あなたがデータフレームを求めていることを認識できるのです。

```
df_students[ 'FIRST_NAME' ]        df_students[ [ 'FIRST_NAME' ] ]
```

文字列　　　　　　　　リスト

この新たなる発見を使えば、ひとつではなく2つの列を選択することもできます。やり方はわかりますか？　◆（覚えていますか。第2部では、この

菱形マークが出たときは、正解を読む前に、しばらく本を置いて、どうやったらできるのかを自分で考える時間です）

```
df_students[['FIRST_NAME', 'LAST_NAME']]
```

	FIRST_NAME	LAST_NAME
0	Daniel	Smith
1	Ben	Leibstrom
2	Kavita	Kanabar
3	Linda	Thiel
4	Omar	Reichel
5	Jane	OConner
6	Felicia	Rao
7	Rachel	Crock
8	Bob	McDonald

よくあるエラー

pandasでよくあるのは、データフレームから複数の列を選択しようとして、角括弧の中にリストを入れ忘れたことによるエラーです。たとえば、次のコードを見てください。

```
df_students['FIRST_NAME', 'LAST_NAME']
```

このコードはエラーを出します。pandasで私たちが遭遇した最初のエラーなので、ついでにpandasのエラーは長くて威圧的なものだと覚えておきましょう。ここで、pandasのエラーの読み方のコツをお教えします。いちばん下までスクロールしてください。重要なことは、たいてい最後に書いてあります。

この場合は、エラーの最後に次のように書かれています。

```
KeyError: ('FIRST_NAME', 'LAST_NAME')
```

pandasは、このエラーは列の名前に起因していると判断しました。つまり、角括弧の中の引数が文字列であるため、pandasは「'FIRST_NAME', 'LAST_NAME'」という名前を持つひとつの列を探したのです。そんな列は、もちろんありません。だからpandasはエラーを出しました。正しくは、角括弧を二重にすることです（つまり、2つのリストを角括弧で囲む）。そうすればpandasは、複数の列を求めているのだなと理解できます。

5.5.3 列インデックスと列の名前

pandasのデータフレーム内の列は、すべてに対応する名前が付いています。これは、わかりやすいですね。わかりにくいのは、pandasの行にも対応する行の名前が付いていることです（これをまとめて行インデックスと言います）。デフォルトでは、行の名前は単純に行番号そのままになっています。しかし、ここに別の名前を付けることで利便性が増すことがあります。

列の名前と行インデックスの名前は簡単に変更できます。たとえば、列「ENGLISH_101_FINAL」の名前を「ENGLISH_101_FINAL_ SCORE」に変えるには、次のコードを実行します。

```
df_students.columns = ['FIRST_NAME', 'LAST_NAME', 'YEAR',
                       'HOME_STATE', 'AGE', 'CALC_101_FINAL',
                       'ENGLISH_101_FINAL_SCORE']
```

これを実行してからデータフレームを見てください。列の名前が指定どおりに変わっているのが、わかると思います。同じように、行インデックスを1から始まる行番号に変えたい場合は、次のコードを使います。

```
df_students.index = [1,2,3,4,5,6,7,8,9]
```

データフレームの「df_students」の列を見てください。行インデックスが変わっているのがわかるはずです。

ひとつの列の名前を変えたいだけなのに、すべての列に名前を指定しなければいけないのは、かなり面倒です。しかしありがたいことに、ひとつの列だけ名前を変えられる方法もあります。上で行った変更を元に戻したいとしましょう。そのときは次のコードを実行します。

```
df_students.rename(columns={'ENGLISH_101_FINAL_SCORE':'ENGLISH_101_FINAL'})
```

LAST_NAME	YEAR	HOME_STATE	AGE	CALC_101_FINAL	ENGLISH_101_FINAL
Smith	1	NY	18	90.0	80.0
Leibstrom	1	NY	19	80.0	NaN
Kanabar	1	PA	19	NaN	NaN

ここで初めて、データフレームに関数を使用しました。せっかくなので、少し詳しく見ておきましょう。まずはdf_students.renameとタイプしてrename関数にアクセスし、df_studentsに適用しています（これは、文字列「a」にupper関数を適用したいときに、a.upperとタイプするのと同じです）。次に、この関数に、columnというひとつの引数を渡しています。この引数は辞書です。この辞書のキーは、変更したい列の今の名前です。値は、それに対応する新しい名前です。出力は、新しい列の名前となります。

もう一度、データフレームを見てみましょう。

```
df_students
```

AME	YEAR	HOME_STATE	AGE	CALC_101_FINAL	ENGLISH_101_FINAL_SCORE
Smith	1	NY	18	90.0	80.0
strom	1	NY	19	80.0	NaN
nabar	1	PA	19	NaN	NaN

古い列の名前が、どうして戻ってきたのか不思議に思っていらっしゃるかも知れません。結局のところ、rename関数（そしてこれから見ていくpandasの関数のほとんど）は、データフレームのオリジナルの基礎は変えていないということです。この関数は、もともとのデータフレームをいじらずに、単にデータフレームの新しいバージョンを返しているだけなのです。これは、次のコードの挙動にも通じています。

```
name = 'Daniel'
name.upper()
```

```
'DANIEL'
```

```
name
```

```
'Daniel'
```

name.upper()の行は、文字列を大文字にして返します。しかし、値そのものを変更しているわけではありません。

オリジナルのデータフレームを変更したくなることもあるでしょう。本書では、それはかならず関数の結果をオリジナルのデータフレームに適用するという方法で行います[(4)]。

```
df_students = (
    df_students.rename(columns={'ENGLISH_101_FINAL_SCORE'
                                : 'ENGLISH_101_FINAL'}) )
```

これで、df_studentsには、列の名前が新しくなったデータフレームが格納されます。

最後に、行インデックス（行の名前）をデフォルト（0から始まる行番号）にリセットしたくなることもあります。それは次のコードで行います。

```
df_students = df_students.reset_index(drop = True)
```

ここでも、関数の結果をdf_studentsに格納して、オリジナルのデータフレームを変更する必要があります。drop = Trueは何のためにあるのでしょうか？　この引数がなければ、データフレームの古いインデックス（本来置き換えるべきもの）を残したまま、新しい列が作られてしまいます。実際に、試してみてください。

5.5.4. head()と.shape

大きなデータセットをpandasに読み込むと、最初の数行だけを見ることができる便利な機能を利用できるようになります。head関数でそれが行えます。

```
df_students.head()
```

	FIRST_NAME	LAST_NAME	YEAR	HOME_STATE	AGE	CALC_101_FINAL	EI
0	Daniel	Smith	1	NY	18	90.0	
1	Ben	Leibstrom	1	NY	19	80.0	
2	Kavita	Kanabar	1	PA	19	NaN	
3	Linda	Thiel	4	CA	22	60.0	
4	Omar	Reichel	2	OK	21	70.0	

これは、データセットのサイズを知りたいときにも便利です。それを見るには、shapeアトリビュートを使います。

```
df_students.shape
```

```
(9, 7)
```

この結果は、Pythonのタプル（読み出し専用のリストと覚えておくとよいでしょう。詳しくはセクション3.5.1のコラム「タプル」を参照）で表されます。そこでは、最初の要素に行数、次の要素に列数が示されます。たとえば、行数だけがほしいときは、`df_students.shape[0]`とします（簡単に`len(df_students)`としても行数が取り出せます）。

括弧を使うべきか使わざるべきか

このパートでお話した内容に一貫性を欠いた部分があると、お気づきかも知れません。head()とかreset_index()というように丸括弧を伴って表記することもあれば、shapeのように、列をシリーズとして取得するような場合は、丸括弧は付けません。

これにはきちんとした理由があるのですが、いつ括弧を付けるべきで、いつ付けるべきではないのか、それを知っても、判断の役にはあまり立ちません。なので代わりに、間違えたときにどうなるかをお教えしましょう。それで対応が可能になります。

次の2つのコードを試してみてください。これらは括弧を必要としないのですが、括弧を付けています。

```
df_students.FIRST_NAME()
df_students.shape()
```

どちらの場合もエラーが出ます。前にお話したコツを使って、エラー文のいちばん最後までスクロールしてみると、そこにキーワードが書かれています。どちらにも「is not callable」（呼び出せません）とあります。これは、必要ないのに括弧を付けてしまったことを示しています。括弧を付けると、Pythonに関数の呼び出しを命ずることになります。しかし、df_students.FIRST_NAMEもdf_students.shapeも、関数ではありません。これは、シリーズとタプルです。なので、Pythonは「呼び出せない」と伝えてきたのです。これを回避するには、どうすればよいでしょう？　次の行を試してください。

```
df_students.reset_index
```

Pythonはエラーを出しませんが、目的の結果（データフレーム）も生成しません。その代わり、「bound method…」（束縛メソッド）で始まる膨大なテキストが示されます。この文脈からすると、「メソッド」は「関数」の別名と考えることができます。これは、関数だけど括弧は使わない、ということをPython式に言い表したものです。

括弧がないことは、最後に表明できます。まずインデックスをリセットしてから、FIRST_NAMEの列にアクセスしたい場合を考えましょう。その正しいやり方は、次のとおりです。

```
df_students.reset_index(drop = True).FIRST_NAME
```

最初に、データフレームのインデックスをリセットしています。その結果がデータフレームに現れます。その後、FIRST_NAME列にアクセスしています。これは、pandasの命令のチェイン法と呼びます。この技は、これから繰り返し使用します。

チェインを使ったステートメントで括弧を忘れると、どうなるのでしょう？

下のコードを実行してみてください。

```
df_students.reset_index.FIRST_NAME
We get an error that begins as follows:
```

```
'function' object has no attribute . . .
```

次の文で始まるエラーを取得しました。

「関数」オブジェクトにアトリビュートがありません…

これも、チェインを使ったステートメントのどこかで括弧を忘れていることを示す、ひとつの兆候です。

5.5.5 Jupyter Notebookでコードを完成させる

先にお約束したとおり、ここでJupyter Notebookの最後の機能を紹介します。コード補完です。たちまちお気に入りになるはずです。

この機能の働きを見るために、新しいセルを作り、その中にdf_sとタイプして、キーボードのTabキーを押してください。すると、Jupyter Notebookは、魔法のごとく、変数の名前を自動的に書き足してくれます。いちいち全体をタイプする手間が省けます。Jupyterは、df_sで始まる変数はdf_studentsしかないことから、自分で判断して、残りの変数名を書いてくれるのです。

タイプした文字で始まる変数がいくつもあるときは、どうなるでしょう？ df_surfboardという変数を作って試してみましょう。

```
df_surfboard = 1
```

そうして、新しいセルにdf_sとタイプしてTabキーを押してください。

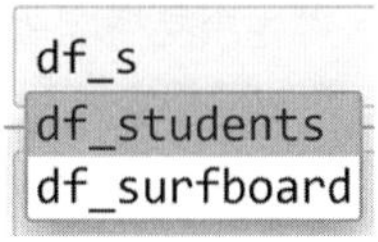

ドロップダウンメニューが現れ、そこにdf_sで始まるすべての変数が表示されます。矢印キーを使ってリストを上下して目的の変数を選択して、エンターキーを押してください。

これでもまだ、大喜びで「Jupyter Notebookバンザイ！」と歓喜の歌を熱唱するまでには至らないという方も、ご心配なく。まだあります。

Jupyter Notebookは、変数名を自動補完してくれるだけではありません。

pandasのデータフレームの中を見て、コードの自動補完もしてくれるのです。その働きを見るために、新しいセルを作り、df_students.Eとタイプして、Tabキーを押してください。するとJupyterは、あなたがENGLISH_101_FINAL列にアクセスしようとしているものと自動的に判断し、その続きを自動的に書き足してくれます。この条件に合う列がいくつかあったときは、ここでもドロップダウンメニューが現れます。

まだ歌声が出ませんか？　大丈夫。まだまだあります。

Jupyter Notebookは関数名も自動補完してくれます。たとえば、df_studentsの列の名前を変更したい場合を考えましょう。新しいセルを作り、df_students.reとタイプしてTabキーを押してください。次のようにメニューが示されます。

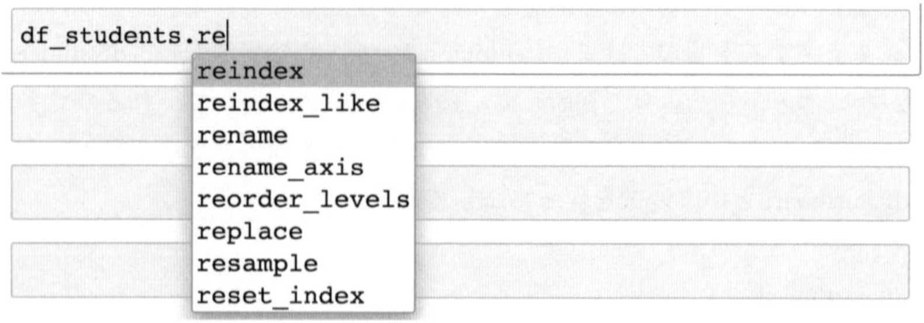

データフレームで使えて、小文字のreで始まる関数名が現れます（reで始まる名前の列があれば、それも示されます）。

もうひとつ、最後に説明しておくべき機能があります。新しいセルを作り、df_students.renameとタイプして、Shiftキーを押しながらTabキーを素早く2回を押してください。すると次のダイヤログが現れます。

ここには、関数の詳しい解説が書かれています。Pythonのあらゆる関数に対して、この機能が使えます。ちょっと調べたいときなどに、とても便利です（今の時点では、完全な解説というのはハードルが高く感じられるでしょう。なので、最初から最後まで読む必要はありません。もう少しpandasに慣れてきたら、もっとよく理解できるようになります）。

ドックストリングで独自の説明書を作る

第1部では、自分で関数を作る方法を学びました。この自分で作った関数は、Jupyterのドキュメントではどう説明されるのか、疑問に思われているでしょう。まずは、次のような2つの数を足し算するだけの簡単な関数を作ってください。

```
def add_numbers(a, b):
    return a+b
```

では新しいセルを作り、add_numbersとタイプして、Shift+Tab、Tabを押してください。次のように示されます。

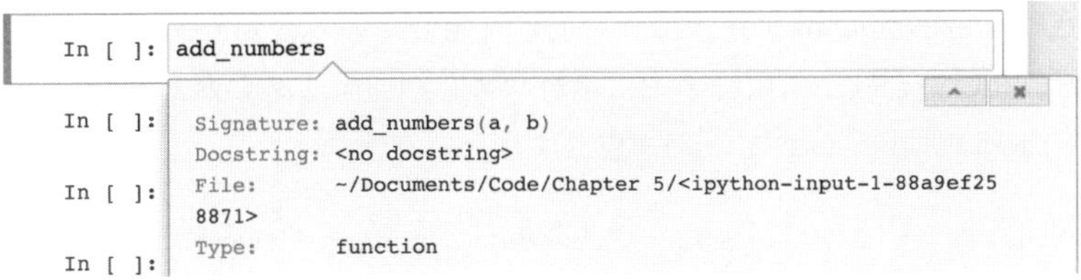

当然ですが、ドキュメントを作っていないので、内容は何もありません。ドキュメントを書き加えるのはじつに簡単です。関数の先頭にトリプルクォーテーションで囲んだドキュメントを書き込めばよいのです（これはPythonではdocstring（ドックストリング）と呼びます）。

```
def add_numbers(a, b):
    '''
    This function takes two numbers, a and b, and returns
    the sum
    '''
    return a+b
```

そしてこのセルを再び実行すると、新しく書き加えたコメント入りで関数が再定義されます。もう一度、ドキュメントを表示させてみてください。今書いたドックストリングが表示されます。

5.6 データの読み書き

ここまで私たちは、辞書を使って作ったdf_studentsデータフレームを使ってきました。この方法でデータフレームを作るのは便利なこともありますが、ビジネスの現場では、必要に応じて共有できるように、データはファイルから読み込み、ファイルに書き戻すというのが一般的です。このセクションでは、そうした読み書きを、pandasでどのように行うかを見ていきます。

5.6.1 データを読み込む

最初は簡単なところから。Students.xlsxファイルには、セクション5.5で作ったデータセットのExcel版が入っています。これをpandasに読み込むには、read_excel関数を使います。ただし、次のコードはPart2フォルダを開いた状態でJupyter Notebookを新規に立ち上げた場合にのみ有効です。正しく作られていない場合は、引用符の中に絶対パスを記述する必要があります(5)［訳注：`import pandas as pd`を忘れずに］。

```
df_students = pd.read_excel('raw data/Students.xlsx')
```

これを実行しても何も生成されませんが、これにより、df_studentsには、ファイルから読み込まれるデータフレームが格納されます。Excelのワークブックに複数のシートが含まれている場合は、pandasでは、どのシートを読み込むかを指定できます。この場合は、ワークブックに含まれているシートはSheet 1ただひとつなので、指定の必要はありません。しかし、次のように記述することもできます。

```
df_students = pd.read_excel('raw data/Students.xlsx',
                              sheet_name='Sheet 1')
```

pandasのその他の関数と同様、read_excel()には膨大な数のオプションがあります。そのすべてを説明しようと思えば、この本の1章まるごと使ってしまうことになります。ありがたいことに、pandasのドキュメントは非常に充実しています。「pandas read_excel」とググれば（またはセクション5.5.5で説明した機能を使ってドキュメントを表示させると）、複数のシートを含むもの、ヘッダがないものなど、いろいろなExcelファイルからデータを読み込む方法について説明を見ることができます。

もうひとつ、遭遇する可能性のあるファイル形式にCSVがあります。たとえば、Digのケーススタディに場所を移して、CSV形式で提供された注文データのファイルを要約する場合を考えてみましょう。これは、read_csv関数で読み込めます。また、head()を使うと、最初の数行を見ることができます。

```
df_summarized_orders = pd.read_csv('raw data/Summarized orders.csv')
df_summarized_orders.head()
```

	location	day	number of orders	percentage of deliveries
0	Bryant Park	2018-01-01	373	0.0
1	Bryant Park	2018-01-02	789	0.0
2	Bryant Park	2018-01-03	818	0.0
3	Bryant Park	2018-01-04	782	0.0
4	Bryant Park	2018-01-05	719	0.0

列の名前にはスペースが含まれていて、ずいぶん長くなっているのがわかります。そのひとつを指定するときに、いちいち名前全体をタイプするのはとても面倒です。そこで、もっと楽に扱える名前に変更しましょう。

```
df_summarized_orders.columns = ['RESTAURANT_NAME',
                                 'DATE', 'NUM_ORDERS',
                                   'PERC_DELIVERY']
```

同じようにして、レストランとアイテムのデータセットも、次のように読み込めます。

```
df_items = pd.read_csv('raw data/items.csv')
df_restaurants = pd.read_csv('raw data/restaurants.csv')
```

最後に、Digのケーススタディから注文のデータセットを読み込みましょう。このデータはCSV形式で提供されていますが、ZIPで圧縮されています。このZIPファイルは解凍しなくてもよいと聞いたら、ちょっと嬉しい驚きでしょう。pandasは、圧縮ファイルから直接データを読み出せるのです。次のコードを試してください。ファイルを読み込んで、データセットのサイズを表示します。

```
df_orders = pd.read_csv('raw data/Simplified orders.zip')
df_orders.shape
```

このデータセットはとても大きいため、読み込みに30秒ほどかかります。でも、これは238万行もあります。pandasのパワーを実感し始めたことでしょう。

これまで、ExcelとCSVファイルについて説明してきましたが、pandasはもっとたくさんの形式のファイルが読み込めます。読み込む必要のある見知らぬ形式のファイルに出くわしても、たぶんpandasにはそれを読み込む関数があります。Googleをうまく使って、その関数を探してみてください。実際に、次のセクションではもうひとつのファイル形式（pickle）を紹介します。

5.6.2 データを書き出す

次の章からは、私たちはpandasを使って、データセットの移動、変更、要約を行います。pandasでは、これらの操作を行っても、データを読み込んだ元のファイルに変更が加えられることはありません。時には、将来の分析で使ったり、他の人たちと共有する目的で、データを元のファイルに書き戻したくなることもありますが、pandasならそれも簡単にできます。

pandasのデータフレームを、CSVファイルに書き出すことを考えてみましょう。Excelでそれを見る人とファイルを共有するときなどは、これが役に立ちます。要約した注文データセットを、新しい列名で書き出してみましょう。

```
df_summarized_orders.to_csv('Chapter5/Summarized orders new.csv')
```

関数の中の文字列は、ファイルのパスと、それに続いてデータフレームが保存されるファイルの名前です。このファイルは「Chapter5」フォルダに保存されることになっている点に注意してください。ここで作られたExcelファイルを開くと、ファイルは先頭列の行インデックスとともに保存されていることに気づくでしょう。しかし、行インデックスがただの行番号のときは、これは不要です。行インデックスを入れずにファイルを保存したい旨をpandasに伝えるには、次のようにします。

```
df_summarized_orders.to_csv(
                'Chapter5/Summarized orders new.csv', index=False)
```

ファイルをCSV形式で保存することには、ひとつ短所があります。Pythonで行ったたくさんの作業が失われしまう恐れがある点です。たとえば、セクション5.7では、pandasデータフレームの各列のタイプを特定する方法を解説しますが、それを行ってからCSVでファイルを保存するとすべての作業は失われてしまうため、次にそのCSVファイルを読み込んだとき、また同じことを繰り返さなければなりません。

しかしありがたいことに、Pythonには別のファイル形式があります。pickleです。これなら、データフレームを含むPython変数が保存され、次にファイルを開いたときも、前とまったく同じ形が保たれます（おわかりですか？　ピックルスはキュウリの保存食です）。データフレームをpickleで保存するには、to_pickle関数を使えばよいだけです。次のように記述します。

```
df_students.to_pickle('Chapter5/df_students.pickle')
```

df_students.pickleは、関数の中で指定した場所に作られます。この場合は、「Chapter5」フォルダです。このファイルはExcelでは開けません。Pythonでのみ、pd.read_pickle関数を使って読むことができます。

```
pd.read_pickle('Chapter5/df_students.pickle')
```

	FIRST_NAME	LAST_NAME	YEAR	HOME_STATE	AGE	CALC_101_FINAL	E
0	Daniel	Smith	1	NY	18	90.0	
1	Ben	Leibstrom	1	NY	19	80.0	
2	Kavita	Kanabar	1	PA	19	NaN	
3	Linda	Thiel	4	CA	22	60.0	
4	Omar	Reichel	2	OK	21	70.0	
5	Jane	OConner	2	HI	19	NaN	
6	Felicia	Rao	3	NY	20	NaN	
7	Rachel	Crock	1	FL	17	NaN	
8	Bob	McDonald	1	FL	18	98.0	

結果として作られるデータフレームは、pickleで保存したデータファイルとまったく同一の内容になります。

pickleとpandasのバージョン

古いバージョンのExcelで新しいExcelファイルを開こうとすると、いろいろ問題が起こります。pickleファイルも同じです。pickleファイルを保存して、新しいバージョンのpandasで開こうとすると、不可解なエラーが発生します。これを修正する方法はいくつかありますが、その話はこの本の主旨から大きく外れてしまいます。本書の目的に則して言うなら、pickleを保存したり開いたりするときは、Pythonとpandasのバージョンを揃えておくことです。

5.7 列のタイプ

セクション2.7.1では、データ型の紹介をしました。Pythonは、それが浮動小数点数なのか、整数なのか、文字列なのか、それぞれの変数に格納されたデータの種類をつねに見ています。pandasも同じです。それぞれの列には型があり、pandasはどの列がどの型なのかを把握しています。

列の型を確認するには、info関数を使います。

```
df_orders.info()
```

```
<class 'pandas.core.frame.DataFrame'>
RangeIndex: 2387224 entries, 0 to 2387223
Data columns (total 10 columns):
 #   Column         Dtype
---  ------         -----
 0   ORDER_ID       object
 1   DATETIME       object
 2   RESTAURANT_ID  object
 3   TYPE           object
 4   DRINKS         float64
 5   COOKIES        float64
 6   MAIN           object
 7   BASE           object
 8   SIDE_1         object
 9   SIDE_2         object
dtypes: float64(2), object(8)
memory usage: 182.1+ MB
```

すべての列には、対応する型があります。object（オブジェクト）は、pandasでは「なんだかわかりません」を意味します。文字列には、オブジェクトのデータ型があることが示されています［訳注：Pythonのデータ型だとstrに相当します］。

pandasは、各列の型の見極めを、とても得意としています。上の例では、pandasはDRINKSとCOOKIESの列が数値であることを自動的に把握しています。理論的には、これらの列は浮動小数点数ではなく整数であるべきなのですが（飲み物もクッキーも整数で数えられますから）、欠測値に関連するいろいろと複雑な事情から、pandasは通常、列を整数として格納するのを嫌います。その代わりに浮動小数点数を使います。それが、私たちの目的には適っているのです。

ただひとつだけ、pandasが正しく特定できなかった列があります。DATETIMEの列です。ひとつ前の出力を見ると、この列は、TYPE列と同じく、単純な文字列の列として扱われています。これは奇妙です。日付は、単純な文字列よりもずっと構造化されているはずですから。

pandasが列の型の特定を間違えたときは、私たちが助けてやる必要があります。日時の列の場合、to_datetime関数を使って対処します。こんな感じです。

```
df_orders.DATETIME = pd.to_datetime(df_orders.DATETIME)
```

このステートメントを分解してみましょう。最初にdf_ordersデータセットからシリーズとしてDATETIME列を抽出しています。次に、これをpd.to_datetime関数に渡しています。これはシリーズを受け取って、すべての要素を日時に変換します（第1部には登場していない新しいデータ型なので気をつけてください）。そうしてこの列は、新しい形式に変換された列に置き換えられます。列の編集については、まだ説明していませんが（セクション6.8.3できちんと説明します）、文法は見てのとおりです。

ここでもう一度、df_orders.info()を実行してください。DATETIME列のデータ型がdatetime64[ns]に変わっています。ところが、実際のデータフレームを見てみると（df_orders.head()を実行）、何も変わっていません。さて、今までのことは何だったのでしょうか？　その答はセクション6.7.5まで待ってください。確認のために、次のコードを実行してください。

```
df_orders.DATETIME.dt.day_name().head()
```

```
0     Thursday
1     Thursday
2     Saturday
3     Saturday
4       Sunday
Name: DATETIME, dtype: object
```

これで、pandasはDATETIMEの列を日時だと認識し、1週間の中の何曜日かなど、日付に関する正確な情報を抽出できるようになりました。これは、オリジナルの文字列の列ではできなかったことです。これについては、後でもっと詳しく説明します。

ここで、いろいろな疑問が浮かぶと思います。pd.to_datetime()は、どんな形式の日時を受け入れられるのか？　以前のデータフレームでは、読み込んだときのオリジナルの文字列は、こんな風でした。`2018-10-11 17:25:50`。もしこれを、こんな形式にしたらどうでしょう。`11Oct18 05:25:00pm`。いろいろな形式をみなさんで試してほしいのですが、pd.to_datetime()は、けっこう柔軟に対応してくれることがわかるでしょう。

その汎用性を見てもらいたいので、df_summarized_ ordersのDATE列を、日付に変えてみましょう。まずは、どんなテーブルなのかを覚えてください。

```
df_summarized_orders.head()
```

	RESTAURANT_NAME	DATE	NUM_ORDERS	PERC_DELIVERY
0	Bryant Park	2018-01-01	373	0.0
1	Bryant Park	2018-01-02	789	0.0
2	Bryant Park	2018-01-03	818	0.0
3	Bryant Park	2018-01-04	782	0.0
4	Bryant Park	2018-01-05	719	0.0

日付の形式が違う点に注目してください。時刻が含まれていません。それにもかかわらず、pd.to_datetime関数はこれをいとも簡単に処理します（テーブルの見た目は変わりませんが、重要な変化が起こることになります。DATE列は、文字列としてではなく、今後は日付として格納されるのです）。

```
df_summarized_orders.DATE = (pd.to_datetime(df_summarized_orders.DATE) )
df_summarized_orders.head()
```

	RESTAURANT_NAME	DATE	NUM_ORDERS	PERC_DELIVERY
0	Bryant Park	2018-01-01	373	0.0
1	Bryant Park	2018-01-02	789	0.0
2	Bryant Park	2018-01-03	818	0.0
3	Bryant Park	2018-01-04	782	0.0
4	Bryant Park	2018-01-05	719	0.0

5.8 まとめ

この章では、Pythonの主要なデータ処理ライブラリとしてpandasを紹介しました。pandasのシリーズとデータフレームを学び、その構造についても見てきました。最後に、さまざまなファイルから、ファイルの読み書き込の方法も学びました。

ここまでは順調にきましたが、やや退屈だったかも知れません。この段階では、pandasを使うことで得られた唯一にして本当の収穫は、大きなデータベースを開く能力です。その他は、とても苦労したように思われるものの、それほど豊作だったとは言えません。次の章からは、Pythonのデータ分析における、本当の恩恵が得られるようになります。そして、Digがそうした機能を使って、ビジネス上の重要な課題に対処した方法を学びます。

締めくくりに、この章で使ったファイルを、次の章でも使えるように、pickleファイルとして保存しておきましょう。

次のコードを実行して、「Chapter5」フォルダにファイルを保存してください。

```
df_students.to_pickle('Chapter5/students.pickle')
df_orders.to_pickle('Chapter5/orders.pickle')
df_summarized_orders.to_pickle('Chapter5/summarized_orders.pickle')
df_items.to_pickle('Chapter5/items.pickle')
df_restaurants.to_pickle('Chapter5/restaurants.pickle')
```

第６章 Pythonでデータを探る、グラフ化する、変更する

これまでは、pandasを導入して、そこでデータの格納と読み書きをする方法を学んできました。しかし、読み込んだデータの使い方については、まだお話ししていません。第5章で読んでいただいたDigの物語には、Digのデータに関して、そしてもっと広い意味でのDigのビジネスに関して、質問したい事柄があるはずです。

この章では、ようやくpandasの恩恵が実感できるようになるでしょう。私たちは、pandasを使ってDigのデータを探り、グラフ化し、必要とあれば変更します。そしてその技を使って、Digのデータセットからいくつもの質問に答えていきます。たとえば、Digの注文の中で、店内での注文に対して、デリバリーの注文はいくつだったか、テイクアウトの注文はいくつだったか、もっとも人気が高いのはどこのDigレストランか、週によって、または季節によって注文量はどう変化しているか、などを探ります。これらの質問に答えるために用いるデータセットは巨大であることを思い出してください。それでもほとんどの答は、ものの数秒で得られます。

そこに使用されるpandasの機能に集中できるよう、この章でこれから考えていく質問は、ほとんどがDigのデータを元に定式化した単純なものです。第9章では、Digのビジネスに基づいて定式化した、もっと複雑な質問に取り組みます。

6.1 この章で学ぶこと

この章を読み終えるころには、みなさんはpandasの基本的な機能はほとんどマスターしているはずです。まずは、pandasのデータフレームの並べ変え

の方法と、データをグラフ化する方法から始めます。そして、データの探索とフィルタリングに使えるpandasの機能について考えます。次に、列の演算とpandasのデータフレームの編集について学びます。最後に、Digの物語に示された具体的なビジネス上の質問から、いくつかの例を取り上げ、それを使った演習を行います。

6.2 この章で必要になるもの

始める前に、セクション5.2で作成したPart2フォルダの中に、新しいJupyter Notebookを作ってください（Notebookの作り方を忘れた方はセクション5.3.1を参照）。まずするべきことは、第5章の終わりに保存したファイルの読み込みです。読み込むには、最初のセルに以下のコードをペーストし、実行してください（セクション5.3.3で解説したように、ファイルに適当な名前を付けたり、タイトルを付けることもできます）。

```
import pandas as pd
df_students = pd.read_pickle('Chapter5/students.pickle')
df_orders = pd.read_pickle('Chapter5/orders.pickle')
df_summarized_orders = (
            pd.read_pickle('Chapter5/summarized_orders.pickle') )
df_items = pd.read_pickle('Chapter5/items.pickle')
df_restaurants = (pd.read_pickle('Chapter5/restaurants.pickle') )
```

いつものように、この章のJupyter Notebookも、前章のファイルも、本書のウェブサイトからダウンロードできます。

6.3 pandasにデータを格納する

まずは、簡単ながらきわめて重要な操作、つまり、pandasでのデータの並べ変えについて説明します。並べ変えのもっとも簡単なやり方から始めましょう。df_studentsのデータフレームがどんな風だったかを、思い出してください。

```
df_students.head()
```

	FIRST_NAME	LAST_NAME	YEAR	HOME_STATE	AGE	CALC_101_FINAL
0	Daniel	Smith	1	NY	18	90.0
1	Ben	Leibstrom	1	NY	19	80.0
2	Kavita	Kanabar	1	PA	19	NaN
3	Linda	Thiel	4	CA	22	60.0
4	Omar	Reichel	2	OK	21	70.0

df_studentsをHOME_STATEで並べ変えたいときは、次のように記述できます。

```
df_students.sort_values('HOME_STATE')
```

	FIRST_NAME	LAST_NAME	YEAR	HOME_STATE	AGE	CALC_101_FINAL
3	Linda	Thiel	4	CA	22	60.0
7	Rachel	Crock	1	FL	17	NaN
8	Bob	McDonald	1	FL	18	98.0
5	Jane	OConner	2	HI	19	NaN
0	Daniel	Smith	1	NY	18	90.0

HOME_STATEの出力がアルファベット順に変わったことに注目してください。順番を逆にしたいときは、sort_values関数の引数をascending=Falseにするだけです。こんな風に……◆

```
df_students.sort_values('HOME_STATE', ascending=False)
```

	FIRST_NAME	LAST_NAME	YEAR	HOME_STATE	AGE	CALC_101_FINAL
2	Kavita	Kanabar	1	PA	19	NaN
4	Omar	Reichel	2	OK	21	70.0
0	Daniel	Smith	1	NY	18	90.0
1	Ben	Leibstrom	1	NY	19	80.0
6	Felicia	Rao	3	NY	20	NaN

出力に関して、注意点がいくつかあります。

- 行インデックスは、データを並べ変えると順番がバラバラになります。各行は、最初の名前を保持します。新しいデータフレームに、ゼロから始まる行番号を振り直したほうが便利な場合もあります。これはreset_index関数で行えます。引数をdrop=Falseとしておけば、元の行インデックスが新たな列として残ることはありません。

```
df_students.sort_values('HOME_STATE').reset_index(drop=True)
```

- sort_values関数を実行しても、元のデータフレームが変更されることはありません。この操作を行った後でdf_studentsを開いて見ても、元の順番のままになっています。データフレームの並べ変えを固定したい場合は、次の方法で並べ変えた結果をデータフレームに割り当てる必要があります。

```
df_students = ( df_students.sort_values('HOME_STATE')
                .reset_index(drop=True) )
```

2つの列で並べ替えを行うのも簡単です。sort_values関数に列のリストを渡せばよいのです。◆

```
df_students.sort_values(['HOME_STATE', 'LAST_NAME'])
```

	FIRST_NAME	LAST_NAME	YEAR	HOME_STATE	AGE	CALC_101_FINAL
0	Linda	Thiel	4	CA	22	60.0
1	Rachel	Crock	1	FL	17	NaN
2	Bob	McDonald	1	FL	18	98.0
3	Jane	OConner	2	HI	19	NaN
5	Ben	Leibstrom	1	NY	19	80.0

HOME_STATEの区分の中で、LAST_NAMEが並べ変えられています。

シリーズ（単独のコラム）を並べ変えるときは、コラム名を指定する必要はありません。sort_values()だけで事足ります。

```
df_students.CALC_101_FINAL.sort_values()
```

```
0     60.0
7     70.0
5     80.0
4     90.0
2     98.0
1      NaN
3      NaN
6      NaN
8      NaN
Name: CALC_101_FINAL, dtype: float64
```

最後にもうひとつ。ひとつの列で並べ替えをするのではなく、行インデックス（行の名前）で並べ替えたい場合です。これは、sort_index関数で簡単に行えます。

```
df_students.sort_index()
```

	FIRST_NAME	LAST_NAME	YEAR	HOME_STATE	AGE	CALC_101_FINAL	EI
0	Linda	Thiel	4	CA	22	60.0	
1	Rachel	Crock	1	FL	17	NaN	
2	Bob	McDonald	1	FL	18	98.0	
3	Jane	OConner	2	HI	19	NaN	

今はまだ、この操作はあまり便利に思えないかもしれません。行番号でデータフレームを並べ変える意味がどこにあるのか？　この先、行インデックスに行番号以上のものが含まれる状況を考えることになります。そのとき、この操作が非常に便利になってくるのです。

6.4 pandasにデータをプロットする

Pythonでは、プロット（グラフ化）はとても重要な機能です。この本では、あまり技術的な話に偏らないよう、優れたグラフを描くために必要なことを解説します。覚えておいていただきたいのは、本書で取り上げるのは、全体のほんの一部だということです。このセクションでは、プロットの仕組みについてお話ししますが、後の章でこの仕組みを実際にDigのケースに応用するまでは、やや退屈に思われるかも知れません。

まずは以下のコードを使って、Pythonのプロット用ライブラリを読み込んでください。

```
import matplotlib.pyplot as plt
```

いちばん簡単にプロットする方法は、pandasのシリーズから直接行うというものです[(1)]。次のコードを試してみてください。

```
df_students.CALC_101_FINAL.plot(kind='bar')
```

```
<matplotlib.axes._subplots.AxesSubplot at 0x1312c0350>
```

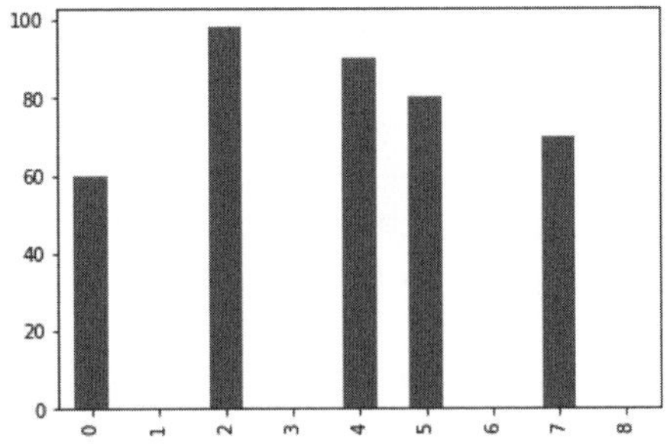

何が起きているのかを理解しましょう。まず、df_students.CALC_101_FINALと書いています。これは、CALC_101_FINAL列を含むシリーズを返します。このシリーズのインデックスは、その出所となったデータフレームのインデックスと同じです。そして、このシリーズに対してplot(kind=‘bar’)関数を呼び出しています。Pythonは、X軸が行インデックス、Y軸がそれに対応する値という棒グラフを描きます。値が抜けているところでは、棒グラフが描かれていないことに注意してください。

もちろん、プロットできるのは棒グラフだけではありません。もっと他のグラフも順次紹介していきます。

このグラフは、これだけでは使い道がありません。インデックスにほとんど意味がないからです。なので、次のコードを試してください。

```
df_students.index = df_students.LAST_NAME
df_students.CALC_101_FINAL.plot(kind='bar')
df_students = df_students.reset_index(drop=True)
```

結果を次ページに示します。

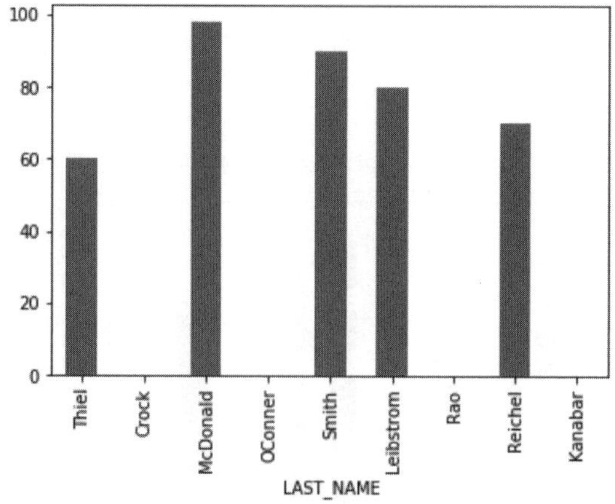

1行目は、データフレームのインデックスをLAST_NAMEに置き換えています（セクション5.5.3参照）。2行目は、CALC_101_FINAL列を、この新しいインデックスをX軸としてプロットしています。3行目は、reset_index()を使ってインデックスをリセットし、オリジナルの行番号に戻しています。

意味のあるX軸でプロットするとき、いちいちインデックスを入れ替えるのでは面倒です。そこでpandasには、plot()を直接データフレームに適用して、工程をもっとわかりやすくする方法があります。

```
df_students.plot(x='LAST_NAME',
                 y='CALC_101_FINAL', kind='bar')
```

<matplotlib.axes._subplots.AxesSubplot at 0x124622250>

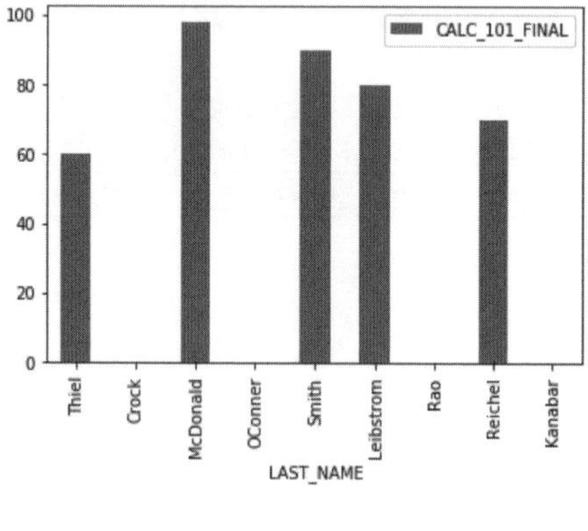

plot()をデータフレームに適用するときに、X軸とY軸に使用する列を引数として渡すことができます。

以上がpandasでのプロットの基本です。この章では、ここへ何度も戻ってくることになります。

6.5 pandasでデータを探索する

これまでかなり時間を割いて、Digの概要説明に伴い、ひとつの真実の資料となるデータセット（分析の基盤になるもの）を作ることの重要性について、説明してきました。こうしたデータセットを作る第一段階は、データを見積もり、探索し、徹底的に理解することです。それを行うためのツールが、pandasにたくさん用意されています。

6.5.1 value_counts関数

最初に紹介する、そしてpandasでもっとも多く使う関数は、value_counts()です。あらゆるシリーズに適用でき、そのシリーズの中で各値がどれだけ登場するかを教えてくれます。たとえば、Digのケースでの注文テーブルを振り返ってみましょう。

```
df_orders.head()
```

	ORDER_ID	DATETIME	RESTAURANT_ID	TYPE	DRINKS	COOKIES	M/
0	O1820060	2018-10-11 17:25:50	R10002	IN_STORE	1.0	2.0	N
1	O1011112	2018-05-31 11:35:00	R10003	IN_STORE	0.0	0.0	N
2	O752854	2018-04-21 18:12:57	R10001	DELIVERY	0.0	2.0	

TYPE列にどんな値があるか、そしてそれらの値がいくつあるかを知りたかったとしましょう。それには、次のコードが使えます。

```
df_orders.TYPE.value_counts()
```

```
IN_STORE     1713136
PICKUP        401440
DELIVERY      272648
Name: TYPE, dtype: int64
```

まずは、df_ordersデータフレームを参照して、TYPE列にアクセスしています。そして、value_counts()を呼び出しています。

その結果、TYPE列には3つの値があることがわかります。そして、それぞれが何回登場するかも示されています。いちばん多いのがIN_STORE（店内）であることが一目でわかりますが、PICKUP（テイクアウト）とDELIVERY（デリバリー）も相当数あります。

value_counts関数は、これらの登場回数を比率で示すこともできます。normalize=Trueを引数で渡してみてください。◆

```
df_orders.TYPE.value_counts(normalize=True)
```

```
IN_STORE     0.717627
PICKUP       0.168162
DELIVERY     0.114211
Name: TYPE, dtype: float64
```

これにより、全注文数のうち72パーセントが店内であることが見てとれます。

技術的な備忘録

まず、pandasでは列にアクセスする方法が2つあったことを思い出してください（セクション5.5.2を参照）。ここでは、ドットを使った記述を行いましたが、こんな書き方もできます。

```
df_orders['TYPE'].value_counts()
```

結果はまったく同一です。

次に、value_counts関数の出力をよく見てください。きちんとしたテーブルの形式に整えられていません。これは、出力がデータフレームではなく、シリーズであることを示唆しています。このシリーズの行インデックスには、コラムの中の一意の要素が含まれています。そして各行の値は、この一意の要素が登場した回数になっています。

理解を深めるために、この結果として得られたシリーズにreset_index()を使ってみましょう。でもこれを実行する前に、どんな出力になるかを予測してみてください。◆

```
df_orders.TYPE.value_counts(normalize=True).reset_index()
```

	index	TYPE
0	IN_STORE	0.717627
1	PICKUP	0.168162
2	DELIVERY	0.114211

今度はデータフレームになりました。そして、Indexが列として追加されています。

セクション6.4で学んだプロット機能を使うと、この結果をグラフ化できます。◆

```
( df_orders.TYPE.value_counts(normalize=True).plot(kind='bar') )
```

```
<matplotlib.axes._subplots.AxesSubplot at 0x131c07290>
```

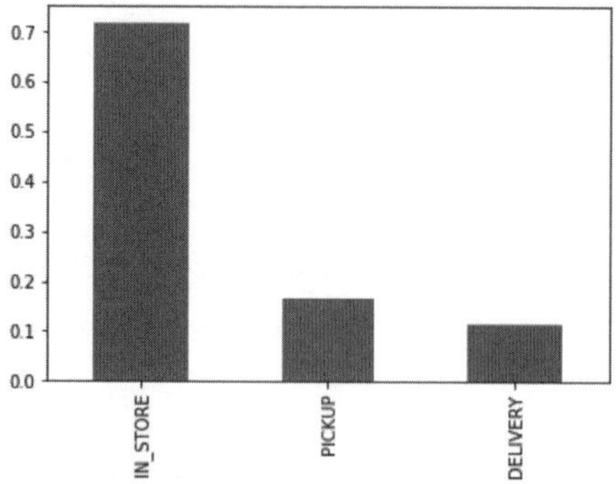

このコードのすべてのステップをしっかり理解してください。まずはシリーズとしてTYPE列にアクセスして、そこにvalue_counts()を適用しています。これが、行インデックスが列の中の一意の要素に対応したシリーズを返します。そして最後に、そのシリーズをプロットしています。行インデックスはX軸に示され、頻度がY軸に示されています。このように連続したコマンドは、まとめて実行する前に、個別に実行してみると、それぞれが何を行っているかを深く理解できるようになります。

次の質問に移りましょう。最高の売上げを記録したのは、どのレストランでしょうか？　その後に続くのはどこでしょう？　答を見る前に、どうやったらその答が出せるか、考えてみてください。◆

これに答えるひとつの方法としては、df_ordersデータセットのRESTAURANT_ID列にvalue_counts()を実行するというものがあります。これは、私たちのデータの期間内での各レストランの注文の数を示します。◆

```
df_orders.RESTAURANT_ID.value_counts().plot(kind='bar')
```

```
<matplotlib.axes._subplots.AxesSubplot at 0x121484c10>
```

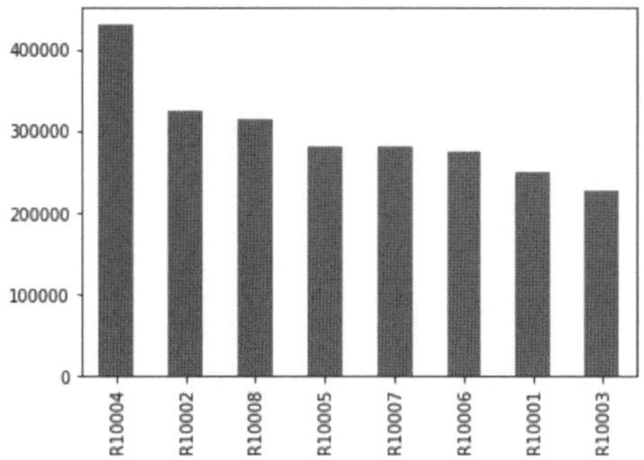

レストランR10004がいちばん活発で、R10003がいちばん元気がないように見えます。df_restaurantsのテーブルを見ると、これらはそれぞれ、NYUとBryant Parkのレストランであることがわかります。第7章では、これらのレストラン名をわざわざ調べなくても自動的に取得できる方法を解説します。

最後の演習として、それぞれのレストランがdf_summarized_ordersのテーブルに何回登場するかを調べる方法を考えてください。◆ ここで、そのテーブルがどんな風だったかを振り返りましょう。

```
df_summarized_orders.head()
```

	RESTAURANT_NAME	DATE	NUM_ORDERS	PERC_DELIVERY
0	Bryant Park	2018-01-01	373	0.0
1	Bryant Park	2018-01-02	789	0.0

ラッキーなことに、このテーブルにはレストラン名が含まれています。では、それらのレストランが何回登場するかを見てみましょう。◆

```
df_summarized_orders.RESTAURANT_NAME.value_counts()
```

```
Upper West Side    365
NYU                365
Flatiron           365
Midtown            365
Williamsburg       365
Columbia           365
Upper East Side    355
Bryant Park        261
Name: RESTAURANT_NAME, dtype: int64
```

このテーブルでは、ほとんどのレストランが365回と表示されています。テーブルにはレストランごとに、1日1行、1年間分のデータが記録されているので、これは予想どおりです。では、Upper East SideとBryant Parkの各レストランの行数は、どう説明したらよいのでしょうか？

Bryant Parkのレストランは、行数が365 − (52 × 2) = 261となっていることに注意してください。毎年、週末は52回あり、週末は2日間です。なので、Bryant Parkでは週末は営業していないと考えられます。実際のところはどうなのか、どうすれば確認できるでしょうか？　それには、データセットに週末のBryant Parkの行がないことを調べる必要があります。残念ながら、そのためのツールをまだ私たちは手にしていませんが、もうすぐに手に入ります（セクション6.7.5）。

この作業の流れは、よく確かめておく価値があります。最初にvalue_counts()を実行してデータが妥当であるかを確認しました。それにより、データに不一致が見つかりました。そして、その不一致はどこに原因があるのか、仮説を立てました。最後に、その仮説が正しいかどうかを確認できると思われる別の方法を特定しました。このプロセスは、データを扱う際の基本です。このアプローチを、これから取り扱うことになるすべてのデータセットに適用することをお勧めします。

締めくくる前に、Upper East Sideのレストランの355の行は、どう説明したらよいのでしょう？　このレストランは国の祝日は休むと仮定できます。これを検証する方法は、後ほど解説します。

6.5.2 数値列の記述とヒストラムのプロット

value_counts関数は非常に大切ですが、数値列にはあまり便利とは言えません。たとえば、summarized ordersのデータにあるNUM_ORDERS列を例に考えてみましょう。これに対してvalue_counts()を実行してみてください「訳注：セクション6.2にあるように、第5章から引き継いだデータを使わないとエラーになります」。

```
df_summarized_orders.NUM_ORDERS.value_counts()
```

その結果、797行以上あることがわかります。実際に行数がわかるのは◆、shapeです。

```
df_summarized_orders.NUM_ORDERS.value_counts().shape
```

```
(797,)
```

なぜこんなに多いのでしょう？　NUM_ORDERS列は、一意の値を多く含んでいます。どの店舗も、毎日たくさんの注文数があるからであり、それぞれの一意の値がvalue_counts()シリーズの1行を占有するからです。

これとは別に、pandasにはdescribe関数があります。これは、数値列の要約統計量を計算してくれます。

```
df_summarized_orders.NUM_ORDERS.describe()
```

```
count    2806.000000
mean      850.756949
std       195.490367
min       200.000000
25%       739.000000
50%       833.000000
75%       949.000000
max      1396.000000
Name: NUM_ORDERS, dtype: float64
```

その結果、NUM_ORDERS列の平均は、1日に851件の注文があり、標準偏差は195件であることがわかります。統計学を受講したことがある方なら、たいていの場合、平均値の2つの標準偏差の間に値が収まることをご存知でしょう。これを使えば、Digは、特定のレストランで特定の日に、注文が特別に多かったり少なかったりする状況を把握できる便利な仕組みを作ることができます。注文が1日461件を下回ると、または1241件を上回るとアラームが鳴るといった具合です[2]。

数値列を説明するグラフを作りたいときは、どうしたらよいでしょう？

もっとも簡単なプロットはboxplot（箱ひげ図）です。次のように作ります。

```
df_summarized_orders.NUM_ORDERS.plot(kind='box')
```

```
<matplotlib.axes._subplots.AxesSubplot at 0x10d9de990>
```

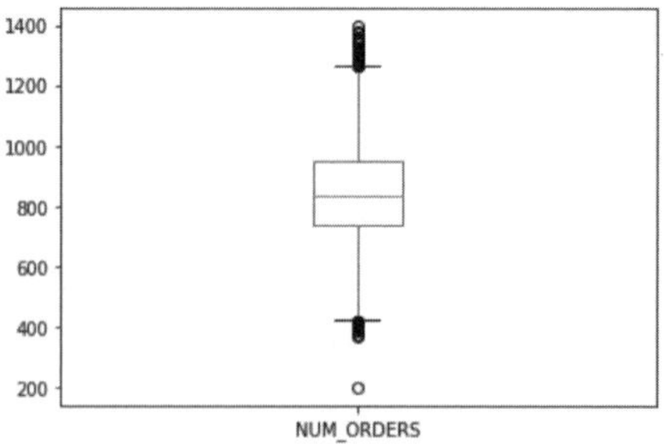

このようなグラフを見慣れていない方のために、説明しましょう。中央の横線は、この列の中間値を示しています（この場合は800よりちょっと上）。その上下の箱は、データの上位と下位の四分位点を表しています。ボックスの上下に、箱の幅の1.5倍の長さでヒゲが伸びています。そして、ヒゲの外側の点は、外れ値として個別に記されたものです。

箱ひげ図は便利ですが、変数が許容できる数値のばらつきを実際に示してくれる、もっと詳しいグラフがほしいところです。ヒストグラムは、まさにそのためのグラフです。数値列の値をX軸に、その値の頻度をY軸に表します。やってみましょう。

```
df_summarized_orders.NUM_ORDERS.plot(kind='hist')
```

<matplotlib.axes._subplots.AxesSubplot at 0x131af09d0>

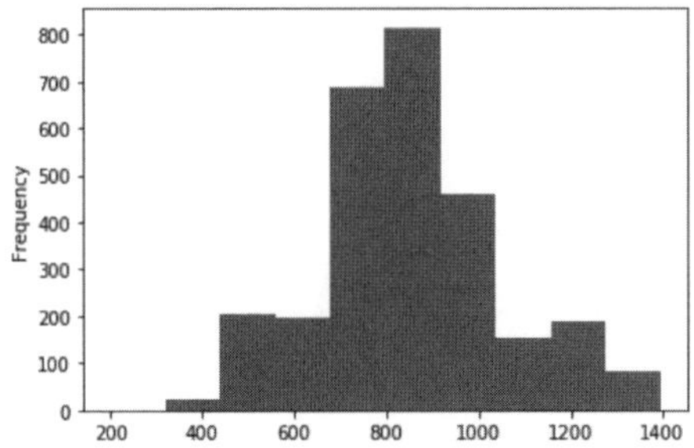

ほとんどの日が、1日に800ほど売り上げています。平均値の両脇には外れ値がいくつか見られます。それについては、後で詳しく説明しましょう。

ヒストグラムをもっと細かくするには、bins引数を使います。これは、ヒストグラムのそれぞれのbin（瓶）、つまり棒を制御できます。◆

```
df_summarized_orders.NUM_ORDERS.plot(kind='hist', bins=30)
```

<matplotlib.axes._subplots.AxesSubplot at 0x121706b10>

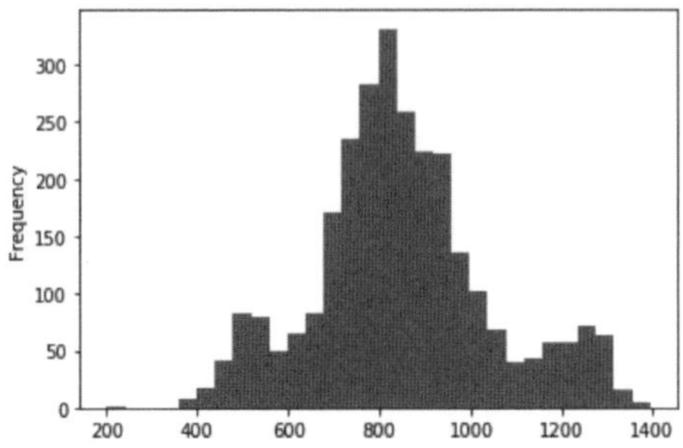

この細かくなったヒストグラムを見ると、1日に3つの「グループ」ができていることがハッキリと見てとれます。500件を中心としたグループ、800件を中心としたグループ、そして1300件を中心としたグループです。

ヒストグラムのY軸のスケールが変わっていることに、気づかれたかも知れません。2つめのグラフでは数値がずいぶん小さくなっています。これは単に、それぞれの棒の高さが、そのバケットのポイントの数を示しているからです。棒の幅が狭くなれば（2つめのヒストグラム）、当然のことながら、それだけ1本の棒が持つポイントは小さくなるわけです。

しかし、これで最適とは言えません。スケールの異なるヒストグラムと比較したいときは、どうでしょう？　ありがたいことに、density = Trueをplot関数に渡せば、すべての棒の合計が1になるようにスケールを変更できます。

```
df_summarized_orders.NUM_ORDERS.plot(kind='hist', density=True)
```

<matplotlib.axes._subplots.AxesSubplot at 0x1218a1790>

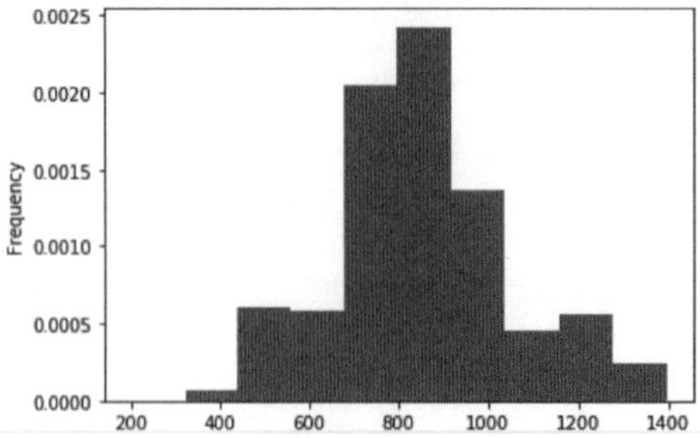

これで、異なるヒストグラムとの比較ができます。

PERC_DELIVERY列（覚えているでしょうか、店舗ごとのその日のデリバリー注文の割合を示すものです）を使えば、同じようなことがわかるのではないかと、考える方もいるでしょう。この列を調べるには、どうしたらよいでしょう？　◆

```
df_summarized_orders.PERC_DELIVERY.hist(bins=40)
```

```
<matplotlib.axes._subplots.AxesSubplot at 0x1218af690>
```

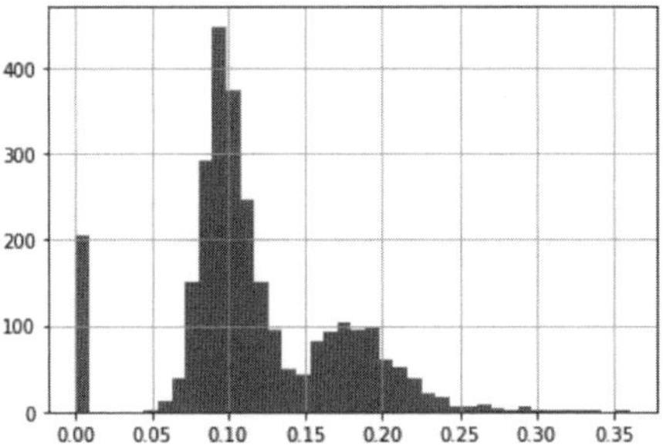

このヒストグラムが何を示唆しているか？　まず、ゼロの地点に大きなピークがあります。ここから、一部のレストランでデリバリーがまったくなかった日が非常に多かったことが察せられます。また、注文のおよそ10パーセント前後がデリバリーだった日の集団があるのもわかります。そして最後に、注文の17パーセント前後がデリバリーだった集団もあります。

ここで疑問が湧いた方もいるでしょう。「0デリバリー」の日はみな同じレストランではないのか（つまり、デリバリーをしていないレストランなのでは）？　デリバリーの数は天気と関連していないか？　心配はご無用。これらの問題の対処法は、これから説明します。

みなさんが思ったであろう最後の疑問は、その2つの変数の間に関連性があるかどうか、でしょう。注文が多かった日は、デリバリーも多かったはずです。また、そうした日は人通りが多かったかです。この質問には、次の散布図行列で答えることができます。

```
import seaborn as sns
sns.jointplot(x='NUM_ORDERS', y='PERC_DELIVERY',
              data=df_summarized_orders, kind='kde')
```

```
<seaborn.axisgrid.JointGrid at 0x1219d9a50>
```

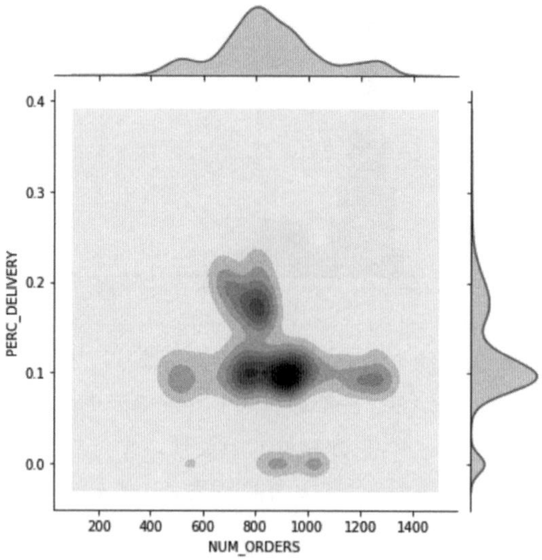

［訳注：実際には等高線で示されます］

このプロットを描くには、seabornライブラリをインポートしなければならないことに注意してください。これは、Pythonに高度なプロット方法をもたらします。周囲の余白部分にあるのは、密度のグラフです。この前の2つの図のヒストグラムの連続した曲線バージョンだと考えることができます[3]。中央にあるのは、この2つの変数が合わさったものを示しています。色の濃さ［訳注：等高線の高さ］によって、そこに置かれたポイントの多さが表されています。たとえば、右上角の明るい部分は、1400件の注文があり、デリバリーが40パーセントだった日がほとんどなかったことを示しています。

ここから何がわかるのでしょうか？　はっきり言って、非常に難しい問題です。グラフのいちばん色の濃い部分を見れば、この2つの変数のもっとも一般的な組合せは、1日に900件程度の注文があり、そのうち10パーセントがデリバリーの店舗だとわかるでしょう。しかしそれ以上のことは、ある程度の信頼性を持って結論づけるのは困難です。その理由のひとつに、色の濃い部分が、残りの部分を覆い隠しているという点があります。

この例は、こうした散布図行列を紹介した理由を示しています。より複雑な視覚化の技を使うときの注意を促すためです。かなり一般的な言い方になりますが、視覚化が複雑になるほど、それを適切に扱うスキルが必要になります。ひとつ前のグラフを見て、Pythonがどのようにそれを作ったかを正確に説明できるでしょうか？　密度のグラフの高さと幅は何が決めているのか？　等高線の間の距離は、どう計算されているのか？　もっとキメの細かいプロットがほしいときはどうするか？　正確に理解できない詳細部分が増えるほど、間違いを犯す危険性が高まります。これを、これまで私たちが作ってきた単純な棒グラフやヒストグラムと比較したとき、どちらがより明確でしょうか。初心者の場合は、『ハリー・ポッターと秘密の部屋』に登場したウィーズリー氏の助言に従うことをお勧めします。「その脳味噌がどこにあるかわからない限り、自分で考えることができるものを決して信用してはならない」。そのプロットがどのように作られたか、自信を持って答えられないならば、それを使うのは考えものです。

6.5.3 集約

この章でこれまで見てきた関数は、どれも何らかの方法でデータを集約しています。value_counts()もdescribe()も、対応する列のすべての値を取得して、それらを何らかの方法で結合させて結果を作っています。

もちろん、データの集約方法は他にもたくさんあります。しかもpandasは、その点において、とても柔軟です。次に紹介するのは、pandasでもっとも便利な集約関数です[(4)]。

- sum()：列のすべての値を合計する。
- max()：列の中の最大値を求める。
- min()：列の中の最小値を求める。
- mean()：列の値の平均値を求める。
- median()：列の中の中央値を求める。
- std()：列の中の値の標準偏差を求める。
- unique().tolist()：列の中の一意の要素を含むリストを返す。

たとえば、次のようにして、Digのデータから注文ごとの飲み物の平均数を求めることもできます。◆

```
df_orders.DRINKS.mean()
```

```
0.09649031678635939
```

同様に、df_summarized_ordersテーブルの中の一意のレストランをすべて取得するには、次のコードを実行すれば済みます。◆

```
df_summarized_orders.RESTAURANT_NAME.unique().tolist()
```

```
['Bryant Park',
 'Columbia',
 'Flatiron',
 'Midtown',
 'NYU',
 'Upper East Side',
 'Upper West Side',
 'Williamsburg']
```

厳密なことを言えば、最後のtolist()は不要です。unique関数は、Pythonにおけるリストのような働きをする「配列」と呼ばれるものを返します。しかし、ここでまったく新しいデータ型を登場させる代わりに、使い慣れたリストに変換したのです。

もうひとつ、便利な集約関数をここで紹介しておきましょう。2つの変数の間の相関です（ちなみに、2つの変数の相関とは、-1と1の間の数値です。0は2つの変数の間に何の関係もないことを示唆します。正の値は、片方の変数が高で、もう片方の変数も高になる傾向がある場合。負の値は、片方が高で、もう片方が低になる傾向がある場合を示します）。これは、ひとつではなく、2つの列を使う（そしてその相関を見る）という点で、これまでの関数とは少し違っています。次のコードは、この関数の使い方を示しています。

```
df_summarized_orders.NUM_ORDERS.corr(
    df_summarized_orders.PERC_DELIVERY)
```

```
-0.1966740921641795
```

データフレームの一部のデータだけを集約することは可能なのかと、疑問に思われているかも知れません。たとえば、注文全体あたりの飲み物の平均数を求めるのではなく、レストランごとのその割合がほしいときもあります。panadsでは、こうしたグループ化された集約も行えます。これについては、第8章でお話しします。

6.6 データフレームのフィルタリング

さて、データフレームの探索に触れたところで、もうひとつ、とても重要な操作について考えてみましょう。データフレームのフィルタリングです。たとえば、ひとつのレストランの注文に対してのみvalue_counts()を適用したい場合もあります。そのためには、まずdf_ordersから、そのレストランの注文だけを抜き出して（フィルターして）、value_counts()を実行しなければなりません。

フィルタリングは、実際にはきわめて簡単です。データフレームの行数と同じ数の、TrueとFalseを値にしたリストを作るだけです。Trueは残したい行、Falseはいらない行です。このリストを、データフレームの名前の後に、角括弧で囲んで入れます。こんな感じです。

```
df_students[ [True, True, False, False, True, False, False, False, True] ]
```

	FIRST_NAME	LAST_NAME	YEAR	HOME_STATE	AGE	CALC_101_FINAL	EI
0	Linda	Thiel	4	CA	22	60.0	
1	Rachel	Crock	1	FL	17	NaN	
4	Daniel	Smith	1	NY	18	90.0	
8	Kavita	Kanabar	1	PA	19	NaN	

その結果、オリジナルのデータフレームから、1、2、5、9行目だけが抜き出されました。

ここでいくつか注意点があります。

- 結果として示されたテーブルの行インデックスを見ると、行インデックスがリセットされていないことがわかります。すべての行は、元のデータフレームでの行インデックスを保っています。つねにリセットしたい場合は、reset_index(drop=True)を使ってください。
- pandasでは、異なるものに同じ表記を行うことがあります。この場合は、データフレームの後の角括弧です。これには、いくつかの意味があります。
  - ○ たとえばdf_orders['DRINKS']のように、角括弧の中に文字列が含まれている場合、pandasはこの列に対応するひとつのシリーズを返します。
  - ○ たとえばdf_orders[['DRINKS', 'COOKIES']]のように、角括弧の中にリストが含まれる場合、pandasはリストの中の列を含むデータフレームを返します。
  - ○ 角括弧の中にTrueとFalseの値のリストが含まれているとき（上の例のように)、フィルターしたデータフレームを返します。
  - ○ この他の角括弧を使った表記方法は、必要以上の混乱を招く恐れがあるため、ここでは解説しません。
- この操作を行っても、データフレームが書き換わることはありません。ただ、フィルターしたバージョンを返すだけです。

たったこれだけです。これでデータフレームのフィルターができました。

もちろん、TrueとFalseの値を使って意味のあるリストを作ることができなければ、特別に便利だとは言えません。たとえば、Columbiaのレストランの注文をフィルターするには、その列の注文がそのレストランのものならTrue、そうでなければFalseという値のリストを作る必要があります。今は、やや抽象的に思えるでしょうが、セクション6.7.3に進めば、その意味が見えてきます。

6.7 コラムの演算

セクション6.5では、pandasでのデータの探索方法を学びました。私たちが取り組んだその操作のすべてに「集約」が含まれています。つまり、ひとつの列のすべての値の関係性から、何らかの結果を得るというものです。

このセクションでは、ひとつの列の中のすべての行に適用される演算を見ていきます。たとえば、各行に1を足す、各行に5を掛ける、または特定の文字列を各行で探すには、どうしたらよいでしょう？　こうした演算は、私たちが行う分析に力を与えてくれます。

6.7.1 計算

計算は、pandasの数値列で、おそらく最初に行うことになる、もっともシンプルな演算です。この点において、pandasはPythonの表記をほぼそのまま踏襲しています。pandasのシリーズ（列）を、ひとつの数値であるかのように扱い、そのように演算することができます。

たとえば、Digが料理を提供するための100個入りの紙のボウルを購入し、それぞれのレストランが1日にこれを何パック使ったかを調べたいとします。これには、次のコードが使えます。◆

```
(df_summarized_orders.NUM_ORDERS / 100).head()
```

```
0     3.73
1     7.89
2     8.18
3     7.82
4     7.19
Name: NUM_ORDERS, dtype: float64
```

ここでは出力結果にhead()を適用して、画面一杯に結果が表示されないように抑えています。

列と100といった数値の計算だけではありません。列同士の演算も行えます。たとえば、注文ごとの「extras」（クッキーや飲み物など）の総数を知りたいとしましょう。それは次のようにします。◆

```
(df_orders.COOKIES + df_orders.DRINKS).head()
```

```
0     3.0
1     0.0
2     2.0
3     1.0
4     0.0
dtype: float64
```

もうひとつの例は、各店舗からの毎日のデリバリー以外の注文の数を計算したい場合です。それには、注文数にデリバリー以外の注文の比率を掛ける必要があります。こんな風にです。◆

```
(df_summarized_orders.NUM_ORDERS *
    (1 - df_summarized_orders.PERC_DELIVERY)).head()
```

```
0     373.0
1     789.0
2     818.0
3     782.0
4     719.0
dtype: float64
```

標準的なPythonとの共通点は、数値だけに留まりません。Pythonで2つの文字列を「足し算」で結合できるように、同じことがpandasでもできます。たとえば、各注文に、注文ID、コロン、注文タイプ（O1279827:PICKUPみたいな）というデータを含む新しいシリーズを作りたいときは、こんなコードを使います。◆

```
(df_orders.ORDER_ID + ':' + df_orders.TYPE).head()
```

```
0     01820060:IN_STORE
1     01011112:IN_STORE
2      0752854:DELIVERY
3       02076864:PICKUP
4     01988898:IN_STORE
dtype: object
```

この演算は、ORDER_ID列を使い、そこにコロンが含まれる文字列ひとつと結合させ、さらにTYPE列と結合しています（ちなみに、2つの異なるデータセットの列でこれを行おうとすると、少々厄介です。これについてはセクション7.6.1でお話ししましょう）。

6.7.2 欠損値

df_studentsを振り返りましょう。

```
df_students.head()
```

	FIRST_NAME	LAST_NAME	YEAR	HOME_STATE	AGE	CALC_101_FINAL	EI
0	Linda	Thiel	4	CA	22	60.0	
1	Rachel	Crock	1	FL	17	NaN	
2	Bob	McDonald	1	FL	18	98.0	
3	Jane	OConner	2	HI	19	NaN	
4	Daniel	Smith	1	NY	18	90.0	

CALC_101_FINAL列を見ると、NaNという文字が見受けられます。pandasでは、欠損値をこう表記します。この学生は、この列に入る値を持っていません。おそらく、このクラスを受講していないのでしょう。

この欠損値の列に計算を行おうとすると、どうなるでしょう？　ご想像のとおり、値がない場合は、結果も出ません。次の例を見てください。

```
df_students.CALC_101_FINAL + df_students.ENGLISH_101_FINAL
```

```
0    100.0
1      NaN
2    163.0
3      NaN
4    170.0
5      NaN
6      NaN
7    120.0
8      NaN
dtype: float64
```

0、2、4、7の行にはそれぞれ、微積分と英語の得点がありました。なので、シリーズに計算結果が示されています。その他の行は、片方の列、またはもう片方の列、あるいは両方の列に値がないため、結果も欠損しています。

この欠損値を、違う形で扱ったらどうなるしょう？　たとえば、それをゼロとして扱ったら？　fillna()というpandasの関数を使えば、欠損値に値を入れることができます。たとえば、CALC_101_ FINAL列の内容を思い出してください。

```
df_students.CALC_101_FINAL
```

```
0    60.0
1     NaN
2    98.0
3     NaN
4    90.0
5    80.0
6     NaN
7    70.0
8     NaN
Name: CALC_101_FINAL, dtype: float64
```

次に、このコードを試してください。

```
df_students.CALC_101_FINAL.fillna(0)
```

```
0     60.0
1      0.0
2     98.0
3      0.0
4     90.0
5     80.0
6      0.0
7     70.0
8      0.0
Name: CALC_101_FINAL, dtype: float64
```

欠損値はすべてゼロに置き換えられました。

したがって、欠損値をゼロに置き換えた状態で以前の足し算を実行したいときは、次のコードが使えます。

```
df_students.CALC_101_FINAL.fillna(0) + (
    df_students.ENGLISH_101_FINAL.fillna(0) )
```

```
0     100.0
1      60.0
2     163.0
3       0.0
4     170.0
5      80.0
6       0.0
7     120.0
8       0.0
dtype: float64
```

最後にもうひとつ、便利な関数にisnull()があります。これは、オリジナルと同じ長さのシリーズを返します。これには、対応する値が欠損値のときにTrueが、そうでないときはFalseが示されます。たとえば……

```
df_students.CALC_101_FINAL.isnull()
```

```
0    False
1     True
2    False
3     True
4    False
5    False
6     True
7    False
8     True
Name: CALC_101_FINAL, dtype: bool
```

notnull関数はその逆を行います。

```
df_students.CALC_101_FINAL.notnull()
```

```
0     True
1    False
2     True
3    False
4     True
5     True
6    False
7     True
8    False
Name: CALC_101_FINAL, dtype: bool
```

こうしたほうがよい理由は2つあります。ひとつには、TrueとFalseの値のシリーズは、セクション6.6で見たように、データフレームのフィルターに使えるという点です。たとえば、次のコードを使うと、CALC_101_ FINALの値が空でない行だけを取り出せます。◆

```
df_students[df_students.CALC_101_FINAL.notnull()]
```

	FIRST_NAME	LAST_NAME	YEAR	HOME_STATE	AGE	CALC_101_FINAL	EI
0	Linda	Thiel	4	CA	22	60.0	
2	Bob	McDonald	1	FL	18	98.0	
4	Daniel	Smith	1	NY	18	90.0	
5	Ben	Leibstrom	1	NY	19	80.0	
7	Omar	Reichel	2	OK	21	70.0	

生成されたデータフレームは、前にもお話ししたように、オリジナルの行インデックスのままであることに注意してください。

ふたつめの便利な使い道は、合計です。TrueとFalseの値のシリーズを合計するとき、pandasはすべてのTrueの値を1に、Falseの値を0として解釈します。そのため、たとえば、CALC_101_FINAL列の空ではない行の数を知りたいときは、このコードでわかります。

```
df_students.CALC_101_FINAL.notnull().sum()
```

```
5
```

データセットの中で、ボウルでの注文の総数は、これを使ってどう求めたらよいでしょう？　ボウルでの注文は、MAIN列では空ではない値を含むものであることを思い出してください。これを試してください。◆

```
df_orders.MAIN.notnull().value_counts()
```

```
True      2275639
False      111585
Name: MAIN, dtype: int64
```

200万件以上の注文がボウルでの注文で、およそ10万件がボウル以外ということです。

この結果を、まずデータセットをボウルの注文の行だけにフィルターしてから、結果として出されたテーブルから行数を割り出すこともできたということも、覚えておいてください。◆

```
df_orders[df_orders.MAIN.notnull()].shape
```

```
(2275639, 10)
```

6.7.3 論理

次に紹介する演算は、論理演算です。この演算は、特定の条件に一致した場合にTrueを、そうでないときはFalseを含む、オリジナルのシリーズと同じ数の値を持つシリーズを返します。

この手の演算は、すでにisnull関数で経験しています。これと同じことが、セクション3.3で学んだすべての比較演算で行えます。

```
(df_orders.DRINKS >= 1).head()
```

```
0     True
1    False
2    False
3     True
4    False
Name: DRINKS, dtype: bool
```

元のテーブルを見直すと、1番目と4番目の行には、少なくとも飲み物がひとつあり、他にはありません。

同様にして、各注文の飲み物がきっちり2つかどうかを見つけ出すこともできます。

```
(df_orders.DRINKS == 2).head()
```

```
0     False
1     False
2     False
3     False
4     False
Name: DRINKS, dtype: bool
```

元のテーブル（df_orders）を見ると、最初の数行には飲み物がきっちり2つというものがありません。

この時点でもう、ずいぶん満足されているかも知れませんね。こうした機能を使えば、もっと面白いフィルタリングがデータフレームで行えます。たとえば、データフレームからクッキーを含む注文を取り出すことができます。それにはこんなコードを使います。◆

```
df_orders[df_orders.COOKIES > 0].head()
```

	ORDER_ID	DATETIME	RESTAURANT_ID	TYPE	DRINKS	COOKIES	M
0	O1820060	2018-10-11 17:25:50	R10002	IN_STORE	1.0	2.0	
2	O752854	2018-04-21 18:12:57	R10001	DELIVERY	0.0	2.0	
27	O1566571	2018-09-02 18:01:47	R10006	IN_STORE	1.0	1.0	
33	O902238	2018-05-14 13:10:44	R10008	IN_STORE	0.0	1.0	
44	O1085575	2018-06-11 21:11:04	R10004	IN_STORE	0.0	1.0	

同じように、クッキーを含む注文の数を求める方法は、この他にもいくつかあります。フィルターしたデータフレームで行数を求める方法と、TrueとFalseのシリーズの合計を求める方法です。

```
df_orders[df_orders.COOKIES > 0].shape
```

```
(476507, 10)
```

```
(df_orders.COOKIES > 0).sum()
```

```
476507
```

さらに同様に、飲み物がぴったり2つの注文の比率も、このコードでわかります。◆

```
(df_orders.DRINKS == 2).value_counts(normalize=True)
```

```
False     0.988726
True      0.011274
Name: DRINKS, dtype: float64
```

飲み物をぴったり2つ含む注文は、わずか11パーセントであることがわかります。

簡単な比較だけではなく、互いに組み合わせることもできます。たとえば、少なくとも飲み物を1つとクッキー2つを含む注文の比率を知りたいとき、飲み物だけの場合は、df_orders.DRINKS >= 1を使うと取得できます。クッキーの場合は、df_orders.COOKIES == 2で取得できます。しかし、これらをひとつにするには、どうしたらよいでしょう？　and演算子を使いたい衝動に駆られるかも知れません。これは、セクション3.2.1のif文の解説に登場したやり方です。残念ながらそこは、panadasと標準的なPythonの記述法とが異なる部分です。こちらは、andではなくアンパサント「&」を使います。そのため、正しい表記は次のようになります。

```
( ((df_orders.DRINKS >= 1) & (df_orders.COOKIES == 2))
                        .value_counts(normalize=True) )
```

```
False     0.995318
True      0.004682
dtype: float64
```

つまり、注文の0.5パーセントが、この条件に一致することがわかります(この後すぐにコラム『よくあるバグ』でも解説しますが、2つの記述はどちらも括弧で囲む必要があります)。

最後に、1つ以上の飲み物と、ぴったり2つのクッキーを含む注文すべてを求めるには、どうしたらよいでしょう？　察するに、if文に登場するorを使いたいと思われたでしょう。しかしこれも、pandasではちょっと違います。ここではパイプ「|」を使います。縦棒に見えるやつです。正しい表記はこうなります。

```
( ((df_orders.DRINKS >= 1) | (df_orders.COOKIES == 2))
                        .value_counts(normalize=True) )
```

その結果、少なくともこの条件のひとつに合致する注文は13.36パーセントであることがわかります。

```
False     0.866356
True      0.133644
dtype: float64
```

よくあるバグ

Pythonの初心者がよく悩まされるバグに、複数の論理文が含まれるときに、括弧の数が合わないというものがあります。たとえば、こんな風にです。

```
( (df_orders.DRINKS >= 1 & df_orders.COOKIES == 2)
                        .value_counts(normalize=True) )
```

このコードを、上の本文のものと見比べてください。2組の括弧が欠落しています。これを実行するとエラーが出ますが、その内容はまったく判読不可能なものです。何が起きているのかと言えば、最初に&（アンパサント）が評価されるので、Pythonは前の行をこのように解釈してしまうのです。

```
( (df_orders.DRINKS >= (1 & df_orders.COOKIES) == 2)
                  .value_counts(normalize=True) )
```

もちろん、これではまったく意味が通じません。だからPythonは文句を言うのです。したがって、&や|を使ったときで、解読不能なエラーが出たときは、個々のステートメントがしっかり括弧で囲まれているかを確認してください。

6.7.4 isin関数

前のセクションでは、それぞれのデータが特定の値と同じであるかどうかを確かめる方法を見てきました。もうひとつ、よく使われる演算に、それぞれのデータが、いくつかの値のいずれかであるかを見るものがあります。これはもちろん、パイプ（|）を使えばわかりますが、かなり面倒なコードになります。たとえば、各レストランのレストランIDがR10001であるかR10002であるかを確かめたいとしましょう（これはそれぞれColumbiaとMidtownのレストランです）。こう記述できます。

```
((df_orders.RESTAURANT_ID == 'R10001') |
    (df_orders.RESTAURANT_ID == 'R10002')).head()
```

```
0     True
1    False
2     True
3    False
4    False
Name: RESTAURANT_ID, dtype: bool
```

isin関数を使えば、次のように、これが一発で書けます。

```
df_orders.RESTAURANT_ID.isin(['R10001', 'R10002']).head()
```

```
0     True
1    False
2     True
3    False
4    False
Name: RESTAURANT_ID, dtype: bool
```

isin()にリストを渡すだけで、シリーズの中の各データがそのリストに含まれているかどうかを確かめてくれます。これは、セクション3.3.7で学んだ、Pythonのinキーワードと似ています。

6.7.5 Datetime列

第5章では、日時を含むデータセットの中の列をPythonで適切にフォーマットする方法について、多くのページを費やしました。いよいよ、あの努力の成果を手に入れるときが来ました。

始める前に、ひとつ伝えておくことがあります。データを扱う人たちの間では、日付は悪く言われがちです。それには、扱いが大変だからという、無理もない理由があります。データサイエンティストの気分を一瞬で暗くさせたければ、複数の異なる時間帯にわたる日時のデータセットを渡してやってください。しかしよいニュースとして、pandasが日付の扱いをとても簡単にしてくれることがあります。ひとつ覚えておくべきは、pandasでのすべての日時の機能は、dtでアクセスできるという点です。

このセクションを進めるにあたっては、私たち自身を特定のビジネス上の質問に身を置くと、わかりやすくなります。具体的には、次の質問に対処することにします。

1. 営業の面で、平日の特定の曜日が忙しくなるか？　平日の売上げは多く、週末は少ない、またはその逆の傾向はあるか？
2. 年間を通して注文のパターンに変化はあるか？　夏に売上げが多く冬に落ち込む、あるいはその逆か？
3. 特定の日の売上げ数を見ることはできるか？

では始めましょう。pandasのDATETIMESで、最初にできること（いちばん簡単なこと）は、日時の特定の部分の抽出です。たとえば、注文が入ったのは、各時刻の何分だったかを見たいとします。それには、こんなコードが使えます。

```
df_orders.DATETIME.dt.minute.head()
```

```
0      25
1      35
2      12
3      50
4      37
Name: DATETIME, dtype: int64
```

元のデータフレームを見ると、結果が正しいことがわかります。この方法を使えば、年、月、日、曜日、時刻、分、秒と、日時のどの部分も抽出が可能です。ここまでは、そんなに驚くほどのことではありません。ちょっと試してみてください。

pandasが本当に輝くのは、日時に関してもっと複雑な情報の抽出を行うときです。もっと便利な例を示しましょう。

- dt.weekdayは、0（月曜）から6（日曜）までで、何曜日かを返します。たとえば、`df_orders.DATETIME.dt.weekday`と試してみてください。day_name()も使えます。これは、曜日の名前を返します（ややこしいのですが、weekdayにはいらなかった括弧が、こちらでは必要になります）。
- weekofyearとdayofyearは、年の始まりからの週の数と日数をそれぞれ返します［訳注：weelofyearは非推奨になったので、代わりにdt.isocalendar().weekを使えと警告が出ます］。
- quarterはその日がどの四半期に入るかを返します。
- normalize()は、日時を返しますが、時刻は深夜0時に合わせられます。なのでたとえば、「January 1, 2019, 1:20pm」は、「January 1, 2019, 12:00am」に変換されます。これは、日ごとの注文を合算したいときなどに便利です。

これらの関数は、前に学んだ方法と組み合わせることで、もっとも便利に使えます。それを見るには、最初の質問に答えてみましょう。曜日によって売上げにパターンがあるかを確かめます。◆

```
( df_orders.DATETIME.dt.weekday.value_counts()
        .sort_index().plot(kind='bar') )
```

```
<matplotlib.axes._subplots.AxesSubplot at 0x132ce2b90>
```

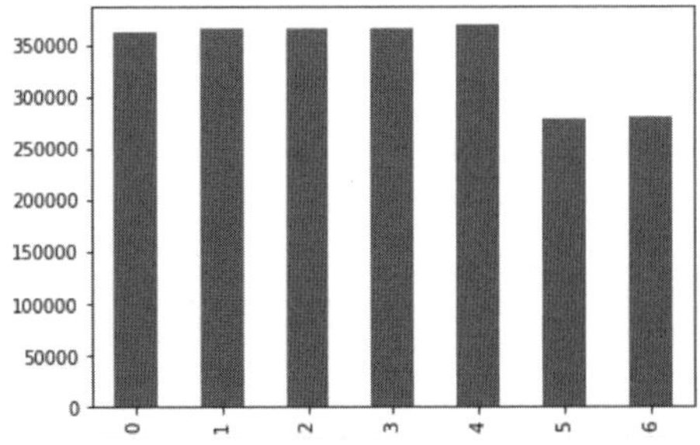

もちろん私たちも、ひとつのPythonステートメントでいろんなことをやろうとしていることを、よく承知しています。ここでは、たとえば、DATETIME列にアクセスして、そこから曜日を抽出し、value_counts()を適用して、月曜日から始まって日曜日で終わるように並べ変えて、それをプロットしています。そこまでできるPythonステートメントの能力は、強力でエレガントなコードを生み出しますが、長いステートメントに当惑してしまいそうになったら、それぞれの部分をひとつずつ見て、それが何をしているのかを確かめるとよいでしょう。

この場合は、最初に`df_orders.DATETIME`を実行し、次に`df_orders.DATETIME.dt.weekday`を、それから`df_orders.DATETIME.dt.weekday.value_counts()`を実行して、最後に全体を実行してください。

このプロットは、平日は売上げがほぼ安定していて、週末に大きく落ち込んでいることを明確に示しています。

ふたつめの例として、次の質問を考えてみましょう。注文は夏にピークと

なるのか？　または、人々は冬にDigの食事に惹かれるのか？　どうしたら、わかるでしょうか？　◆

```
( df_orders.DATETIME.dt.weekofyear.value_counts()
                 .sort_index().plot(kind='bar') )
```

［訳注：上のコードは前述のように警告が出るので、以下のコードも示します］

```
( df_orders.DATETIME.dt.isocalendar().week.value_counts()
                 .sort_index().plot(kind='bar') )
```

```
<matplotlib.axes._subplots.AxesSubplot at 0x1250a2e10>
```

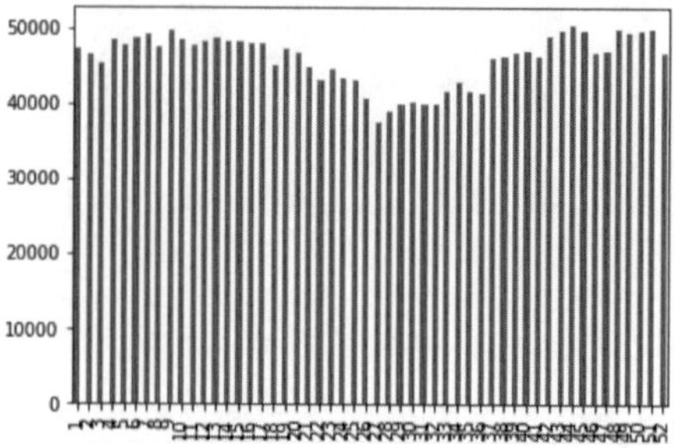

このコードは、最初に1年間にわたる週を抽出し、1年間の各週の注文数を求めています。ここでも、各部分をひとつずつ実行して、それぞれが何をしているかを理解することをお勧めします。明らかに見てとれるのは、20週から30週の間（真夏）に注文が減り、冬に増えていることです[5]。

このプロットは、たしかに仕事をしていますが、ちょっと見にくい感じがします。棒がたくさんひしめいていて、しかも0から始まっているため、違いがわかりにくくなっています。これを直すには、グラフのスタイルを変える必要があります。折れ線グラフです。それをプロットするには、種類を示す引数を変えればよいのです。

```
( df_orders.DATETIME.dt.weekofyear.value_counts()
                .sort_index().plot(kind='line') )
```

［訳注：上のコードは前述のように警告が出るので、以下のコードも示します］

```
( df_orders.DATETIME.dt.isocalendar().week.value_counts()
                .sort_index().plot(kind='line') )
```

```
<matplotlib.axes._subplots.AxesSubplot at 0x1320c1790>
```

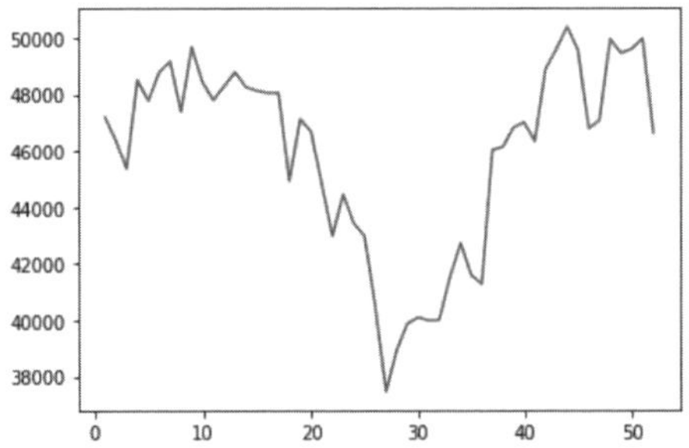

Y軸は、0からではなくなっていることに注意してください。パターンがずっと把握しやすくなりました。さらに、棒グラフではなく折れ線グラフにしたことで、読みやすくもなっています。

最後に紹介する機能は、日付を使った論理です。これは例を見るとよくわかります。次のステートメントを考えてみてください(6)。

```
(df_orders.DATETIME >= '2018-06-01').head()
```

```
0      True
1     False
2     False
3      True
4      True
Name: DATETIME, dtype: bool
```

これは、その行の日付が2018年7月1日以降のときはTrue、そうでない場合はFalseを返すシリーズを作り出しています。

特定の日のすべての注文を求めると、予想どおりの働きをしなくなります。たとえば、2018年6月1日の注文数を調べたいとき、こう記述したくなるでしょう。

```
(df_orders.DATETIME == '2018-06-01').sum()
```

```
0
```

どうして0になるのでしょう？　pandasが右辺の文字列をDATETIMEに変換するとき、どの時刻を使うかがわからないといけません。時刻が提示されないときは、深夜0時を使います。そのため、上のステートメントは、注文数を2018年6月1日午前0時きっかりの時点でカウントします。なのでゼロになるのは当然です。

正しい方法はわかりますか？（ヒント：dt.normalize()が何をするかを振り返ってみてください）。◆

```
(df_orders.DATETIME.dt.normalize() == '2018-06-01').sum()
```

```
6748
```

normalize関数は、毎日の時刻を深夜0時に合わせます。そのため、等価性比較が機能するようになりました。次のようにしてもかまいません。

```
( (df_orders.DATETIME >= '2018-06-01') &
     (df_orders.DATETIME < '2018-06-02') ).sum()
```

```
6748
```

これは、2018年6月1日深夜0時から2018年6月2日深夜0時までの間の注文を示しています。当然、数は同じです。

6.7.6 文字列

第1部では、文字列を扱う演算を数多く見てきました。たとえば、大文字にしたり小文字にしたり、一部を抜き出したりなどです。ここでは、そうした演算を、個々の値ではなく、pandasのシリーズに適用する方法を考えます。まず知っておくべきことは、日時の関数がみなdtキーワードの後ろに隠れていたのと同じく、文字列の関数はstrキーワードの後ろに隠れるという点です。

では、テキストのシリーズを大文字に変換する簡単な関数を見てみましょう。

```
df_items.ITEM_NAME.str.upper().head()
```

```
0                FARRO WITH SUMMER VEGETABLES
1                            SPINDRIFT LEMON
2                         CLASSIC BROWN RICE
3                                   KOMBUCHA
4       CAULIFLOWER WITH GARLIC AND PARMESAN
Name: ITEM_NAME, dtype: object
```

同じく、lower関数もあります。

それでは、「lemon」という言葉を含むメニューアイテムの数を求めてみましょう。こんなコードが使えます。

```
( df_items.ITEM_NAME.str.lower().str
        .contains('lemon').sum() )
```

```
3
```

このステートメントをよく見てください。最初の行では、ITEM_NAME列にアクセスして、すべての値を小文字に変換しています。すべてのインスタンスを、大文字であろうと小文字であろうと「lemon」として受け取れるようにするためです。この演算は、シリーズを返すことに注意してください。なので、再び文字列関数にアクセスするには、再びstrキーワードを使う必要があります。そして、contains関数を使って「lemon」という言葉を探します（このシリーズの中のすべての文字列を小文字に変換したので、小文字で表記すること)。これは、その行のITEM_NAMEに「lemon」が含まれていればTrue、そうでなければFalseとしたシリーズを返します。最後に、その言葉を含む行が合計で3つあることが示されます。

次に、文字列の一部にアクセスする方法を考えましょう。セクション3.5.3では、"Hello"[1:4]として、文字列の中の2、3、4番目のキャラクターにアクセスするといったことを学びました。これと同じことが、strキーワードのあとに角括弧を使うことで、シリーズの中のすべての行に適用できます。たとえば……

```
df_items.ITEM_NAME.str[1:4].head()
```

```
0     arr
1     pin
2     las
3     omb
4     aul
Name: ITEM_NAME, dtype: object
```

これが実際、どんなときに便利になるのでしょう？　すべての注文IDは「O」で始まっていたことを思い出してください。データの品質を確認するときは、実際にそれが当てはまっているかを確かめましょう。◆

```
df_orders.ORDER_ID.str[0].value_counts()
```

```
O     2387224
Name: ORDER_ID, dtype: int64
```

まず、各文字列の最初のキャラクターを抽出して、その最初のキャラクターとして可能性のあるすべての値を求めています。幸い、ここではそれに当てはまるのは「O」だけなので、すべてのIDは予想どおりになっています。

セクション3.5.2で最後に学んだ演算で、ここでも応用したいと思うものに、文字列の分割があります。何らかの理由で、各アイテム名の単語を分割したくなったとしましょう。これは、次のコードで行えます［訳注：(' ')のシングルクォーテーションの間には半角スペースがあることに注意]。

```
df_items.ITEM_NAME.str.split(' ').head()
```

```
0              [Farro, with, Summer, Vegetables]
1                             [Spindrift, Lemon]
2                        [Classic, Brown, Rice]
3                                     [Kombucha]
4    [Cauliflower, with, Garlic, and, Parmesan]
Name: ITEM_NAME, dtype: object
```

これにより、またstrキーワードを使って各要素にアクセスできるようになります。たとえば、各アイテム名の2番目の単語を求めるには、こうします……◆

```
df_items.ITEM_NAME.str.split(' ').str[1].head()
```

```
0      with
1     Lemon
2     Brown
3       NaN
4      with
Name: ITEM_NAME, dtype: object
```

シリーズの中の4番目のアイテムはNaN（欠損値）です。なぜなら、そのアイテム名には単語がひとつしか使われていないからです。そのため、そのアイテム名の2番目の単語を求めると、欠損値が返されるのです。

6.7.7 apply関数

話を締めくくる前に、もうひとつの演算を紹介しておきましょう。apply関数は、自分で定義した関数をシリーズ全体の行ごとに続けて適用するというものです。

ここで、各注文がColumbiaのレストラン（R10001）で出されたものかどうかを求める簡単な例を見てみましょう。やり方は、すでにわかりますね。

こんな感じです……

```
(df_orders.RESTAURANT_ID == 'R10001').head()
```

```
0     False
1     False
2      True
3     False
4     False
Name: RESTAURANT_ID, dtype: bool
```

この方法ではなく、is_columbia()という関数を定義した場合はこうです。

```
def is_columbia(restaurant_id):
    return restaurant_id == 'R10001'
is_columbia(‘R10001’)
```

```
True
```

最後の行は、単に関数のテストをしているだけです。そのレストランがColumbiaならTrueが返され、そうでなければFalseが返されます。

さて、RESTAURANT_ID列のすべての行にこの関数を適用すれば、まったく同じ演算が行えます。

```
df_orders.RESTAURANT_ID.apply(is_columbia).head()
```

```
0     False
1     False
2      True
3     False
4     False
Name: RESTAURANT_ID, dtype: bool
```

魔法です！　この関数をシリーズのすべての行に適応できました。ひとつご注意を。apply()を使うときは、関数名の後ろに括弧を付ける必要はありません。

この段階では、その都度apply()を使えばいいじゃないかと思われるかも知れません。どうして、これまでのセクションに登場したすべての関数に気を使わなければならないのか。自分で思いどおりの関数を定義して、apply()を使えば済むじゃないか、とね？

じつはapply()は、ほとんどの場合、pandasに備わっている同等の演算方法に比べると、かなり速度が遅いのです。Jupyter Notebookでひとつのセルを実行する際にかかる時間を、%%timeディレクティブをセルの先頭で使って測ることができます。こんな風にです……

```
%%time
df_orders.RESTAURANT_ID.apply(is_columbia).head()
```

```
CPU times: user 378 ms, sys: 16.7 ms, total: 395 ms
Wall time: 395 ms

0    False
1    False
2     True
3    False
4    False
Name: RESTAURANT_ID, dtype: bool
```

これにより、実行には395ミリ秒（1秒の1000分の1）かかることがわかりました（実際には多少の差が出ます）。これを、apply()なしで試してみましょう。

```
%%time
(df_orders.RESTAURANT_ID == 'R10001').head()
```

```
CPU times: user 161 ms, sys: 1.29 ms, total: 162 ms
Wall time: 164 ms
```

```
0     False
1     False
2      True
3     False
4     False
Name: RESTAURANT_ID, dtype: bool
```

今度は実行にかかった時間が162ミリ秒でした。ほぼ3倍の速さです。この程度のミリ秒単位なら、作業にはほとんど影響しません。この2つのステートメントの速さの違いは、まず実感できなかっただろうと思います。しかし、たとえばこのステートメントをループに組み込んだり、もっとずっと大きなデータセットで実行するとなると、3倍の速度の差は、即座に答が得られるか、一晩待つかの違いとして現れます。

apply()はシリーズに使う以外に、データフレーム全体にも使えます。次の例を考えてみてください（注意：これは実行に1分以上かかります)。

```
%%time
def total_extras(row):
    return row.COOKIES + row.DRINKS

df_orders.apply(total_extras, axis=1).head()
```

```
CPU times: user 2min 13s, sys: 2.17 s, total: 2min 16s
Wall time: 2min 53s
```

```
0     3.0
1     0.0
2     2.0
3     1.0
4     0.0
dtype: float64
```

まずは、最後の行から見ていきましょう。データフレームに直接、apply関数を使っています。この関数にはaxis引数を渡す必要があることに注意してください。

- axis = 1のとき、関数はすべての行をループします。そして、それぞれの行をtotal_extras関数に渡しています。それが、ここで行われていることです。関数が呼び出されるごとに、行を取得します。
- axis = 0のとき、関数はすべての列をループします。そして、それぞれの列を関数に渡します。これはたとえば、各列の平均を見たいときなどに使います。しかし今は、まったく関係ありません。

関数自体は、じつにシンプルなものです。すべての行に対して、行の中のクッキーと飲み物の数を加算していくだけです。しかしこの演算が完了するまでに、136ミリ秒という途方もない時間がかかります（実際、非常に長い時間がかかるので、一度実行した行の先頭に#を付けてコメントアウトするとよいでしょう。そうすれば、ノートブックを再実行するときに、それほどの時間はかからなくなります）。

直接やった場合、どれくらい時間がかかるか気になると思います。やってみましょう。

```
%%time
(df_orders.COOKIES + df_orders.DRINKS).head()
```

```
CPU times: user 12.9 ms, sys: 11.4 ms, total: 24.3 ms
Wall time: 16.4 ms

0     3.0
1     0.0
2     2.0
3     1.0
4     0.0
dtype: float64
```

今度は、たったの24ミリ秒でした。つまりなんと、ほぼ10倍の速さです。

要するに、できる限り、内蔵の関数を使うことです。それが不可能な場合には、apply()が力を発揮します。

ラムダ関数

関数を定義するもうひとつの方法に、lambda（ラムダ）関数があります。apply()と組み合わせて使うと非常に便利です。新しい機能は導入されず、ただ短い1行の関数を定義するエレガントな方法です。ここでこれを紹介するのは、他の人が書いたコードにこの技が使われていたとき、そうとわかるようにするためです。

total_extras関数を定義したときのコードを、思い出してください。

```
def total_extras(row):
    return row.COOKIES + row.DRINKS
```

次の方法を使っても、まったく同じ関数が定義できます。

```
total_extras = lambda row : row.COOKIES + row.DRINKS
```

これまで見てきた中でも、こんなコードはひとつもありませんでした。ひとつずつ分解して説明しましょう。

- 第一に、lambdaキーワードは、これから1行の関数を定義するということをPythonに知らせます。
- 第二に、この関数の引数の名前が続きます（この場合はrowがひとつだけ）。複数の引数があるときは、カンマで区切ります。
- 第三に、この引数の後にコロンを付けます。
- 第四に、この関数が何を返すのかを記述します。

いちばん混乱するのは、ここからすべてを変数total_extrasに割り当てるところです。こうすることで、total_extras変数は関数となり、最初の方法で定義したものとまったく同じように、関数として使えるようになります。

これが便利なのは、次のように、メインの1行で、apply()をまるごと実行できることです。

```
df_orders.apply(lambda row: row.COOKIES
                                + row.DRINKS, axis=1).head()
```

```
0    3.0
1    0.0
2    2.0
3    1.0
4    0.0
dtype: float64
```

関数を定義する代わりに、apply()にlambda関数を直接渡しています。

ここでは、この簡単な説明だけで、みなさんにlambda関数をマスターしてほしいと思ってはいません。しかし、誰か他の人が書いたコードの中にこれを見たとき、少なくともそれが何なのかがわかるようになってほしいのです。

6.8 データフレームの編集

みなさんは、ここまでの話が既存のデータフレームでの演算にのみほぼ特化して、集中的に進められてきたことに気づかれているかも知れませんね。ひとつかふたつの例外を除いて、編集については一言も説明してきませんでした。つまり、言い換えればデータフレームの変更です。Excelを使ってこられた方は、変なことを言うと感じているでしょう。Excelではセルの編集はごく当たり前の操作（セルにタイプするだけ）ですから。私たちは、そこに触れてきませんでした。

その理由として、ひとつには、pandasを使うときは、Digのデータセットのような非常に大きなデータセットを扱う場合であるという状況が考えられます。そこから考えると、データセットの編集は割に合わない仕事なのです。データセットはデータベースから取得して使うものです。そしていちばんの目的は、そのデータセットの「分析」です。

それにもかかわらず、ある状況においては、データフレームを編集しなければならないこともあります。それをここでお話しします。

6.8.1 列の追加

データフレームに対して行うことになるであろう、最初でもっとも簡単な編集は、列の追加です。たとえば、注文に飲み物があればTrue、そうでなければFalseと記したdf_ ordersテーブルに列を追加するとします。

まず、新しいコラムを追加するシリーズを取得する必要があります。セクション6.7.3で学んだことを使って、df_order.DRINKS > 0を使いましょう。これをデータフレームに追加するのは、これ以上ないぐらいに簡単です。こうするだけです。

```
df_orders['HAS_DRINK'] = (df_orders.DRINKS > 0)
```

ただ左辺の列を参照して、そこに含めたいシリーズとイコールで結んでいます。これは、辞書に新しいキーと値のペアを生成するときと似ています。

ここで重要な注意点があります。角括弧を使った表記しか使えないということです。ドットを使った記述法で列を追加しようとしても、たとえば、HAS_DRINK = (df_orders.DRINKS > 0)としても列は追加できません。

6.8.2 列の削除

列の削除も、同じくらい簡単です。drop関数に列の名前を渡して使うだけです。たとえば、HAS_ DRINK列を削除したいときは、こうします。

```
df_orders = df_orders.drop(columns='HAS_DRINK')
```

簡単な注意点は次の3つです。

- 関数そのものを右辺に適用しても、データフレームは変更されません。その列のないデータフレームを返すだけです。結果を「保存」するには、df_ordersイコールとしなければいけません。
- drop('HAS_DRINK')では、うまくいきません。列の名前を引数に指定してください。
- 複数の列を削除したいときは、関数の列の引数に、文字列ではなくリストを渡します。

6.8.3 列全体を編集する

列全体の編集はきわめて簡単で、そのためのセクションをひとつ設けるほどのこともありません。たとえば、df_summarized_ordersの中のNUM_ORDERSの値を、同じ数を10で割った値に入れ替えたいときは、このようにします。

```
df_summarized_orders['NUM_ORDERS'] =
      ( df_summarized_orders.NUM_ORDERS / 10 )
```

元の列がただ新しい値で上書きされます。この変更を元に戻すには、こうします。

```
df_summarized_orders['NUM_ORDERS'] =
      ( df_summarized_orders.NUM_ORDERS * 10 )
```

列の追加ではなく、列の「編集」では、等号の左辺でドットを使った記述が行えます。

6.8.4 データフレームの特定の値を編集する loc[]

最後に、いちばん複雑な話題を残しておきました。データフレームの特定の値を編集する方法です（つまり、Excelでセルにタイプするようなことです）。

簡単な例から始めましょう。df_summarized_ordersデータフレームに、ORDER_VOLUMEという名前の列を追加して、そこにその日の注文が600件より少なければ「LOW」、600件から1200件の間なら「MEDIUM」、それ以上なら「HIGH」という値を入れるとします。

それには、こんなやり方があります。

1. 「HIGH」という単語を含む列を作る。
2. その列の値を、その日の注文が1200件より少ない場合に「MEDIUM」に入れ替える。
3. その列の値を、その日の注文が600件より少ない場合に「LOW」に入れ替える。

最初のステップは比較的簡単です。こうすればできます。

```
df_summarized_orders['ORDER_VOLUME'] = 'HIGH'
```

次の列では、おそらく、こうしたくなるでしょう。

```
df_summarized_orders[df_summarized_orders.NUM_ORDERS
                <= 1200]['ORDER_VOLUME'] = 'MEDIUM'
```

このステートメントの仕組みは、まずデータフレームを注文が1200件より少ないものだけにフィルターして、その行のORDER_VOLUME列を「MEDIUM」に置き換えるというものです。なぜこれではダメなのでしょうか？

答はかなり微妙です。中身を覗いてみると、データフレームをフィルターするとき、pandasはデータフレームをメモリーにコピーして、オリジナルではなく、そのコピーを返すことがあります。コピーは、完全に個別のオブジェクトとして存在しています。そのため、ORDER_VOLUME列を選択して「MEDIUM」に設定しても、その変更はコピーに対してだけ行われるため、オリジナルのデータフレームは元のまま変わりません[(7)]。

pandasで前のコードを実行してみてください。嬉しいことに、pandasはでっかいエラーをよこしてくれます。そのエラーにはこう書かれています。

```
A value is trying to be set on a copy of a slice from a DataFrame.
```
（値がデータフレームからスライスのコピーに設定されようとしました）

これでエラーの意味がわかりました。pandasは、データフレームの「コピー」の値を変更しようとしていると教えてくれています。

この問題を、どう解決したらいいでしょう？　pandasでは、locキーワードが使えます。データフレームの値のフィルタリングと変更を同時にやってくれます。前のステートメントの正しい記述は、こうなります。

```
df_summarized_orders.loc[df_summarized_orders.NUM_ORDERS
                <= 1200, 'ORDER_VOLUME'] = 'MEDIUM'
```

locを実行するときは、角括弧を使い、フィルターに使いたい行を指定し（データフレームをフィルターするときと同じ）、カンマをタイプし、編集したい列の名前をタイプします。

そんなわけで、私たちの「やること」リストの最終的なステートメントは、こうなります。

```
df_summarized_orders.loc[df_summarized_orders.NUM_ORDERS
               <= 600, 'ORDER_VOLUME'] = 'LOW'
```

このエラーは、前の文脈からは発生しないことに注目してください。次のコードも見てください。

```
df_new = df_summarized_orders[
        ['DATE', 'NUM_ORDERS', 'PERC_DELIVERY']]
df_new['NUM_DELIVERY'] = ( df_new.NUM_ORDERS *
                 df_new.PERC_DELIVERY )
```

最初の行は、df_summarized_ordersデータフレームを単純化しています。2番目の行は、デリバリーの注文のトータルの絶対数を含む新しい列を作っています（注文数にデリバリー注文の割合を掛けています）。信じようが信じまいが、ここでも前と同じエラーが出ます。何があったのでしょう？　データフレームのフィルタリングすらできません。

エラーが発生するのは、最初のステップでデータフレームからいくつかの列を選択しているからです。返されたデータフレームはコピーかも知れませんが、オリジナルのデータフレームを参照しているのかも知れません。そのため、df_newがまったく新しいのか（個別の）データフレームなのか、ただオリジナルを参照しているだけのものなのか、ハッキリしません。後で列を追加して編集するとき、pandasは、新しいデータフレームかオリジナルか、どちらを使いたいのか判断できません。

幸い、この状況は簡単に回避できます。オリジナルのデータフレームの一部を選択するとき、さらに、返されたデータフレームを後で編集する予定があるとき、copy関数を使ってコピーを作って、pandasに明示的にコピーを使うことを教えてやるのです。正しいコードは次のようになります。

```
df_new = df_summarized_orders[
    ['DATE', 'NUM_ORDERS', 'PERC_DELIVERY']].copy()
df_new['NUM_DELIVERY'] = ( df_new.NUM_ORDERS *
                 df_new.PERC_DELIVERY )
```

ちょっと技術的であることは承知しています。また、初めて見たとき、少しわかりづらい感じもします。「値がデータフレームからのスライスのコピーに設定されようとしました」と書かれたエラーメッセージを受け取ったときは、少なくともこの章の中に説明があります。

6.9 さらに演習

たくさん学びましたね！　しかし、この章で私たちが選んだ例は、ややウソっぽく感じられたでしょう。それは、あえてPythonの技そのものに焦点を当ててきたからです。このセクションでは、Digの物語に立ち返り、これまでに学んできたことを使って、もっと現実的な質問に答えていきます。

6.9.1 その他の分析

セクション6.5.1で私たちが思いついた仮説は、検証する価値があります。Bryant Parkの地名は、df_ summarized_ordersデータフレームでは261回しか現れなかったことを思い出してください。そこで私たちは、そのレストランは週末には営業していないとの仮説を立てました。そしてそれを確かめるには、Bryant Parkの記録が週末にはひとつもないことがわかればよいと話しました。答と見る前に、どうぞご自分でそれを割り出す方法を考えてみてください。セクション6.5.1と6.7.5がヒントになります。◆

答はこうです。

```
(   df_summarized_orders
     [df_summarized_orders.RESTAURANT_NAME == 'Bryant Park']
     .DATE
     .dt.day_name()
     .value_counts() )
```

```
Monday        53
Wednesday     52
Thursday      52
Tuesday       52
Friday        52
Name: DATE, dtype: int64
```

ここで何をしているのか、よく調べてみましょう（リストの各数値は、コードの行番号に対応しています)。

1. まずは、df_summarized_ordersから始まっています（最初の数行を見てこのデータフレームの構造を思い出してください)。

2. このデータフレームからBryant Parkを含む行をフィルター。
3. DATE列を抽出。
4. dtキーワードを使ってdatetime関数を実行し、各行の平日の名前を抽出。
5. value_counts()を使って各平日が選択した行のサブセットに何回現れるかを求めています。

結果は、私たちの仮説を明確に裏付けています。このデータセットでは、Bryant Parkには平日（月曜日から金曜日）しかありません。

その他にも、いろいろな分析ができます。データの中で、もっとも売上げの多い日を特定するとしましょう。どうやりますか？　◆

いちばん簡単な方法は、df_summarized_ordersデータフレームをNUM_ORDERS列で並べ変えて、最初の行を見るというものです。

```
df_summarized_orders.sort_values('NUM_ORDERS',
                                  ascending=False).head()
```

	RESTAURANT_NAME	DATE	NUM_ORDERS	PERC_DELIVERY	ORDE
1530	NYU	2018-06-24	1396.0	0.063754	
1397	NYU	2018-02-11	1381.0	0.099203	
1406	NYU	2018-02-20	1371.0	0.068563	
1410	NYU	2018-02-24	1361.0	0.085966	
1683	NYU	2018-11-24	1353.0	0.105691	

上位の5日は、どれもNYUの店舗で、なかでも人気の高い日は2018年6月24日であったことがわかります。これは、New York Prideのパレードが開催された日で、パレードはNYU（ニューヨーク大学）の近くを通りました。なので、当然と言えるでしょう。

私たちのデータの中から、特定のレストランでの最高の売上げを調べるには、どうしたらよいでしょうか？　または、売上げがもっとも多かった平日は？　このチャレンジは、みなさんにお任せしましょう。とは言え、答はこの章のJupyter Notebookとして提供しておきます。

6.9.2 レストランごとのデリバリーの割合

Digの成長で、もっともエキサイティングな一面は、メインのレストランが、デリバリー、テイクアウトの注文、ケータリングにサービスを拡大したことでしょう。これについては、第9章で詳しく解説します。今は、デリバリーサービスにどう投資するかを決める際、各レストランでデリバリーがどう利用されているかを正確に把握することがDigにとってきわめて重要だったという点に注目しましょう。次の分析は、レストランごとのデリバリーによる売上げの比率を求めます(8)。

ウォーミングアップとして、すべてのレストランのデリバリーの平均注文数を出してみましょう。どうやりますか？◆

こうしようと思ったでしょう。

```
df_summarized_orders.PERC_DELIVERY.mean()
```

```
0.11669955062317698
```

ほぼ正解です。しかし完ぺきではありません。なぜかわかりますか？◆

答はちょっと微妙です。これを理解するために、2つの日について考えてみましょう。ひとつは、1000件の注文があり、その20パーセントがデリバリーだった日です。もうひとつは、500件の注文があり、その10パーセントがデリバリーだった日です。デリバリーの平均の割合はどうなりますか？　上の方法では、(10 + 20)/2 = 15パーセントだと言っています。しかし、これは間違っています。最初の日の注文数は多かったので、その分、ウェイトを上げてやるべきだからです。

では正しい計算方法はどうなるでしょうか？◆　デリバリーの注文の合計数を求める必要があります。(1000 × 0.2) + (500 × 0.1) = 250です。これを、注文の総数（1500）で割ります。すると、16.7というパーセンテージが出ます。それほど違ってはいませんが、やっぱり違います。

これを、データフレームではどう表しますか？◆

```
n_deliveries = (df_summarized_orders.NUM_ORDERS
                    *df_summarized_orders.PERC_DELIVERY).sum()
n_deliveries / df_summarized_orders.NUM_ORDERS.sum()
```

```
0.11421131825082187
```

上の2行は、デリバリーの比率に各行の注文数を掛けて、デリバリーの数を出し、その結果を合計しています。次に、それを注文の総数で割っています。結果は、ありがたいことに、ごく近い値になりました。

これを、特定のレストランに対して行うには、どうしたらよいでしょう？◆

コードの中でdf_summarized_ordersのすべてのインスタンスを取り出して、そのレストランでフィルターするという方法を考えたかも知れませんね。しかし、そうではなく、この作業を行う関数を作ってはどうでしょう？◆

```
def percent_delivery(df):
    n_deliveries = (df.NUM_ORDERS * df.PERC_DELIVERY).sum()
    return n_deliveries / df.NUM_ORDERS.sum()

percent_delivery(df_summarized_orders)
```

```
0.11421131825082187
```

データフレームdfを渡すことで、この関数は平均のデリバリーの数を求めます。最初の行で、これを完全なデータフレームに適用して、関数が機能するかを確認し、前と同じ結果を引き出しています。

ではこれを、Columbiaの注文のみを含むデータフレームに適用してみましょう。◆

```
columbia_orders = ( df_summarized_orders
                      [df_summarized_orders.RESTAURANT_NAME
                                              == 'Columbia'] )
percent_delivery(columbia_orders)
```

```
0.10066185558789521
```

ということは、Columbiaのレストランでは、他店よりもデリバリーの注文が少ないようです。

この章のJupyter Notebookでは、すべてのレストランにこの処理を行い、結果をプロットするためのループをお見せします。そこから、Upper East SideとUpper West Sideでは、さらにデリバリーの人気が高いことがわかります。マンハッタンに馴染みのない方のために説明すると、そこは住宅街です。なので、デリバリーの比率が高いのがうなずけます。

また、Bryant ParkとMidtownは、デリバリーの数がとくに低くなっていのがわかります。なぜだかわかりますか？　よくあることですが、特別に有用な情報を含んでいるわけではなく、簡単に説明すれば、これらのレストランは2018年の途中からデリバリーを始めたからです。なのでその年の大半は、それらのレストランのデリバリーの比率がゼロになっています。

6.9.3 人員配置の分析

このデータセットを使った最後の分析は、人員に関するものです。これも、第9章で詳しく説明する予定の話ですが、この問題はDigの物語の中でも決定的な意味を持つものであることを思い出してください。各レストランにスタッフをどう配置するかを判断する上で、各レストランでの平日と週末の両方の需要の内容を把握することが、Digにとっては非常に重要でした。この先を読み進める前に、ちょっと立ち止まって、スタッフ配置のスケジューリングには、Digはどんなグラフをプロットすればよいかを考えてみてください。

◆

私たちが採用した解決策は、レストランごとに2つのヒストグラムをプロットする方法です。ひとつは、平日の注文数の分布を示したもの。もうひとつは、週末の注文数を示したものです。これらのヒストグラムは、それぞれのレストランで遭遇するであろう需要の種類を図示しています。

前のセクションで行ったように、データセットの中の、すべての日の全注文数のヒストグラムをプロットするところから始めましょう。

```
df_summarized_orders.NUM_ORDERS.plot(kind='hist', bins=30)
```

```
<matplotlib.axes._subplots.AxesSubplot at 0x1a693ae850>
```

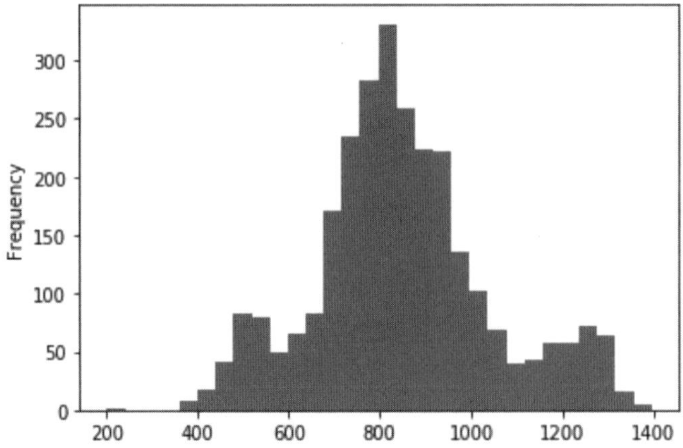

さて、平日のヒストグラムと、週末のヒストグラムを作ろうとした場合、どうしますか？　こんなやり方があります。◆

```
( df_summarized_orders
     [df_summarized_orders.DATE.dt.weekday < 5]
     .NUM_ORDERS
     .plot(kind='hist', bins=30) )

( df_summarized_orders
     [df_summarized_orders.DATE.dt.weekday >= 5]
     .NUM_ORDERS
     .plot(kind='hist', bins=30) )
```

```
<matplotlib.axes._subplots.AxesSubplot at 0x1a9b2768d0>
```

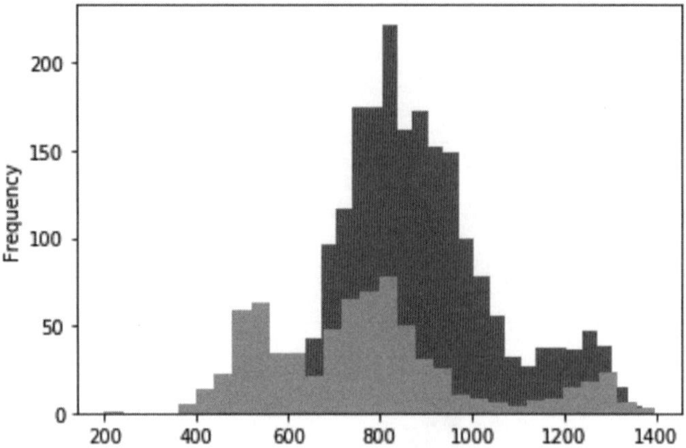

この2つのステートメントは、最初はまったく同じです。ただひとつの例外として、上のものは注文を平日の注文でフィルターし（5未満の数字に相当する曜日）、下のものは週末の注文でフィルターしています（5以上の数字に相当する曜日）。各日付の平日をdt.weekdayで抽出する方法に注目してください。

こちらにとっては好都合なのですが、このプロットには3つの問題があります。ひとつめは、明確にスケールが違うことです。そのため比較が難しくなっています。なぜそうなってしまったか、わかりますか？◆　単にこれは、平日よりも週末のほうが日数がずっと少ないからです。そのため、棒グラフの「1本」あたりの注文数が、週末には少なくなっています。これを修正するには、セクション6.5.2で説明したdensity=True引数を使えば済みます。◆

ふたつめの問題は、2番目のグラフが最初のグラフの一部を覆い隠ししまっていることです。これを修正するには、alpha引数を使います（これは初登場です）。plot関数にalpha=0.5を渡せば、グラフが半透明になります。

最後の問題は、グラフに説明がなく、どちらが平日で、どちらが週末なのかわからないことです。`plt.legend(['Weekdays', 'Weekends']);`というコードを追加すると、グラフが作られた順番に従って、このリストの中の順番で、それぞれの説明が添付されるようになります。最終的に、こんなコードになります。

```
( df_summarized_orders
     [df_summarized_orders.DATE.dt.weekday < 5]
     .NUM_ORDERS
     .plot(kind='hist', bins=30, density=True) )

( df_summarized_orders
     [df_summarized_orders.DATE.dt.weekday >= 5]
     .NUM_ORDERS
     .plot(kind='hist', bins=30, density=True, alpha=0.5) )

plt.legend(['Weekdays', 'Weekends'])
```

```
<matplotlib.legend.Legend at 0x1a6925dd50>
```

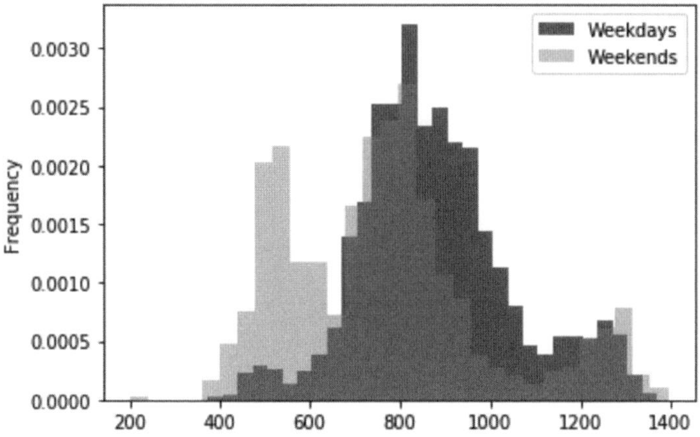

最後に、ループを使って、この結果を、すべてのレストランに個別にプロットします。自力でチャレンジしたい方は、次ページの答を見ないで頑張ってみてください。◆

```
# Rename the df_summarized_order DataFrame to shorten
# our code
df_so = df_summarized_orders

# Loop through each restaurant
for r in df_so.RESTAURANT_NAME.unique().tolist():
    # Print the restaurant name
    print(r)

    # Filter the orders down to this restaurant
    df = df_so[df_so.RESTAURANT_NAME == r]

    # Plot weekday and weekend histogram
    ( df[df.DATE.dt.weekday < 5]
        .NUM_ORDERS.plot(kind='hist', bins=30,
                                   density=True) )

    weekend_rows = (df.DATE.dt.weekday >= 5)
    if weekend_rows.sum() > 0:
        ( df[weekend_rows]
          .NUM_ORDERS.plot(kind='hist', bins=30,
                              density=True, alpha=0.5) )

    # Create a legend
    plt.legend(['Weekday', 'Weekend'])

    # Show the plot at each stage of the loop
    plt.show()
```

1行ずつ見ていきましょう（先頭の番号は、コードの行数に対応しています）。

3. `df_so = df_summarized_orders`

これは単に、df_summarized_ordersデータフレームの名前を短いものに変更しているだけです。コードを簡潔に、見やすくするためです。

6. `for r in df_so.RESTAURANT_NAME.unique().tolist():`

ここでは、最初に一意の各レストランのリストを作り、ループさせています。ここで各レストランの名前を格納する変数rを呼び出しています。なので、rには、最初にBryant Park、次にColumbia、そしてFlatironと、次々と格納されていきます。

8. `print(r)`

レストランの名前をprintし、どのレストランを見てるのかをわかるようにしています。

11. `df = df_so[df_so.RESTAURANT_NAME == r]`

これは、完全なsummarized ordersデータフレームを取得し、rレストランに関連する行だけをフィルターしています。これ以降のコードは、フィルターされたデータフレームdfに基づくものとなります。

14. ここでは、dfを週末の行だけをフィルターしています。具体的には、`df. DATE.dt.weekday < 5`（月曜日から金曜日）としています。これを、前にやったようにヒストグラムにプロットしています。

18. これは、その行が週末に対応していたらTrue、それ以外はFalseというdf_so_filteredと同じ行数の、weekend_rowsというシリーズを作っています。

19. ここは、これまでは使う必要がありませんでした。これは、レストランの週末の行がひとつでもあるかを確認するものであり、ひとつでもあれば週末のヒストグラムをプロットするというものです。行を含まないデータフレームのヒストグラムをプロットしようとするとpandasがエラーを出してしまうので、残念ながらこれが必要になります。

20. 前に見たように、週末のヒストグラムをプロットします。

25. 説明を付けます。

28. `plt.show()`

最後に、ここで生成したグラフを並べて表示します。この行がないと、Pythonはこれらのグラフを、それぞれ並べて表示させるのではなく、すべてひとつに重ねて表示してしまいます。このステートメントを外して、どんな表示になるかを試してみてください。

ここでは紙面の関係で、結果として作られたヒストグラムをすべて掲載できませんが、最初の3つだけを次ページでお見せしましょう。

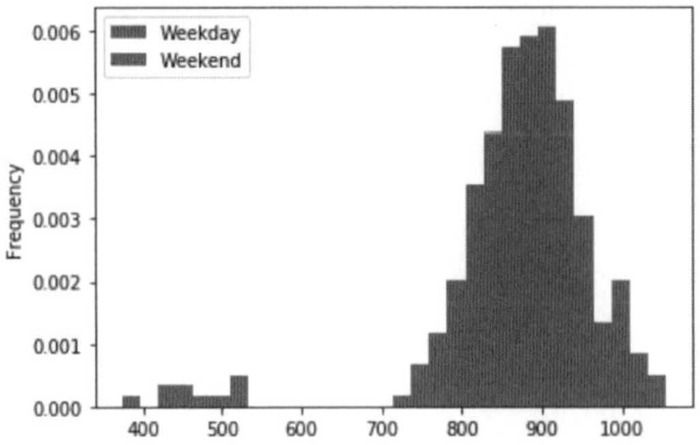

Columbia

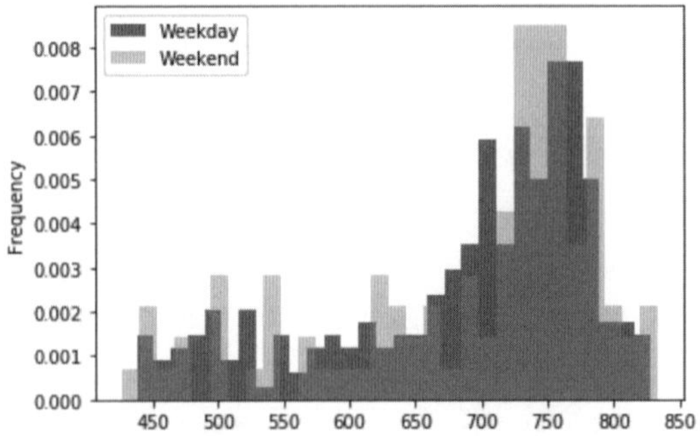

Flatiron

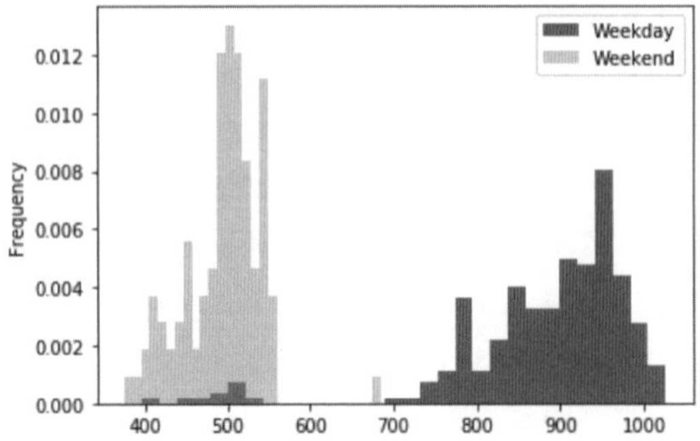

これらのヒストグラムから、各レストランの注文のパターンに関する情報がたくさん読み取れます。少し時間をかけて、細かい部分までよく観察して、これらが何を示唆しているかを考えてみてください。◆

私たちが感じたことを以下に書きます。

- Bryant Parkでは、平日のヒストグラムがひとつだけ、週末のヒストグラムはなしです。これは、前に私たちが発見したとおり、Bryant Park店は週末に営業していないためで、納得がいきます。
- Columbiaのような一部の店舗では、平日と週末の分布は同じです。そこから、平日と同じだけ週末にも客が来ることが見てとれます。FlatironやMidtownなど他の店舗では、分布は少々違います。平日のほうが、週末よりも注文が多くなっています。これも、これらの地域はビジネス街に属していて、週末には注文数が減ると思えば、納得できます。
- Flatironのレストランの場合、週末の分布は、もっと幅が広く平坦な平日の分布よりも、ずっと狭くなっているという、面白い現象が見られます。これは、週末の注文数のほうが確実性が高いため、週末は比較的、事前の人員配置が楽に行えることを示唆しています。

6.10 まとめ

この章では、多岐にわたっていろいろ学びました。本書で使うことになるpandasの基本的な記法をたくさん解説し、そうした基本のツールですら、ビジネス上の知見を導き出すことができることを学びました。

これまでの分析は、しかしながら、ひとつのデータセットだけを含むものでした。実際の現場では、答を出すべく取り組むべき数多くの質問には、いくつものデータセットを組み合わせたクエリが求められます。次の章では、複数のデータセットを組み合わせてより複雑な分析を行うには、pandasをどう使えばよいかを学びます。

第7章 データセットを合体する

これまで、pandasで行えるさまざまな演算を多方面にわたり理解してきました。pandasでのデータの格納、読み込み、書き出しについて学び、Pythonでのデータの探索、操作、変更も学びました。

しかし、何かが抜けています。第5章のDigのケーススタディを思い出してください。あの物語に何度も何度も登場していた主要なテーマは、複数のデータセットを組み合わせて、有意義な分析を行うことでした。

この章では、複数のデータセットを組み合わせる理由と、その方法について考えます。そして、こうした操作のためにpandasに備わっているメソッドを見ていきます。

7.1 この章で学ぶこと

この章には2つの目標があります。ひとつめは、複数のデータセットを扱う作業をどう考えるかを、みなさんに教えること。データセットを結合する方法には何があるか？ いつ、どれを使うべきか？ です。ふたつめは、そうしたさまざまな結合方法を実際に使うときのpandasの文法の紹介です。この2つのテーマについて学んだ後、締めくくりとして、それをDigの注文データセットに応用します。

7.2 この章で必要になるもの

始める前に、この章のための新しいJupyter Notebookを作っておきましょう。また、章の途中でファイルを保存する「Chapter7」というフォルダを作りましょう。このノートブックとフォルダは、どちらもセクション5.2で作った「Part2」フォルダの中に作ってください。

まずは、必要なパッケージをインポートします。最初のセルに、次のコードをペーストしてください。

```
import pandas as pd
import matplotlib.pyplot as plt
```

次に、第5章の最後に保存したファイルを読み込みます。これを行うには、次のコードを2番目のセルにペーストして実行してください（このファイルはセクション7.9まで使いません）。

```
df_orders = pd.read_pickle('Chapter5/orders.pickle')
df_items = pd.read_pickle('Chapter5/items.pickle')
df_restaurants = ( pd.read_pickle(‘Chapter5/restaurants.pickle') )
```

いつものように、この章のJupyter Notebookと前の章のファイルも、本書のウェブページに用意してあります。

7.3 データセットを組み合わせる：序論

始める前に、「データセットを組み合わせる」とはどういうことかを、そしてなぜこれが重要な操作なのかを、確かめておくことが大切です。それには、例を使って説明するのがいちばんです。ちょっと考えてみましょう。

- Digの注文データセットでは、注文ごとに、注文に含まれるアイテムのIDが記録されていますが、アイテムの名前は含まれていません。別のデータセットに、IDとそれに対応するアイテム名が記されています。注文の中のすべてのアイテムのリストを作るには、これら2つのデータセットを組み合わせなければなりません。
- 次の3つのテーブルを含む大学のデータセットを考えてみてください。
  - ○ ひとつのテーブルには、全日制の学生の名前と、その詳細（担当教員の名前など）が記されている。
  - ○ ひとつのテーブルには、定時制の学生の名前と、その詳細（担当教員の名前など）が記されている。

○　ひとつのテーブルには、特定のクラス（Python入門など）での学生の成績が記録されている。

この3つのデータセットは、それぞれの目的においては便利に使えますが、いろいろな質問に答えるには、これらの組み合わせが必要になります。たとえば、「Python入門」のクラスでB以下の成績だったすべての学生の担当教員の名前を特定したい場合はどうでしょう？　または、各担当教員に、受け持っている学生全員について報告したいときは、どうでしょう？　それとも、成績の悪い学生が不均衡に配分されていないかを確かめたい場合はどうでしょうか？

- 配車サービスの会社が、3つのデータセットを管理していたとします。ひとつは各ドライバーのリスト。ひとつは乗車した各ドライバーの先月の運行履歴のリスト、そしてもうひとつは、ドライバーの端末に、もっとアプリを活用して客を拾うよう促す通知が送られた記録のリストです。この通知が、どれほどドライバーの運行回数に影響を与えているかを知りたいときは、それらのデータセットを組み合わせる必要があります。
- eコマースの会社が次のデータセットを管理していたとします。

○　ひとつは会社のウェブサイトからの注文のリスト。

○　ひとつは顧客とその詳細データのリスト。

○　ひとつはすべての商品とその特徴のリスト。

この会社は、ある特徴を持つ商品が他のものと比べて人気が高いかどうか、または、顧客の特性と注文パターンの関連性（東海岸の顧客は西海岸の顧客よりも注文回数が多いかなど）などを知りたくなるはずです。これらの質問に答えるには、これら3つのデータセットをすべて組み合わせなければなりません。

- いくつかのデータセットを管理するコールセンターがあったとします。

○　ひとつはコールセンターの従業員の氏名のリスト。

○　ひとつは各従業員に支払われた給料の給与明細。

○　ひとつは電話の通話回数と通話時間のリスト。

これらのデータセットを組み合わせることで答えられる質問は、たくさん考えられます。たとえば、従業員の給与と通話回数の関連性などです。

ここで説明したような形の組み合わせの能力は、pandasのもっとも強力な機能のひとつですが、正しく適用するには、少々厄介な面もあります。その力を存分に発揮させる方法を解説するには、それだけで1冊の本になってしまいます。『MBAのためのデータベース』みたいなタイトルになるでしょう(どうぞお楽しみに……)。この章では、この先へ進むために必要となる基本を押さえ、pandasにどのように適用するかを解説します。

7.4「おもちゃ」データセット

Digのデータセットから「卒業」する前に、データセットの組み合わせの仕組みを学ぶための、簡単な練習用の「おもちゃ」データセットを使って練習しましょう。これは、前に使った大学の試験のリストを元に作ったものです。このデータセットは、Excelのワークブックに、タブごとに分けて保存されています。私たちはこのワークブックを、セクション5.2でダウンロードしているので、以下の方法で読み込むことができます。

```
df_full_time = pd.read_excel('raw data/university.xlsx',
                             sheet_name='full_time')
df_part_time = pd.read_excel('raw data/university.xlsx',
                             sheet_name='part_time')
df_grades = pd.read_excel('raw data/university.xlsx',
                          sheet_name='grades')
```

では、このデータセットをひとつずつ見ていきましょう。まずは、df_full_timeデータフレームです。これは、全日制の学生の詳細（基本的に、head()を使って最初の数行だけをprintするようにしていますが、ここではテーブル全体を示したほうがわかりやすいので、そうします)。

```
df_full_time
```

	student_id	first_name	last_name	adviser
0	1	Melvin	Ware	Prof Duncan
1	2	Thomas	Moore	Prof Brown
2	3	Joseph	Paul	Prof Alvarez
3	4	Sarah	Cruz	Prof Duncan

次は、df_part_timeデータフレームです。定時制の学生の詳細が記録されています。

```
df_part_time
```

	student_id	first_name	last_name	adviser
0	5	David	Freeman	Prof Duncan
1	6	Elizabeth	Brown	Prof Duncan
2	7	Amanda	Schultz	Prof Kennedy
3	8	Tanner	Perkins	Prof Alvarez
4	9	Ashley	Gonzales	Prof Kennedy
5	10	Latonya	Porter	Prof Alvarez
6	11	Jacinda	Peterson	Prof Alvarez

最後は、df_gradesデータフレームです。「Python入門」を受講しているすべての学生の成績が記されています。

```
df_grades
```

	student_id	final_grade
0	1	95
1	3	71
2	6	76
3	7	91
4	8	75
5	11	59
6	15	86

今のところは、簡単な作業に集中しましょう。「Python入門」を受講しているすべての学生の、名前、担当教員、最終成績のリストを作ります。初っぱなから、いくつか問題に気づかれたでしょう。◆

ひとつめは、学生は2つのファイルにまたがっていること。ふたつめは、成績が別のファイルにあること。みっつめは、成績ファイルに記録されているひとりの学生（学生ID 15）は、学生ファイルに記録されていないということ、です。

最初に見たときは、この最後のエラーは奇妙に感じられるかも知れません。学生の情報テーブルに存在しない学生の成績が、どうして登録されているのか？　残念ながら、この手のエラーは、さまざまな原因から実際のデータセットではつねに起こり得ることです（たとえば、退学して学生リストから削除されたとか、成績を入力する人が間違えたなど)。私たちは、こうした問題を適切に処理するだけでなく、データに存在し得るエラーに気づくために、問題を検出できるようにならなければなりません。

7.5 5つの結合のタイプ

これで、テーブルを結合させる準備ができました。ひとつ白状しますと、pandasではテーブルを結合する方法が本当に途方もなくたくさんあり、そのすべてが多かれ少なかれ同じことをします（ある意味それは、この操作がいかに大切かを証明するものでもありますが)。初心者にとって、この問題は、それに変わる数々の強力なメソッドという混乱を追加するまでもなく、十分に混乱をきたすものです。そのためこのセクションでは、結合の各種類につき、あえてひとつのメソッドだけを選択しました。もっとも一般的だと思われるものです。もっと多くのデータを扱うようになれば、その他のメソッヅにも慣れてくることでしょう。

7.5.1 連結

最初の、そしていちばん単純な、2つのテーブルをつなぎ合わせる方法は、「union」(連結)と呼ばれるものです。これは基本的に、ひとつのテーブルが半分に分割されてできた2つのテーブルを合体させるときに役に立ちます。テーブルの分割は、いろいろな理由で行われます。テーブルが大きすぎて一度に転送できず、やむを得ずいくつかに分割しなければならない場合もあれば、ここに示した例のように、論理的な部分に分割される場合もあります。ひとつのテーブルには全日制の学生、もうひとつには定時制の学生といった具合です。

連結は、こうした異なる部分を単純に結合してひとつの大きなテーブルにします。pandasで連結を行うには、pd.concat関数を使い、結合させたいデータフレームを渡すだけです。

```
df_students = pd.concat([df_full_time, df_part_time])
df_students
```

	student_id	first_name	last_name	adviser
0	1	Melvin	Ware	Prof Duncan
1	2	Thomas	Moore	Prof Brown
2	3	Joseph	Paul	Prof Alvarez
3	4	Sarah	Cruz	Prof Duncan
0	5	David	Freeman	Prof Duncan
1	6	Elizabeth	Brown	Prof Duncan
2	7	Amanda	Schultz	Prof Kennedy
3	8	Tanner	Perkins	Prof Alvarez

いくつか注意点があります。

- データフレームをリストに入れ忘れるというバグが、よくあります。上のように記述せず、pd.concat(df_full_time, df_part_time)と書いてしまうとエラーが出ます。
- それぞれのオリジナルのデータフレームの行インデックスは、結合されたデータフレームでもそのまま保持されます。そのため、行インデックスが重複することがあります。たとえば、前述のテーブルのMelvin WareとDavid Freemanは、どちらも行インデックスが0です。この本では、あまり行インデックスは使わないため、理論的にはそれでもまったくかまわないのですが、行インデックスを一意にしたいときは、インデックスをリセットしてください。

```
df_students = ( pd.concat([df_full_time, df_part_time])
                          .reset_index(drop=True) )
df_students
```

	student_id	first_name	last_name	adviser
0	1	Melvin	Ware	Prof Duncan
1	2	Thomas	Moore	Prof Brown
2	3	Joseph	Paul	Prof Alvarez
3	4	Sarah	Cruz	Prof Duncan
4	5	David	Freeman	Prof Duncan
5	6	Elizabeth	Brown	Prof Duncan
6	7	Amanda	Schultz	Prof Kennedy

- 結合したテーブルで、最初の行の出所を把握したいときもあるでしょう。それは、結合する前に、元の2つのテーブルに、それぞれ出所を示す列を追加しておけばよいのです。

```
df_full_time['student_type'] = 'full_time'
df_part_time['student_type'] = 'part_time'
pd.concat([df_full_time, df_part_time]).reset_index(drop=True)
```

	student_id	first_name	last_name	adviser	student_type
0	1	Melvin	Ware	Prof Duncan	full_time
1	2	Thomas	Moore	Prof Brown	full_time
2	3	Joseph	Paul	Prof Alvarez	full_time
3	4	Sarah	Cruz	Prof Duncan	full_time

- 連結を使って結合されるテーブルは、列数が同じでなければなりません。

7.5.2 内部結合、左結合、右結合

2つめの問題を考えましょう。df_gradesとdf_studentsを結合して、下のようなテーブルにしたい場合です。

	student_id	final_grade	first_name	last_name
0	1	95	Melvin	Ware
1	3	71	Joseph	Paul
2	6	76	Elizabeth	Brown
3	7	91	Amanda	Schultz
4	8	75	Tanner	Perkins
5	11	59	Jacinda	Peterson

簡単そうに見えるでしょ？　しかし、結合となると、細部に悪魔が宿ります！

最初に必要となるのは、片方のテーブルからもう片方へ、行をどのようにマッチさせるかを指示することです。例を使って説明するのが、もっとも簡単でしょう。df_studentsの行とdf_gradesの行が揃うことを、pandasはどうやって知るのでしょう？　この場合は、じつに単純です。student_idの同じ値の行を探せばよいのです。この列は、この結合における「結合キー」となります。そして、これがすべての結合の最初の材料となります。多くの場合、各行を一意に特定する列が結合キーになります。後で説明しますが、2つの列を使うこともあります。

これがわかったところで、ひとつ厄介な問題が持ち上がります。student_idが最初のテーブルにはあるのに、2つめにないとき、またはその逆のときは、どうしたらよいのでしょう？　この場合は、先ほど見てきたように、student_id 15はdf_gradesにはあるのに、df_studentsにはありません。また、student_id 2は、「Python入門」を受講していません。そのため、この学生はdf_gradesには載っていないのです。こんなとき、私たちにできることが、3つあります。

- 両方のテーブルにある行だけを含める。どちらかのテーブルで行が欠けていた場合、それは捨てます。この方法は「内部結合」と言います。その結果、テーブルはこんな形になります。

	student_id	final_grade	first_name	last_name
0	1	95	Melvin	Ware
1	3	71	Joseph	Paul
2	6	76	Elizabeth	Brown
3	7	91	Amanda	Schultz
4	8	75	Tanner	Perkins
5	11	59	Jacinda	Peterson

- すべての行を含める。片方のテーブルだけに現れる列も、両方にある列も、かまわず結合します。これは「外部結合」と言います。結果はこうなります。

	student_id	final_grade	first_name	last_name	adviser
0	1	95.0	Melvin	Ware	Prof Duncan
1	3	71.0	Joseph	Paul	Prof Alvarez
2	6	76.0	Elizabeth	Brown	Prof Duncan
3	7	91.0	Amanda	Schultz	Prof Kennedy
4	8	75.0	Tanner	Perkins	Prof Alvarez
5	11	59.0	Jacinda	Peterson	Prof Alvarez
6	15	86.0	NaN	NaN	NaN
7	2	NaN	Thomas	Moore	Prof Brown
8	4	NaN	Sarah	Cruz	Prof Duncan
9	5	NaN	David	Freeman	Prof Duncan
10	9	NaN	Ashley	Gonzales	Prof Kennedy
11	10	NaN	Latonya	Porter	Prof Alvarez

片方のテーブルで値が欠けているときは、pandasはそれに対応する場所にNaNという特別な値を入れます。これは欠損値を示す記号です（セクション6.7.2参照）。たとえば、student_id 15の名前と、student_id 2の最終成績は、欠損になっています。

- いずれか片方のテーブルにすべての行を含める。たとえば、df_gradesのテーブルのすべての行を保持できます。すると、こうなります。

	student_id	final_grade	first_name	last_name
0	1	95	Melvin	Ware
1	3	71	Joseph	Paul
2	6	76	Elizabeth	Brown
3	7	91	Amanda	Schultz
4	8	75	Tanner	Perkins
5	11	59	Jacinda	Peterson
6	15	86	NaN	NaN

または、df_studentsテーブルのすべての行を含めると、こうなります。

	student_id	final_grade	first_name	last_name
0	1	95.0	Melvin	Ware
1	2	NaN	Thomas	Moore
2	3	71.0	Joseph	Paul
3	4	NaN	Sarah	Cruz
4	5	NaN	David	Freeman
5	6	76.0	Elizabeth	Brown
6	7	91.0	Amanda	Schultz
7	8	75.0	Tanner	Perkins
8	9	NaN	Ashley	Gonzales
9	10	NaN	Latonya	Porter
10	11	59.0	Jacinda	Peterson

こうした結合を行うとき、私たちはよく、片方のテーブルを「左テーブル」、もう片方を「右テーブル」と呼びます。どっちがどっちでもかまいませんが、ここでは、df_gradesを「左テーブル」、df_studentsを「右テーブル」としましょう。左結合では、「左テーブル」のすべての行が保持されます。右結合では、「右テーブル」のすべての行が保持されます。

7.6 pandasの結合

まとめると、Pythonにはテーブルを結合する方法が5つあります。ひとつめは連結。2つに分かれたテーブルをひとつにまとめるというだけのものです。

次が結合キーを使う4つの方法。この5つの結合には、5つの「構成要素」があります。

- 左テーブル（df_grades）
- 右テーブル（df_students）

- 左テーブルの結合する値が含まれる列（student_id）
- 右テーブルの結合する値が含まれる列（student_id）
- 結合のタイプ

下の表は、その4つの結合方法を、ベン図による図解とともに要約したものです。円形はそれぞれのテーブルを示しています。

Join type（結合タイプ）	**Description**（解説）
Left join（左結合） 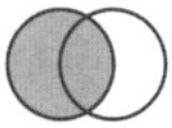	Keep all the rows in the left dataset. Bring in rows from the right dataset if they exist. 左のデータセットのすべての行を保持。それに相当する行が右のデータセットにあれば、そこに入れる。
Right join（右結合） 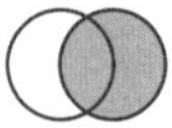	Keep all rows in the right dataset. Bring in rows from the left dataset if they exist. 右のデータセットのすべての行を保持。それに相当する行が左のデータセットにあれば、そこに入れる。
Inner join（内部結合） 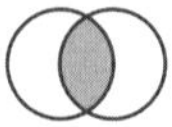	Only keep rows that exist in both the left and right datasets. 右と左の両方のデータセットにある行のみを保持する。
Outer join（外部結合） 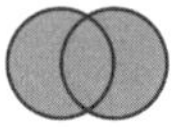	Keep all rows. すべての行を保持する。

セクション7.7ではこの話に立ち返って、ちょっと厄介な、適切な結合方法の選び方について考えます。このセクションでは、Pythonでの結合の仕組みに集中しましょう。

連結は、セクション7.5.1でお話ししたとおり、concat関数で行います。残りの結合は、pd.merge()を使います。

次のコードを実行してください。

```
pd.merge(df_grades,
        df_students,
        left_on='student_id',
        right_on='student_id',
        how='left',
        validate='one_to_one')
```

	student_id	final_grade	first_name	last_name	adviser
0	1	95	Melvin	Ware	Prof Duncan
1	3	71	Joseph	Paul	Prof Alvarez
2	6	76	Elizabeth	Brown	Prof Duncan
3	7	91	Amanda	Schultz	Prof Kennedy
4	8	75	Tanner	Perkins	Prof Alvarez
5	11	59	Jacinda	Peterson	Prof Alvarez

結合の各構成要素が関数の中でどう記述されているかを示します。

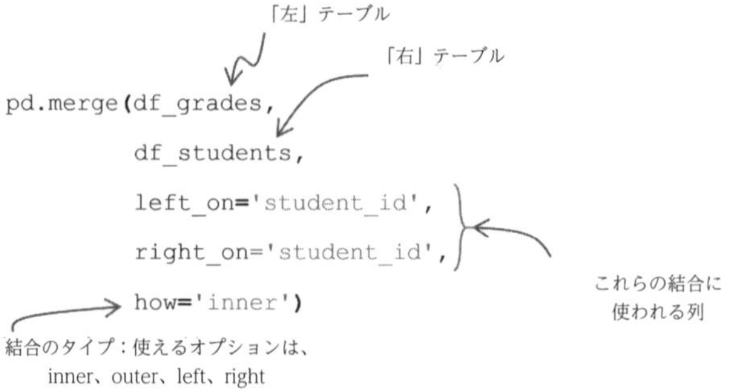

いくつかの注意点を押さえておきましょう。

- pd.merge()は、両方のテーブルのすべての列を含みます。一部の列だけを含めるように指示する方法はありません。しかし、結合する前に列を選択しておくことで、これは簡単に解決できます。たとえば……

```
pd.merge(df_grades,
         df_students[['student_id', 'first_name', 'last_name']],
         left_on='student_id',
         right_on='student_id',
         how='left')
```

	student_id	final_grade	first_name	last_name
0	1	95	Melvin	Ware
1	3	71	Joseph	Paul
2	6	76	Elizabeth	Brown
3	7	91	Amanda	Schultz
4	8	75	Tanner	Perkins
5	11	59	Jacinda	Peterson
6	15	86	NaN	NaN

- 左右両方のテーブルに同じ名前の列があると、問題が発生します。結果として作られるテーブルに、同じ名前の列が2つあるのは困ります。pandasはそれを認識すると、衝突を避けるために、左のテーブルの列の名前には_x、右のテーブルの列の名前には_yという接尾辞を追加します。ただし、この機能にはあまり頼らないことを強くお勧めします。関数を呼び出す状況によって、列の名前の変更がされたり、されなかったりするため、コードがごちゃごちゃになります。結合する前に、rename関数（セクション5.5.3参照）を使うようにしてください。
- 上の例では、結合キーはひとつの列だけでした。中には、2つ以上の列が使われることもあります。たとえば、全日制と定時制の学生が、それぞれ独自のユーザーIDを持っていたとしましょう（全日制が1、2、3……、定時制が1、2、3……と番号が振られているなど）。私たちは、student_idと、全日制か定時制かでひとりの学生を特定して、結合を実行しなければなりません。pd.merge()を使えば、これが簡単にできます。文字列ではなく、リストをleft_onとright_onに渡すだけです。この例は、後ほどお見せします。

- left_onもright_onもpd.merge()に渡されない場合は、pandasは自動的に、両方のテーブルに存在する列を探し出し、それらを使って結合を行います。さらに、結合キーが含まれている列の名前が、両方のテーブルで同一だった場合は、left_onとright_onの両方を指定する代わりに、on引数が使えます。本書では、わかりやすくするために、つねに両方の引数を明記するようにします。

7.6.1 インデックス整列

最後に紹介するのは、pandasで素早く左結合を行うまったく別の方法ですが、ショートカットとして便利に使えます。それは「インデックス整列」です。このメソッドは、両方のテーブルの行インデックスに結合キーがなければ機能しません。

まずは、df_gradesとdf_studentsのコピーを作って、両方のテーブルのインデックスをstudent_idに設定し、両方のテーブルに何が含まれていたかを思い出してください。

```
df_grades_2 = df_grades.copy().set_index('student_id')
df_grades_2.head()
```

student_id	
1	95
3	71
6	76
7	91
8	75

```
df_students_2 = df_students.copy().set_index('student_id')
df_students_2.head()
```

student_id	first_name	last_name	adviser
1	Melvin	Ware	Prof Duncan
2	Thomas	Moore	Prof Brown
3	Joseph	Paul	Prof Alvarez
4	Sarah	Cruz	Prof Duncan
5	David	Freeman	Prof Duncan

では次のコードを実行して、df_students_2を見てみましょう。

```
df_students_2['python_grade'] = df_grades_2.final_grade
df_students_2
```

student_id	first_name	last_name	adviser	python_grade
1	Melvin	Ware	Prof Duncan	95.0
2	Thomas	Moore	Prof Brown	NaN
3	Joseph	Paul	Prof Alvarez	71.0
4	Sarah	Cruz	Prof Duncan	NaN
5	David	Freeman	Prof Duncan	NaN
6	Elizabeth	Brown	Prof Duncan	76.0
7	Amanda	Schultz	Prof Kennedy	91.0
8	Tanner	Perkins	Prof Alvarez	75.0
9	Ashley	Gonzales	Prof Kennedy	NaN
10	Latonya	Porter	Prof Alvarez	NaN
11	Jacinda	Peterson	Prof Alvarez	59.0

何が起きたのでしょう？　pandasは自動的に2つのテーブルの行インデックスを「整列」しました。実質的に、行インデックスを結合キーに使って

「左結合」を行い、割り当てたシリーズを組み込みました。df_gradesに対応する行のないdf_students_2の中のすべての行は、NaNになっています。そして、df_students_2に対応する行のないdf_gradesの行は、すべて排除されています。

これは、2つの異なるインデックスを持つシリーズが関係する結合を行おうとしたときに、pandasがかならずやることです。しかしその話は、ここまでにしておきましょう。

7.7 適切な結合の選択

連結が必要なときは、通常ならすぐにわかります。テーブルが2つに分割されていれば、それがサインです。しかし、その他の結合が必要になったときは、使うべき適切な結合について、内部結合なのか、外部結合なのか、左結合か右結合か、選ぶのがちょっと難しくなります。このセクションでは、まずはひとつ前の例に立ち戻り、さらにその他のものも見直しながら、それぞれについて、どのタイプの結合がもっとも適しているかを考えます。

7.7.1 最初の例に立ち戻る

まずは、前の例を考えてみましょう（df_gradesが左テーブル、df_studentsが右テーブルのものです）。Python入門を受講している学生の名前と、その成績のリストを作るには、どの結合を使えばよいでしょうか？◆

最初は、データベースの中に存在する学生で、Python入門を受講している人を含めるのだから、内部結合を使いたいと思ったかも知れませんね。ほぼ正解です。内部結合は実際、そのような場面で使えます。

ただ、df_studentsに対応する学生が存在するかどうかには関係なく、df_gradesのすべての行を保持する左結合を支持する声もあります。なぜでしょう？　それは、ある学生が「Python入門」を受講している（なのでdf_gradesに記録されている）が、df_studentsには載っていないとき、単にそのことを知っておきたいからです。そこにデータベースのエラーが隠れている場合もあります。内部結合では、そうしたデータの問題が完全に見えなくなってしまいます。

左結合を行えば、df_studentsに存在しない学生も、全員がFIRST_NAME

とLAST_NAMEにNaNという値が割り当てられて記載されます。そうした学生を数え、警告をprintしてから、その行を削除することができます。◆

```
df_result = pd.merge(df_grades,
        df_students[['student_id', 'first_name', 'last_name']],
        left_on='student_id',
        right_on='student_id',
        how='left')

if df_result.first_name.isnull().sum() > 0:
    print('Warning! df_students is missing some students.')

df_result = df_result[df_result.first_name.notnull()]
df_result
```

```
Warning! df_students is missing some students.
```

	student_id	final_grade	first_name	last_name
0	1	95	Melvin	Ware
1	3	71	Joseph	Paul
2	6	76	Elizabeth	Brown
3	7	91	Amanda	Schultz
4	8	75	Tanner	Perkins
5	11	59	Jacinda	Peterson

警告：df_studentsでは一部の学生が欠けています。

7.7.2 さらに演習

正しいタイプの結合の選択はとても重要ですが、時に難しいこともあります。そこで、セクション7.3で少し触れた、配車サービスの例を使って、ちょっと練習をしておきましょう。以下のデータセットがあったとします。

- df_driversには、すべてのドライバーと、そのdriver_id、driver_name、driver_ageがリストされています。

- df_drivingには、先月乗車したすべてのドライバー、そのdriver_id、先月の乗車時間であるnum_hoursがリストされています。
- df_notificationsには、先月通知を送られたすべてのドライバー、そのdriver_id、num_notifications（通知を受けた回数）がリストされています。

使用する結合は、何を聞きたいかによって変わります。いくつか例を見ていきましょう。いつものとおり、答を見る前に、以下の問題を自分で考えてみてください。

- 「先月、ドライバーは平均して何時間乗車したか？」◆　この質問は、2つの方法で対応できます。
  - 「先月、少しでも乗車したドライバー」ごとの平均時間数を知りたい場合は◆、df_driving.num_hours.mean() ……このテーブルには乗車したすべてのドライバーが含まれるので、結合は必要ありません。
  - 「すべてのドライバー」の平均乗車時間数を知りたい場合は、いくつものアプローチがあります。しかし、これは結合の練習なので、こうしましょう。次のコードが使えます。◆

```
df_res = pd.merge(df_drivers, df_driving,
                  left_on='driver_id',
                  right_on='driver_id',
                  how='left')
df_res.num_hours = df_res.num_hours.fillna(0)
df_res.num_hours.mean()
```

最初のステートメントでは、df_driversとdf_drivingを左結合しています。乗車の有無にかかわらず、すべてのドライバーが含まれるテーブルを取得したいので、ここでは左結合が適切です(1)。これにより、1人のドライバーに1行というテーブルができます。先月乗車していないドライバーのnum_hours列は、NaNになります。2つめのステートメントは、NaNにゼロを割り当てています。これらのドライバーは乗車していないからです。そして最後のステートメントで平均を出してます。

- 「何人のドライバーに通知が送られ、かつ、先月乗車したか？」 これに答えるには、次のコードを使います。◆

```
df_res = pd.merge(df_driving, df_notifications,
                  left_on='driver_id',
                  right_on='driver_id',
                  how='inner')
len(df_res)
```

最初のステートメントは、df_drivingとdf_notificationsを内部結合しています。ここでは、「両方」のテーブルに載っていて、「かつ」乗車して通知を受け取ったドライバーを取得したいので、内部結合が適切です。その結果、両方のテーブルに記載があるドライバーのみのテーブルとなります。そのため、このテーブルの行数を見れば、求める結果がわかることになります。

- 「何人のドライバーに通知が送られたか、または、先月乗車したか？」この質問に正しく答えるには、こうします。◆

```
df_res = pd.merge(df_driving, df_notifications,
                  left_on='driver_id',
                  right_on='driver_id',
                  how='outer')
len(df_res)
```

最初のステートメントは、df_drivingとdf_notificationsの外部結合を行っています。この場合は、「いずれか」のテーブルにあり、乗車したか、あるいは通知を受け取ったドライバーを取得したいので、外部結合が適切です。結果として作られるテーブルには、求めるドライバーが含まれます。そのため、このテーブルの行数が、求める答となります。

結合は難しい問題です。本気で解説しようと思えば、1章まるまる使ってしまうことになります。ここに取り上げた例は、みなさんが実際のデータセットで実験を重ねるうちに築かれていく基礎の、よき出発点になるはずです。

7.8 主キーと結合

結合入門を締めくくる前に、これまで当然と思ってきた最後の問題について説明する必要があります。「主キー」です。この章は、かなり技術的な内容になります。ここを飛ばしても、問題なく次に進むことは可能です。しかし、非常に重要な話なので、せめてざっと目を通されることをお勧めします。

主キーとは、テーブル内の行を一意に特定できる列（または列のグループ）です。各行は、それぞれ独自の主キーを持っています。それが、別のテーブルでその行を特定するときに使えるのです。

たとえば、セクション7.5のdf_full_timeテーブルでは、主キーはstudent_idです。どの学生も、そのIDで一意に特定できます。このIDを使えば、別のテーブル（df_gradesなど）でも特定の学生を参照できます。

主キーのおもな要件は、「一意」であることです。同じ主キーを持つ行があると、そのキーはもう、その行を一意なものとして代表できなくなります。その列が一意であるかどうかは、pandasのduplicated関数で調べることができます［訳注：以下を実行すると、df_ful_time_studentは定義されていないというエラーが出ます］。

```
df_full_time_student_id.duplicated().sum()
```

```
0
```

duplicated関数は、その行の値が、そのデータフレームで初めて出会うものであればFalseを、その値に前にも出会ったことがあればTrueを返します。その列が一位で、重複がひとつもなければ、そのシリーズの合計はゼロになるはずです。

ひとつのテーブルの主キーが、2つの列にわたることもあります。たとえば、各国に独立したウェブサイトをいくつも展開しているオンライン小売店があったとしましょう。この状況では、注文ID（order_id）の「1」は、ひとつの注文を一意に特定できない可能性があります。なぜなら、アメリカでは注文IDが「1」で、カナダでも注文IDが「1」などとなる可能性があるからです。この場合、有効な主キーは注文IDに加えて、国（country）となります。幸い、duplicated関数はデータフレームでも使えます。なので、その2つの列を、`df_orders[['ORDER_ID', 'COUNTRY']].duplicated().sum()`を使って有効な主キーとして形成することができます。

結合の流れで主キーの説明をしたのは、なぜでしょう？　それは、本書に登場するあらゆる結合において、少なくとも2つの結合キー（左テーブルと右テーブル）のうちのひとつが主キーだからです。たとえば……

- df_gradesとdf_studentsをstudent_idで結合するとき、student_id列は、学生を一意に特定できるため、df_studentsの主キーになります（ついでに言えば、df_gradesの主キーでもあります）。
- 配車サービスの例では、つねにdriver_idで結合していました。それが対象となる両方のテーブルの主キーだからです。

この話がきわめて重要なわけは、pd.merge()を使うとき、結合するテーブルの「どちらにも」主キーがない場合、pandasはエラーを出さないからです(本書の範囲からは外れるいくつかの状況においては、それが合理的なのです)。しかしその結果は、期待していたものとは大きく違ってしまいます。

なので、結合を行うときはかならず、結合する列のどちらを主キーにすべきかを、事前に決めておくことが大切なのです。思いどおりになるかどうかは、duplicated()メソッドを使えば確認できますが、pd.merge()ならもっと簡単にできます。この関数には、バリデーション引数を渡すことができます。それが渡されると、関数は結合を行う前に、自動的に主キーの確認を行います。この引数では、次の3つのいずれかの値を使うことができます。

- one_to_oneは、「両方」のテーブルの結合キーが一意であるかを確かめます。
- one_to_manyは、「左」テーブルの結合キーが一意であるかを確かめます。
- many_to_oneは、「右」テーブルの結合キーが一意であるかを確かめます。

たとえば、大学の例では、両方のテーブルでstudent_idが一意なので、次のように実行できます。

```
pd.merge(df_grades,
         df_students,
         left_on='student_id',
         right_on='student_id',
         how='left',
         validate='one_to_one')
```

指定した一意性の条件に合わないときは、この関数はエラーを返します。

7.9 Digの注文データセットを構築する

前章と同様、df_gradesとdf_studentsという2つのおもちゃデータセットを使って結合のコンセプトを解説しました。これで、Digのケーススタディに戻り、これまでに学んだことを活かして、df_ordersデータセットのもっと便利なバージョンを作るための準備が整いました。

まずは、どんなデータセットだったかを思い出しましょう。

```
df_orders.head()
```

RESTAURANT_ID	TYPE	DRINKS	COOKIES	MAIN	BASE	SIDE_1	SIDE_2
R10002	IN_STORE	1.0	2.0	NaN	NaN	NaN	NaN
R10003	IN_STORE	0.0	0.0	NaN	NaN	NaN	NaN
R10001	DELIVERY	0.0	2.0	I0	I7	I15	I14
R10005	PICKUP	1.0	0.0	I0	I5	I9	I12

列には、ボウルに入れるアイテムがリストされています（MAIN、BASE、SIDE_1、SIDE_2が、名前ではなくIDで記入されています）。これでは、注文の中身を読み取るのは困難です。IDではなく、df_itemsテーブルを使って、アイテムの名前（name）を入れたいところです。

```
df_items.head()
```

	ITEM_ID	ITEM_NAME	ITEM_TYPE
0	I7	Farro with Summer Vegetables	Bases
1	I39	Spindrift Lemon	Drinks
2	I5	Classic Brown Rice	Bases
3	I36	Kombucha	Drinks
4	I8	Cauliflower with Garlic and Parmesan	Market Sides

具体的に言えば、IDではなくアイテムの名前が入る、MAIN_NAME、BASE_NAME、SIDE_1_NAME、SIDE_2_NAMEという列を作るということです。

これに着手する前に、ここで使うべき正しい結合はどれかを考えてみてください。◆

答は、df_ordersを左テーブルにした左結合です。なぜか？　ただ、注文のリストを「ベースデータセット」として使い（洒落てるわけではありません）、すべての注文を保持したまま、その名前を取り込みたいからです。ここで、他の種類の結合がなぜ不適切なのかを順番に解説しておくと、大いに参考になるはずです。

- 「内部結合」は、df_ordersのすべてのアイテムがdf_itemsの中に存在している限り、左結合とまったく同じです。では、なぜこれが不適切なのでしょう？　データエラーの他にも、df_ordersは、「かつて」は古いメニューで販売されていたが、その後廃止され、何らかの理由でメニューから外された古いアイテムを参照している可能性があるからです。その状態で内部結合を行うと、そうしたアイテムを含むすべての注文が削除されてしまいます。注文数が実際よりも「少ない」ように見えるリストを作ってしまうため、そのやり方は間違っていると、ほぼ確実に言えます。そうした注文に含まれるアイテムが今はメニューから消えているにしても、注文は実際にされているわけで、それを数に入れないわけにはいきません。
- 「外部結合」は、たしかにすべての注文を保持できますが、df_itemsの中の注文されたことが一度もないアイテムがあった場合、どうなるか考えてみてください。外部結合では、そうしたアイテムのための列を新たに増設します。そのため、実際には存在しない「幽霊注文」の列ができてしまうのです。

- 「右結合」は、世界一悪い結合です。一度も注文されたことのないアイテムの注文を人工的に作り出し、その上、df_itemsにない注文をすべて排除してしまいます。

同様に、注文テーブルには、レストランの名前ではなくIDのみが含まれます。ここでは、df_restaurantsテーブルを使って、restaurant_nameという列に、レストラン名を入れ込むのがよさそうです。

```
df_restaurants.head()
```

	RESTAURANT_ID	NAME	ADDRESS	LAT	LONG	OPENING_I
0	R10001	Columbia	2884 Broadway, New York, NY 10025	40.811470	-73.961230	8/9,
1	R10002	Midtown	1379 6th Ave, New York, NY 10019	40.763640	-73.977960	3/19,
2	R10005	Flatiron	40 W 25th St, New York, NY 10010	40.743600	-73.991070	11/14,

さて、どの結合を使いましょうか？◆

今回も、同じ理由から、df_ordersを左テーブルとして左結合を使います。

実際にやってみる準備ができました。2つの問題のうち簡単なほうから取りかかりましょう。レストラン名の挿入です。セクション7.6を読み返し、結合の主要な「材料」は何か、そして、どのようにpd.merge()に適用するかを考えることが助けになります。◆

次のコードがその謎を解いてくれます。

```
df_res = ( pd.merge(df_orders,
        df_restaurants[['RESTAURANT_ID', 'NAME']],
                left_on='RESTAURANT_ID',
                right_on='RESTAURANT_ID',
                how='left')
        .rename(columns={'NAME': 'RESTAURANT_NAME'}) )
```

みなさんが出した答がこれと違っていたら、説明を読む前に、もう一度よく見直して理解してください。◆

- 最初に、df_ordersを左テーブルに、df_restaurantsを右テーブルに指定しています。df_restaurantsでは、RESTAURANT_IDとNAMEの列だけを選択するように注意しなければいけません。他の列は読み込みたくないからです（これを忘れたらどうなるか、試しにやってみてください）。
- 次に、両方のテーブルにあるRESTAURANT_IDという列に結合キーがあると指定しています。
- 3番目に、今も述べたとおり、左結合を使うことを指示しています。
- 4番目に、NAME列の名前を変更して、RESTAURANT_NAMEとして読み込まれるようにしています（ここの効果を理解するために、rename関数なしで実行してみてください）。
- 5番目に、結果をdf_resに保管しています。私たちはこれを、最終的な「結果」データフレームとして使い、そこへ列をひとつずつ追加します。

では、これまでの努力の経過を見てみましょう。

```
df_res.head()
```

TYPE	DRINKS	COOKIES	MAIN	BASE	SIDE_1	SIDE_2	RESTAURANT_NAME
STORE	1.0	2.0	NaN	NaN	NaN	NaN	Midtown
STORE	0.0	0.0	NaN	NaN	NaN	NaN	Bryant Park
LIVERY	0.0	2.0	I0	I7	I15	I14	Columbia

レストラン名の列が、見事に追加できています。

それでは次の仕事に取りかかりましょう。各注文の中のアイテム名の検出です。まずは、MAIN_NAMEという列を作って、MAIN列から始めます。また、少し時間を取って、ここでの結合に必要な材料を考えてみてください。◆

- 左テーブルは、今度はdf_resになります。これはオリジナルのdf_ordersと同じですが、新しいRESTAURANT_NAME列が追加されています。右テーブルはdf_timesになります（上と同じく、目標の列だけを選択します。ITEM_IDとITEM_NAMEです）。
- 今回初めて、双方の列の結合キーが異なるという結合に遭遇しました。左テーブルでは、対象となるアイテムIDを含む列はMAINです。右テーブルでは、それはITEM_IDになります。
- 前に述べたとおり、結合の種類は左結合です。

これらの材料を使うと、この結合はこんな感じになります。◆

まだ結果をdf_resに保管していませんが、とにかく見てください。仕上げに、結合に最後の変化を加えます。

```
( pd.merge(df_res,
           df_items[['ITEM_ID', 'ITEM_NAME']],
           left_on='MAIN',
           right_on='ITEM_ID',
           how='left')
.rename(columns={'ITEM_NAME':'MAIN_NAME'}) ).head()
```

IES	MAIN	BASE	SIDE_1	SIDE_2	RESTAURANT_NAME	ITEM_ID	MAIN_NAME
2.0	NaN	NaN	NaN	NaN	Midtown	NaN	NaN
0.0	NaN	NaN	NaN	NaN	Bryant Park	NaN	NaN
2.0	I0	I7	I15	I14	Columbia	I0	Charred Chicken Marketbowl
0.0	I0	I5	I9	I12	Flatiron	I0	Charred Chicken Marketbowl
0.0	I1	I7	I9	I9	Williamsburg	I1	Spicy Meatballs Marketbowl

このテーブルは、だいたい予想どおりの形になっています。しかし、もうひとつだけ気になる点があります。この結果には、ITEM_IDという列も含まれています。これがどこからきたのかを知るために、結合した各テーブルの列を見直してみましょう。それぞれのテーブルの結合キーがわかるよう、線を引いておきます。

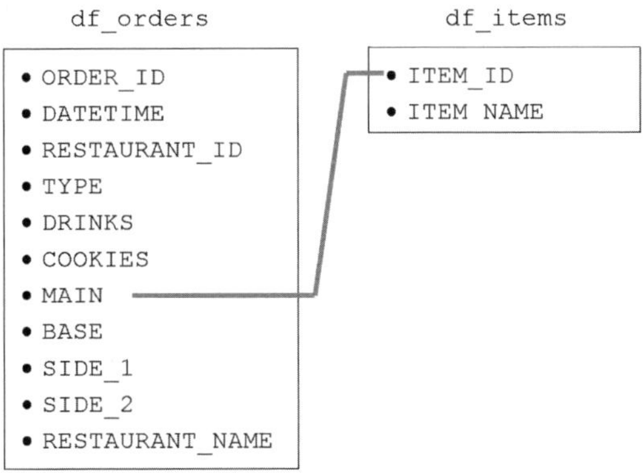

お話ししたとおり、pandasはつねに、2つめのテーブルのすべての列を読

み込もうとします。この場合は、ITEM_ID列を読み込みました。これが結合する列であるため、事前にこれを外しておくことは困難です。この問題に対処するいちばん簡単な方法は、最後にこの列を削除することです。

```
df_res = ( pd.merge(df_res,
                    df_items[['ITEM_ID', 'ITEM_NAME']],
                    left_on='MAIN',
                    right_on='ITEM_ID',
                    how='left')
    .rename(columns={'ITEM_NAME': 'MAIN_NAME'})
    .drop(columns='ITEM_ID'’) )
```

最後のステップは、これを別の列（BASE、SIDE_1、SIDE_2）にも行うことです。簡単なのは、上のステートメントをコピペして、適切に書き換えるというやり方です。どこを書き換えればよいか、わかりますか？◆

その必要があるのは、短い2つの部分だけです。ひとつは、left_on引数です（BASEに書き換えて、読み込みたいのはBASEであることを伝えます）。もうひとつは、最後のステートメントの新しい名前です（BASE_NAMEになります）。最後に、このプロセスをSIDE_1とSIDE_2にも繰り返します（コードは、この章のJupyter Notebookを見てください）。

このようなコードのコピペ作業は、まさにループの出番だと思われたかも知れません。事実、これをループでやる方法はあります。紙面の関係上、そのコードは掲載しませんが、この章のJupyter Notebookのオプションのセルに記述しておきました。それを見る前に、どうかご自分で考えてみてください。ヒントを出しましょう。ループさせるべき変数を見つけるには、ここで何をコピペしたかを思い出してください。◆

これでついに、努力の成果を得ることができます。

```
df_res.head()
```

RESTAURANT_NAME	MAIN_NAME	BASE_NAME	SIDE_1_NAME	SIDE_2_NAME
Midtown	NaN	NaN	NaN	NaN
Bryant Park	NaN	NaN	NaN	NaN
Columbia	Charred Chicken	Farro with Summer	Snap Peas	Green Goddess Beans with

これにより、大変に意味深いプロットが可能になりました。たとえば、Digで販売されたボウルで、もっとも人気の高いメインは何かを知りたい場合は……

```
df_res.MAIN_NAME.value_counts().plot(kind='bar')
```

```
<matplotlib.axes._subplots.AxesSubplot at 0x109323750>
```

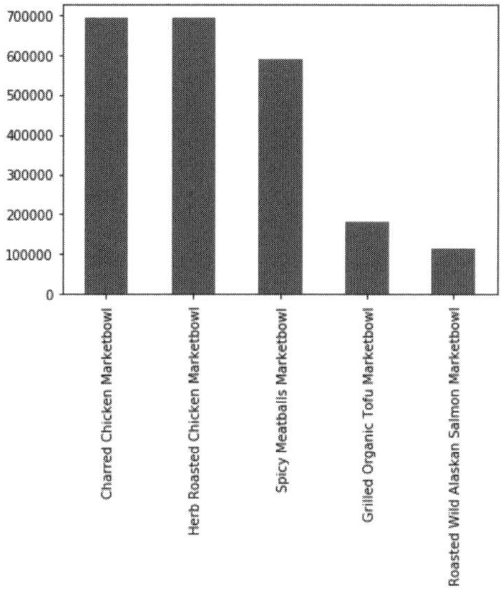

このプロットは、IDで記述されたものに比べて、ずっとわかりやすくなっています。

7.10 まとめ

この章は、データセットを結合する必要がある場合の例を考え、それらの場面で使える結合の種類を見ることから始まりました。そして、学んだことを活用して、Digのdf_ordersデータシートのもっと便利なバージョンを作りました。この結合したデータセットを基本にして、次章からの学習を進めます。これを保存して、後で読み込めるようにしておきましょう。

次のコードを実行してください。

```
df_res.to_pickle('Chapter7/orders.pickle')
```

この章で学んだ考え方は、複雑なものでした。実際、データベースに関する本1冊分の土台になるほどの内容です。しかしここでの話によって、データベースのしっかりとした基礎ができ、Pythonでいくつものデータセットを扱う準備が整ったはずです。ここで学んだ理論は、この後の章で活かされ、複数のデータセットを含む有意義な分析を支えます。

第8章
集約

いよいよ、最後の大きなテーマとなるaggregation（集約）に入る準備が整いました。結合と同様、集約はpandasで使えるとても便利な機能のひとつです。集約は、pandasで複数の行を組み合わせて何らかの統計的な要約を行いたいあらゆる場面で役に立ちます。集約は、Excelのピボットテーブルを強力にしたものと考えてもいいでしょう。

セクション6.5.3でmean関数を紹介したとき、私たちはすでに集約の簡単な例に出会っています。たとえば、Digのdf_summarized_ordersデータセットで、次のコードを実行すると……

```
df_summarized_orders.NUM_ORDERS.mean()
```

NUM_ORDERS列の平均値を求めることで、データセットのすべての行が合体（集約）されます。

この章では、集約の学習を、データセットの特定のスライスで集約するという、より複雑なケースに発展させます。その例についてはこの章の後半でお話ししますが、ひとつを挙げるとすれば、レストランごとの注文の平均数を出したい、といったものがあります。もちろん、各レストランの名前ごとにループさせ、データフレームをレストランでフィルターして、残ったデータで個別に注文の平均値を出すという方法が考えられます。しかしこの章では、もっと効率的な方法を見ていきます。

8.1 この章で学ぶこと

集約の基礎の解説から、この章を始めます。Excelで簡単なピボットテーブルを作るようなものです。そこから、複数の列を使った集約や、日付と時刻の列での集約といった、もう少し高度な話に進みます。

8.2 この章で必要になるもの

始める前に、この章のための新しいJupyter Notebookを、セクション5.2で作った「Part2」フォルダの中に作ってください。最初に、必要なパッケージをインポートします。最初のセルに、次のコードをコピペして実行してください。

```
import pandas as pd
import matplotlib.pyplot as plt
```

次に、前の章で保存したファイルを読み込みます。それは、以下のコードを次のセルにコピペして実行してください。

```
df_students = pd.read_pickle('Chapter5/students.pickle')
df_summarized_orders = pd.read_pickle(
                                'Chapter5/summarized_orders.pickle')
df_orders = pd.read_pickle('Chapter7/orders.pickle')
```

いつものように、この章のJupyter Notebookと前章のファイルは、本書のウェブサイトに用意されています。

8.3 集約の基本

集約の学習は、df_studentsデータセットで開始します。それぞれの集約作業がどのように行われるのか、そしてどのような仕組みなのかを理解するのに、ちょうどよい小さなデータセットです。基本をマスターした後に、もっと大きくて現実的なDigのデータセットに挑みます。

このデータセットがどんなものだったか、思い出しておきましょう。

```
df_students.head()
```

	FIRST_NAME	LAST_NAME	YEAR	HOME_STATE	AGE	CALC_101_FINAL	EI
0	Daniel	Smith	1	NY	18	90.0	
1	Ben	Leibstrom	1	NY	19	80.0	
2	Kavita	Kanabar	1	PA	19	NaN	
3	Linda	Thiel	4	CA	22	60.0	
4	Omar	Reichel	2	OK	21	70.0	

最初の基本作業です。学年ごとの学生の平均年齢を出してみましょう。ここまでくれば、手動でやる方法はすっかりおわかりでしょう。学年に着目して、データフレームを学年でフィルターして、年齢の平均を出します。しかし、これではかなり面倒です。

嬉しいことに、もっと簡単な方法があります。pandasのgroupby関数なら、この操作を1行でやってのけてくれます。

```
df_students.groupby('YEAR').AGE.mean()
```

```
YEAR
1     18.2
2     20.0
3     20.0
4     22.0
Name: AGE, dtype: float64
```

このステートメントの構成を理解しておきましょう。まずはgroupby関数をdf_studentsに適用しています。そこで、YEAR列の名前を渡して、データセットをその列を使って複数のテーブルに分けるよう指示しています。次に、計算対象としてAGE列を選択しています。最後に、mean関数を提供して、その列の平均値を求めています。

いくつか注意点があります。

- その結果の構造を見ると（テーブルの形式になっていないことに注意）、

前にもあったように、出力がテーブルではなくシリーズになっていることが推測できます。シリーズの構造は、インデックスが特定のグループ化されたカテゴリーを示す形になっていて、値からは集約に使われた関数がわかります。いつものように、reset_index()を使えば、つねにデータフレームに変換できます。

```
df_students.groupby('YEAR').AGE.mean().reset_index()
```

	YEAR	AGE
0	1	18.2
1	2	20.0
2	3	20.0
3	4	22.0

これは、reset_index()にdrop = Trueを使いたくないケースのひとつであることに注意してください。この場合、インデックスには重要な情報が含まれるので、インデックスを保持しておきたいのです。

- 前の例では、ひとつの列でグループ化を行いました。YEAR列です。groupby関数の強みは、複数の列のグループ化も可能であることです。たとえば、学年ごと、かつ、HOME_STATE（出身州）ごとの平均年齢を求めたい場合を考えてみましょう。

```
df_students.groupby(['YEAR', 'HOME_STATE']).AGE.mean()
```

```
YEAR  HOME_STATE
1     FL            17.5
      NY            18.5
      PA            19.0
2     HI            19.0
      OK            21.0
3     NY            20.0
4     CA            22.0
Name: AGE, dtype: float64
```

文法に注意してください。groupby()にひとつの列名を文字列として渡すのではなく、グループ化したい2つの列名からなるリストを渡しています。ここでも、結果はシリーズです。インデックスにはグループ化に使った列が記され、値には平均年齢が記されています。2つの列でグループ化ができるようになったので、インデックスの構造は少々複雑になっています。これは「マルチレベル・インデックス」と呼ばれ、本書の主旨からは外れるものです。なので、いつもお馴染みの構造のインデックスにリセットしましょう。

```
df_students.groupby(['YEAR', 'HOME_STATE']).AGE.mean().reset_index()
```

	YEAR	HOME_STATE	AGE
0	1	FL	17.5
1	1	NY	18.5
2	1	PA	19.0
3	2	HI	19.0
4	2	OK	21.0
5	3	NY	20.0
6	4	CA	22.0

- AGEを使うことで、groupby()の後にAGE列にアクセスしている点に注目してください。データフレームでもそうでしたが、['AGE']を使ってgroupby()からアクセスすることもできます。

```
df_students.groupby('YEAR')['AGE'].mean()
```

```
YEAR
1     18.2
2     20.0
3     20.0
4     22.0
Name: AGE, dtype: float64
```

結果として作られたシリーズの構造のおかげで、次のように、groupby()の結果は簡単にプロットできます。

```
df_students.groupby('YEAR').AGE.mean().plot(kind='bar')
```

```
<matplotlib.axes._subplots.AxesSubplot at 0x1222f0e50>
```

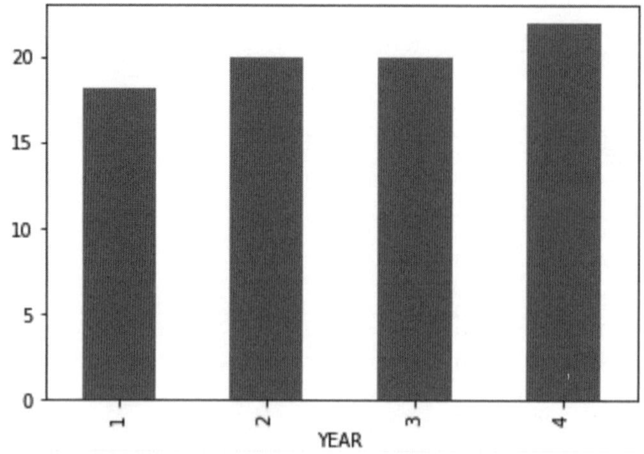

df_summarized_ordersで学んだことを使って、各レストランの毎日の注文の平均数を出してみましょう。

```
( df_summarized_orders.groupby('RESTAURANT_NAME')
                              .NUM_ORDERS.mean() )
```

```
RESTAURANT_NAME
Bryant Park          871.436782
Columbia             687.150685
Flatiron             772.556164
Midtown              891.136986
NYU                 1180.438356
Upper East Side      774.650704
Upper West Side      770.372603
Williamsburg         862.120548
Name: NUM_ORDERS, dtype: float64
```

これらの数値を、他の方法を使って出した数値と比較すると、面白い結果が現れます。完全な注文のデータセット（日付でまとめずに、ひとつずつすべての注文がリストアップされたもの）を使いましょう。1年分のデータの中の注文の総数は、データセットに登場した各レストランの回数を数えることで得られます。それを、1年の日数である365で割るのです。

```
df_orders.RESTAURANT_NAME.value_counts() / 365
```

```
NYU                 1180.438356
Midtown              891.136986
Williamsburg         862.120548
Flatiron             772.556164
Upper West Side      770.372603
Upper East Side      753.427397
Columbia             687.150685
Bryant Park          623.136986
Name: RESTAURANT_NAME, dtype: float64
```

興味深い事実に注目してください。一部のレストラン（NYUとColumbia）では、どちらの方法で出した値も同一です。しかしその他のレストラン（Upper East SideやBryant Park）では、双方の方法の値が違っています。どうしてこうなるのか、わかりますか？　ここでいったん立ち止まって、ご自分で考えてみてください。◆

このナゾナゾのヒントは、1年を通して毎日売上げがあったレストラン（たとえばNYUとColumbia）に関しては、2つの方法が同一の結果を出しているという点です。しかし、閉店した日（たとえば週末や祝日など）があるレストランでは、2つの方法に違いが出ます。その理由を理解するには、これらの方法が実際に何をしているかを知る必要があります。

- 第6章で見たとおり、df_summarized_ordersは、それぞれのレストランで注文があった日だけをリストアップしています。何らかの日（レストランが閉店していたなど）に注文がなければ、そのレストランのその日はデータセットに現れることすらありません。そのため、平均値を見ると、「レストランが営業していた」日の平均になってしまうのです。売上げがなかった日は含まれません。
- 2つめの方法では、数値を365日で割りました。売上げがあったかどうかは、考慮していません。

これらの方法はどちらも、正否を問うことはできません。質問の種類によっては、どちらも適切です。たとえば……

- 最初の方法は、傷みやすい食材（生鮮野菜など）を毎日どれほどレストランに届けたらよいかを決める場合に向いています。なぜなら、配達はレストランが営業している日にだけ行われるからです。なので、レストランが開いている日の注文の平均を出すには適しています。
- 2つめの方法は、会計や経理の目的に適しています。1年間にレストランがどれだけお金を稼いだかを見るときには、すべての日が対象になるからです。

この例を紹介したのは、たとえ簡単な質問であっても、データの扱いには相当な曖昧性が含まれるため、事業の運営方法を深く理解することが重要であることを示すためでした。しかし幸いなことに、ここまで一緒に頑張ってきたおかげで、みなさんはpandasを深く理解し、どの操作が何をしているかを的確に把握し、さまざまな状況で何が正解かを特定できる力を備えています。

8.3.1 集約関数

これまでは、どの例も、同じ集約作業を行っています。つまり、列の平均を出すことです。その他にもpandasには、同じような演算ができる関数がいくつもあります。そのうちの一部を紹介しましょう。

- 統計
  - ○ mean()：各グループの平均を求める。
  - ○ median()：各グループの中央値を求める。
  - ○ sum()：各グループの合計を求める。
  - ○ min()：各グループの最低値を求める。
  - ○ max()：各グループの最大値を求める。
  - ○ std()、sem()：各グループの標準偏差を求め、グループの平均の標準誤差を求める。

標準偏差と標準誤差の正確な定義の説明は本書の趣旨から外れますが、これらの概念を聞いたことがあって、使ってみたいと考えている方のために、ここに含めておきました。

これらのメソッドは、NaN欠損値は「無視」することに注意してください。たとえば、平均値を計算するとき、関数は欠損値でない値を合計して、欠損値でない値の数で割ります。欠損値は存在しなかったかのように振る舞います。これが適切な場合もあれば、そうでないときもあります。たとえば、欠損値が0を表しているとき（売上げのなかった日など)、かならず事前にfillna(0)（セクション6.7.2参照）を使って、ゼロに置き換えておかなければなりません。これは、Pythonで集約を行うときに、もっとも多く見られるエラーの原因です。

- 集計
  - ○ size()：NaN欠損値を「含む」各グループの行数を返す。
  - ○ count()：NaN欠損値を「含まない」各グループの行数を返す。
  - ○ nunique()：各グループの一意の値の数を返す。NaN欠損値は無視されます。

集約を使って、df_ordersデータフレームでの各レストランの注文数を求めてみましょう。value_counts()はすでに使っているので、groupby()で試します。◆

```
df_orders.groupby('RESTAURANT_NAME').TYPE.size()
```

```
RESTAURANT_NAME
Bryant Park         227445
Columbia            250810
Flatiron            281983
Midtown             325265
NYU                 430860
Upper East Side     275001
Upper West Side     281186
Williamsburg        314674
Name: TYPE, dtype: int64
```

size()を使う場合は、列を指定する必要がないことを覚えておいてください。これは行数を集計するだけのものです。ここではTYPEを選んでいますが、どの列を選んでもかまいません。というか、列をまったく選ばなくても問題ありません(1)。

```
df_orders.groupby('RESTAURANT_NAME').size()
```

```
RESTAURANT_NAME
Bryant Park         227445
Columbia            250810
Flatiron            281983
Midtown             325265
NYU                 430860
Upper East Side     275001
Upper West Side     281186
Williamsburg        314674
dtype: int64
```

この結果を、value_counts()の結果と比べてみましょう。結果は同じになります。

```
df_orders.RESTAURANT_NAME.value_counts()
```

```
NYU                 430860
Midtown             325265
Williamsburg        314674
Flatiron            281983
Upper West Side     281186
Upper East Side     275001
Columbia            250810
Bryant Park         227445
Name: RESTAURANT_NAME, dtype: int64
```

groupby()の利点は、もちろん、複数の列からなるグループを作れることです。たとえば、各レストランの、タイプごとの注文の数を求めてみましょう。◆

```
df_orders.groupby(['RESTAURANT_NAME', 'TYPE']).size()
```

結果は次ページに示します。

```
RESTAURANT_NAME  TYPE
Bryant Park      DELIVERY     15613
                 IN_STORE    171494
                 PICKUP       40338
Columbia         DELIVERY     25247
                 IN_STORE    182603
                 PICKUP       42960
Flatiron         DELIVERY     28859
                 IN_STORE    204607
                 PICKUP       48517
Midtown          DELIVERY     22380
                 IN_STORE    244980
                 PICKUP       57905
NYU              DELIVERY     43310
                 IN_STORE    314832
                 PICKUP       72718
Upper East Side  DELIVERY     52080
                 IN_STORE    180605
                 PICKUP       42316
Upper West Side  DELIVERY     53337
                 IN_STORE    184588
                 PICKUP       43261
Williamsburg     DELIVERY     31822
                 IN_STORE    229427
                 PICKUP       53425
dtype: int64
```

このあたりで、groupby()の実力を感じ始めてもらえるといいのですが、いかがでしょう？

8.3.2 unstack()を使う

複数の列を集約するときに、非常に役に立つもうひとつの機能があります。それは、unstack関数です。前のセクションの最後の結合を思い出してください。複数の列で集約を行ったので、2列のインデックスがあるシリーズができあがりました。ひとつは、集約した最初の列（RESTAURANT_NAME）と、もうひとつは2番目の列（TYPE）でした[2]。このシリーズをデータフレームに変換するreset_index()の使い方は、すでに説明しました。

```
( df_orders.groupby(['RESTAURANT_NAME', 'TYPE'])
                          .size().reset_index().head() )
```

	RESTAURANT_NAME	TYPE	0
0	Bryant Park	DELIVERY	15613
1	Bryant Park	IN_STORE	171494
2	Bryant Park	PICKUP	40338
3	Columbia	DELIVERY	25247
4	Columbia	IN_STORE	182603

インデックスの各列が、データフレームの列に変換されたところに注目してください。

unstack関数は、別のアプローチをとります。インデックスの最後の列を使い、そのインデックスの中の一意の値ごとに列を作ります。

```
df_orders.groupby(['RESTAURANT_NAME', 'TYPE']).size().unstack()
```

TYPE	DELIVERY	IN_STORE	PICKUP
RESTAURANT_NAME			
Bryant Park	15613	171494	40338
Columbia	25247	182603	42960
Flatiron	28859	204607	48517
Midtown	22380	244980	57905
NYU	43310	314832	72718
Upper East Side	52080	180605	42316
Upper West Side	53337	184588	43261
Williamsburg	31822	229427	53425

このテーブルにはシリーズと同じ数値を含まれていますが、注文のタイプが列になっている点に注意してください。この操作は、もっと複雑な質問を扱うようになる第9章で真価を発揮します。

8.4 複数の列にわたる計算

これまでにお見せしてきた例は、すべてひとつの列だけの集約と考えることができます。しかし、複数の列を集約したい場面は数多くあります。簡単な例としては、各レストランの注文ごとの飲み物の平均数、「および」注文ごとのクッキーの平均数を知りたいときです。

すべての列に同じ集約関数を使う場合は（このケースでは、DRINKS列とCOOKIES列の両方にmean関数を使う）、groupby()の後に、その2つの列を選択すれば済みます（データフレームで複数の列を選択するときとよく似ています）。

```
( df_orders.groupby('RESTAURANT_NAME')[['DRINKS', 'COOKIES']].mean() )
```

RESTAURANT_NAME	DRINKS	COOKIES
Bryant Park	0.098138	0.261294
Columbia	0.066572	0.259049
Flatiron	0.097637	0.259161
Midtown	0.126128	0.260683
NYU	0.075769	0.258898
Upper East Side	0.118145	0.257603
Upper West Side	0.097032	0.260475
Williamsburg	0.096446	0.258750

集約する列を指定せず、ただdf_orders.groupby('RESTAURANT_NAME').mean()を使うと、データセットの中の、すべての数値列の平均が出されます。

列ごとに異なる集約関数を使う集約では、物事はちょっと複雑になります。

とくに、各レストランに次のデータがあるデータフレームを作りたいときです。

- 注文ごとの飲み物の平均数
- MAINの中の欠損値ではない注文の数（つまり、ボウルによる注文）

最初の列はmean()での変換が必要となります。2つめの列はcount()が必要です（欠損値を除いたアイテム数）。いちばんわかりやすい方法は、pandasのagg関数で使える特別な文法を用いるものです[(3)]。

```
( df_orders.groupby('RESTAURANT_NAME')
        .agg(AV_DRINKS = ('DRINKS', 'mean'),
             N_W_MAIN = ('MAIN', 'count')) )
```

	AV_DRINKS	N_W_MAIN
RESTAURANT_NAME		
Bryant Park	0.098138	216767
Columbia	0.066572	239406
Flatiron	0.097637	268909
Midtown	0.126128	309502
NYU	0.075769	411253
Upper East Side	0.118145	261957
Upper West Side	0.097032	268023
Williamsburg	0.096446	299822

この関数の働きに注目してください[(4)]。

- groupby()に直接適用できる。特定の列を選択する必要がない。
- 出力に設けたい列を、引数としてひとつずつ受け取ることができる。引数は、出力される列の名前（AV_DRINKSなど）になります。これをイコールで、括弧で囲んだ2つの語をつなげます。最初のものは元のテーブルの「入力」列（DRINKSなど）、2つめは適用する関数の名前を文字列で渡します（meanなど）。

この関数を使うと、本当に目がくらむほどの数の集約を行って、非常に複雑なビジネス上の質問に答えることが可能になります。その実例は、第9章で見ることにしましょう。

最後にもう一点。セクション6.7で列の変換について説明したとき、pandasには私たちが望むことをやってくれる内蔵関数は存在しないと、何度かお話ししました。そしてそんなときのために、apply関数（セクション6.7.7参照）を紹介しました。この自作の関数を使って、集約もできます。

8.5 さらに複雑なグループ化

このセクションでは、データフレームのグループ化に関して、さらに2つの高度な方法について考えます。シリーズを使うものと、日付列を使うものです。

8.5.1. シリーズを使うグループ化

飲み物を注文した客が、クッキーも一緒に注文する可能性について知りたい場合を考えましょう。

ひとつの方法としては、df_ordersにHAS_DRINKという列を作り、その列を使ってグループ化するというものがあります。

```
df_orders['HAS_DRINK'] = (df_orders.DRINKS > 0)
df_orders.groupby('HAS_DRINK').COOKIES.mean()
```

```
HAS_DRINK
False     0.259543
True      0.258149
Name: COOKIES, dtype: float64
```

最初のステートメントではHAS_DRINK列を作っています。これは、各行について、その行の注文に飲み物があればTrueを、そうでなければFalseを記述しています。次のステートメントでは、HAS_DRINK=Falseとなるすべての行を参照し、その行のCOOKIES列を見て、平均数を出しています

(0.26)。そして同じことを、HAS_DRINK=Trueの行にも行っています。

飲み物の購入がクッキーの購入に影響を与える傾向は、これらの数値が大変に似通っているため、あまり認められないようです。

ただpandasでは、新しい列を作らなくてもこれをやってくれる方法があります。こんな風にです……

```
df_orders.groupby(df_orders.DRINKS > 0).COOKIES.mean()
```

```
DRINKS
False     0.259543
True      0.258149
Name: COOKIES, dtype: float64
```

どうなっているのか、考えてみましょう。groupby関数の中のテキスト、`df_order.DRINKS > 0`は、単に注文に飲み物があればTrue、なければFalseとなるシリーズです。このシリーズをgroupby関数にただ渡しています。するとpandasは、自動的にこのシリーズの結果からグループを作ります。そうしてまったく同一の結果を導き出しますが、これはgroupby()を使った複雑な操作を行いたいときに重宝します。

8.5.2 日付と時刻を使ったグループ化

最後のひとつとなる集約の形も、ぜひ説明しておくべきでしょう。日付と時刻を対象とした集約です。pandasには、resample()という関数があります（訳注：リサンプリング＝再標本化の関数です）。日付用というだけで、groupby()とまったく同じように働きます。ただし、ひとつ大きな違いがあります。resample()を使うためには、日付の列が、一般の列ではなく、データフレームのインデックスに含まれていなければいけません[5]。これを、Digのデータセットで実際に見てみましょう。

次ページにやり方と結果を示します。

```
( df_orders.set_index('DATETIME')
            .resample('D')
            .DRINKS
            .mean()
            .reset_index()
            .head() )
```

	DATETIME	DRINKS
0	2018-01-01	0.064363
1	2018-01-02	0.083897
2	2018-01-03	0.069347
3	2018-01-04	0.076179
4	2018-01-05	0.080892

まずは、データフレームのインデックスをDATETIME列に設定しています。そこに、resample関数を適用し、Dを使って日でグループ化することを指示しています。最後に、結果をあたかもgroupby()したかのように扱っています。この場合は、それぞれの日の飲み物の平均数を出しています。

この関数で使える頻度はDだけではないと聞いても、別に驚きはしないでしょう。以下のオプションが使えます。

- T — 分
- H — 時
- D — 日
- W — 週
- M — 月
- Y — 年
- B — 営業日：週末を除いた営業日だけを取り出した時間のシリーズを作り出します。週末に発生したものは、すべて金曜日に含まれます。
- BM — 営業月：営業日と同じですが、月単位です。

使える頻度の完全なリストは、pandasのドキュメントに書かれています[6]。

もちろん、この分析の結果は自由にプロットできます。これが、パワフルな結果をもたらします。たとえば、Columbiaレストランの毎日の注文総数をプロットしてみましょう。◆

どうすればいいか、よくわからないときは、ステップごとに分解すると、理解しやすくなります。

- 注文をColumbiaレストランでフィルターする。
- インデックスをDATETIME列に設定する。
- resampleする。
- 注文数を割り出す（使う関数を忘れたときは、セクション8.3.1を読み返してください）。
- プロットする。

私たちは、こうしました。◆

```
( df_orders
   [df_orders.RESTAURANT_NAME == 'Columbia']
   .set_index('DATETIME')
   .resample('D')
   .size()
   .plot() )
```

結果を次ページに示します。

```
<matplotlib.axes._subplots.AxesSubplot at 0x10d8393d0>
```

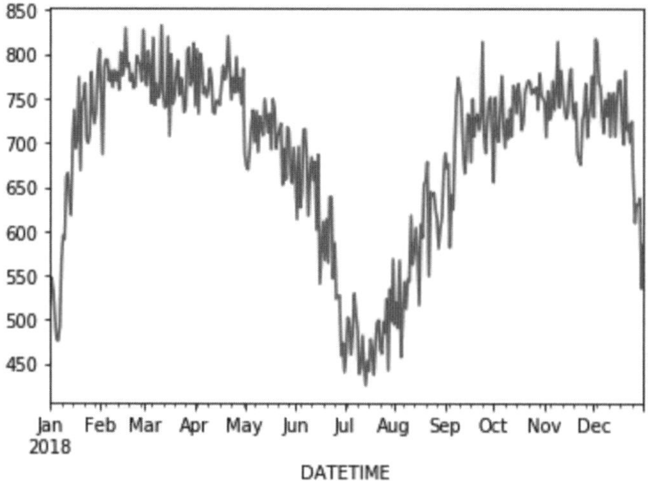

それぞれのステップを解析しましょう（番号はステートメントの行番号です）。

2. df_ordersをColumbiaレストランだけにフィルターする。
3. データフレームのインデックスをDATETIME列に設定する。
4. 日の頻度でresampleする。
5. 毎日の注文数を割り出す。
6. インデックス（この場合は日）をX軸として結果をプロットする。

この結果には、多くの情報が含まれています。レストランの季節性がはっきり見てとれます。注文は夏と冬に落ち込み、学期中にはピークに達しています。

しかし、このパターンは一般的なものでしょうか？　上のステートメントを、すべてのレストランの合算になるよう書き換えるには、どうしたらいいでしょうか？◆

Columbiaレストランにフィルターしている2行目のステートメントを削除すればよいのです。

```
( df_orders
   .set_index('DATETIME')
   .resample('D')
   .size()
   .plot() )
```

```
<matplotlib.axes._subplots.AxesSubplot at 0x11f974190>
```

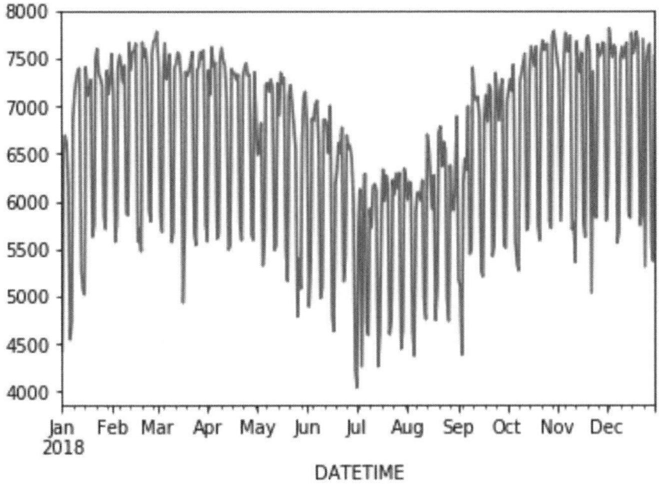

このグラフを見ると、複数のレストランにおいても、同じパターンが示されているように見えます。しかし、下向きのスパイクが多くあり、グラフは少々読み取りにくくなっています。その原因はわかりますか？◆

もっとも納得できる説明は、週末に休むレストランが多いということです。週末に注文があるレストランはごく一部しかないため、7日ごとに注文数は大きく落ち込むわけです。

このグラフを修正するには、どうしたらよいでしょうか？◆

ひとつには、日ではなく週でプロットするという簡単な方法が考えられます。そうすれば、週ごとの売上げになります。上のコードをどう直せばよいでしょうか？◆

DをWに書き換えるだけです。この方法の唯一の問題は、わずか52ポイントだけのグラフになってしまうことです（1年は52週間ですから）。ややギザギザしたグラフになるでしょう。

他の方法はないでしょうか？◆

ひとつのアプローチとして、日々の移動平均を出すやり方があります。その日の売上げをプロットするのではなく、その日から前の2週間分の平均売上げをプロットするのです。これにより、短期の売上げの変化を「平滑化」できるようになります。

これは、pandasのrolling関数で行えます（訳注：ローリング平均です）。これもgroupby()のように機能する関数です。その働きを理解するには、前に行ったresample()を振り返るのがよいでしょう（このコードは、Columbiaのプロットを行ったコードと同じですが、最後のplot()だけがありません）。

```
( df_orders
   [df_orders.RESTAURANT_NAME == 'Columbia']
   .set_index('DATETIME')
   .resample('D')
   .size()
   .head() )
```

```
DATETIME
2018-01-01    519
2018-01-02    547
2018-01-03    532
2018-01-04    502
2018-01-05    477
Freq: D, dtype: int64
```

では、次のコードを考えてみてください。

```
( df_orders
   [df_orders.RESTAURANT_NAME == 'Columbia']
   .set_index('DATETIME')
   .resample('D')
   .size()
   .rolling(3)
   .mean()
   .head() )
```

```
DATETIME
2018-01-01           NaN
2018-01-02           NaN
2018-01-03    532.666667
2018-01-04    527.000000
2018-01-05    503.666667
Freq: D, dtype: float64
```

6行目では、pandasに、その日で終わる3日間のローリング期間の窓を作るよう指示し、7行目では、窓全体の売上げの平均を求めています。この結果の性質から、1月1日と2日の値は欠損しています。元のデータにはこの2日間より前の3日分のデータがないからです。1月3日になると、1月1日、2日、3日が対象となり、その3日間の注文の平均を出すことができ、532.7（(519 + 547 + 532) / 3）という値が得られます。同じことが、1日おきに言えます。pandasには、rolling()をカスタマイズする方法がいくつも用意されています。この件に関しては、pandasのドキュメントに非常に詳しく書かれています。

これでようやく、セールス全体の滑らかなバージョンのグラフをプロットできるようになりました。14日間の移動平均を使いますが、この数値をいろいろ変えて、グラフの滑らかさを調整することができます。◆

```
( df_orders
   .set_index('DATETIME')
   .resample('D')
   .size()
   .rolling(14)
   .mean()
   .plot() )
```

結果を次ページに示します。

```
<matplotlib.axes._subplots.AxesSubplot at 0x1201b4e90>
```

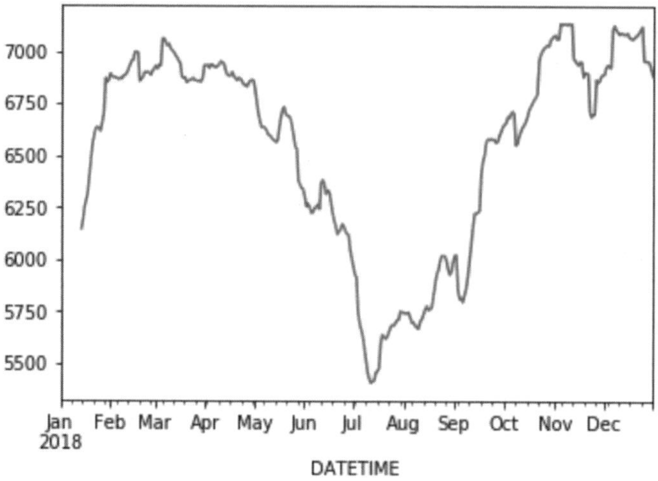

これで、すべての店舗の季節性のパターンがハッキリわかるようになりました。

この章を締めくくる前に、もうひとつ大切なことがあります。resample()もrolling()も、groupby()と組み合わせて使えば、パワフルな分析が行えるという点です。たとえば、各店舗の毎日の売上げの総数を出してみましょう。

◆

```
( df_orders.set_index(df_orders.DATETIME)
            .groupby('RESTAURANT_NAME')
            .resample('D')
            .size()
            .reset_index()
            .head() )
```

	RESTAURANT_NAME	DATETIME	0
0	Bryant Park	2018-01-01	373
1	Bryant Park	2018-01-02	789
2	Bryant Park	2018-01-03	818
3	Bryant Park	2018-01-04	782
4	Bryant Park	2018-01-05	719

ここでは、レストランでグループ分けして、日でresample（）して、各グループの行数を出しています。

このコンセプトをしっかり覚えてもらうために、もうひとつ例を示します。2018年の各月に、各レストランで購入された飲み物の総数を求めることにしましょう。このようにできます。◆

```
( df_orders.set_index(df_orders.DATETIME)
            .groupby('RESTAURANT_NAME')
            .resample('M')
            .DRINKS
            .sum()
            .reset_index()
            .head() )
```

	RESTAURANT_NAME	DATETIME	DRINKS
0	Bryant Park	2018-01-31	1414.0
1	Bryant Park	2018-02-28	1336.0
2	Bryant Park	2018-03-31	1427.0
3	Bryant Park	2018-04-30	1478.0
4	Bryant Park	2018-05-31	2340.0

これらの数値を見ると、気温が暑くなる5月に注文が増えているようです。これについては、第9章でもっと詳しく見ていきます。

最後の忠告です。セクション8.4の終わりで解説したagg関数は、pandasに比較的最近、加わったものです。残念ながら、resample()やrolling()を使ってグループ化したデータフレームとの連携は、まだできません。そのため、resample()を使って複数の関数の集約を行いたいときは、集約を個別に行わなければなりません。その後、結果として作られたテーブルを結合してください。その例は、セクション9.9で解説します。

8.6 まとめ

この章では、集約の基礎を学びました。Excelのピボットテーブルの機能を、もっとずっと大きなデータセットで、もっとずっと柔軟に、pandasで再現する方法を見てきました。とくに、生成した列と、日付と時刻を含む列での集約を学びました。

以上で、pandasの学習はほぼ完了となります。ずいぶん頑張りましたね。最後の章では、第5章のDigのケーススタディに立ち戻り、これまでに学んだことを総動員して、Digのビジネスに関連する質問に答えます。

第9章
演習

一緒に過ごせる時間が終わりに近づいてきました（わかります、胸が張り裂けそうですよね……）。この最終章は、ある意味、仕上げの章です。Digのケースに立ち返って、これまでに学んだすべてを使い、数々の総合的な質問に答えます。

いろいろな質問について考えますが、そこでは第2部で学んだ数々の内容が総動員されます。断っておきますが、かなり複雑な問題もあります。とは言え、データを扱う現実の職場でも、複雑な問題に日常的に向き合うことになります。この章では、そうした問題と格闘するための演習をみなさんに提供します。コードの一つひとつを理解できなかったとしても、そうした問題の解決方法を読み通すことで、いかにしたらデータセットを分析できるか、その面白い方法が見えてきます。

9.1 この章で学ぶこと

このセクションでは、段階的に問題を解決し、章の最後ではいちばん難しい分析に挑戦できるよう、難易度順に問題を並べています。

第5章では、Digと、同社のデータおよび運営プロダクウト上級マネージャーのシャーリーン・アズマットを紹介しました。この章の質問は、Digのビジネスの3つの課題に基づいて考えていきます。

- 新製品または新サービスの立ち上げ（とくに、Digのデリバリー主体のサービス）。これは、セクション9.3、9.4、9.7、9.8で取り上げます。
- Digがレストランで直面している人員配置のプロセス。これは、セクション9.5、9.9で取り上げます。

- 企業としてもっとデータドリブンになるためのプロセス。セクション9.6で取り上げます。

9.2 この章で必要になるもの

始める前に、この章のためのJupyter Notebookを作りましょう。最初に行うのは、必要となるパッケージのインポートです。以下のコードを先頭のセルにコピーして実行してください。

```
import pandas as pd
import matplotlib.pyplot as plt
```

次に、以前の章で作ったファイルを読み込みます。それには、以下のコードを2番目のセルにコピーして実行してください。

```
df_summarized_orders = pd.read_pickle(
                'Chapter5/summarized_orders.pickle')
df_orders = pd.read_pickle('Chapter7/orders.pickle')
```

いつものとおり、必要となるファイルは本書のウェブサイトに用意しています。以前の章をスキップされた方は、上のコードで指定されているすべてのファイルをダウンロードして、適切なフォルダの中に保存しておいてください。

9.3 新製品の分析：成功のための豊かな土壌を作る

Digの物語を読んで、この会社の最大の誇りの源は、各レストランが現場ですべてを調理する点にあることがわかります。実際、その方針に従い、従業員全員に、それぞれレストランで調理の訓練をしています。しかし、ひとつだけ例外があります。瓶入りと缶入りの飲み物です。これらの製品を作るには大規模な設備が必要で、それをレストランで所有するのは、まず不可能です。しかも、それらを生産する数多くの企業は、Digと同じ哲学のもと、責任を持って、上質な材料を集めています。

そのため、読んでおわかりのとおり、Digでは瓶入りまたは缶入りの飲み物を自社製造せずに、そうした企業が作った製品を数多くストックすることを選んだのは当然です。

このセクションでは、Digが独自の飲み物の新規ラインの立ち上げを決意した仮想の未来を考えます。企業が新製品を立ち上げるときは、まずは1箇所で発売を始め、やがてチェーン店に広げていくという手法がよく採られます。私たちは、Digがそのデータを活用して、どのレストランで、そして1年のうちのどの時期に、新製品をローンチすればよいかを考えます。

この質問と、以前のセクションで取り組んできた質問との間には、大きな違いがあることに注意してください。これまでのセクションでは、ほとんどの質問がデータからの流れで組み立てられていたので、そのデータをどう使って答を出すかは明白でした。唯一の問題は、各ステップで使うべきpandasのコードを探すことでした。しかしこの質問はもっとずっと曖昧で、最初に、データからの文脈でどう質問を組み立てるか、から考えなければなりません。

始める前に、少し時間を取ってそれを考えてみましょう。データを使って、どんな質問をしたいですか？　どんな答がほしいですか？　私たちからひとつの解決策を提案しますが、とにかく、データで実験してみてください。◆

最初のステップは、おそらく何がしたいのかを自問することでしょう。その答は、異論がないことを願いますが、新しい飲み物をできるだけ多く売ることです。どうしたらそれが叶うでしょうか？　たぶん、飲み物の人気が高い場所を見つけることです。飲み物がまったく売れないレストランで新製品を立ち上げるのは、逆効果です。そこで、私たちの最初の質問は、他店舗よりも多くの飲み物が注文されているレストランがあるかどうか、となります。そのようなレストランがあれば、それらが新製品ローンチに望ましい候補店となります。実際にあるかどうかは、以下のコードでわかります。◆

```
( df_orders.groupby('RESTAURANT_NAME').DRINKS
                    .mean().sort_values().plot(kind='bar') )
```

結果を次ページに示します。

```
<matplotlib.axes._subplots.AxesSubplot at 0x125abbbd0>
```

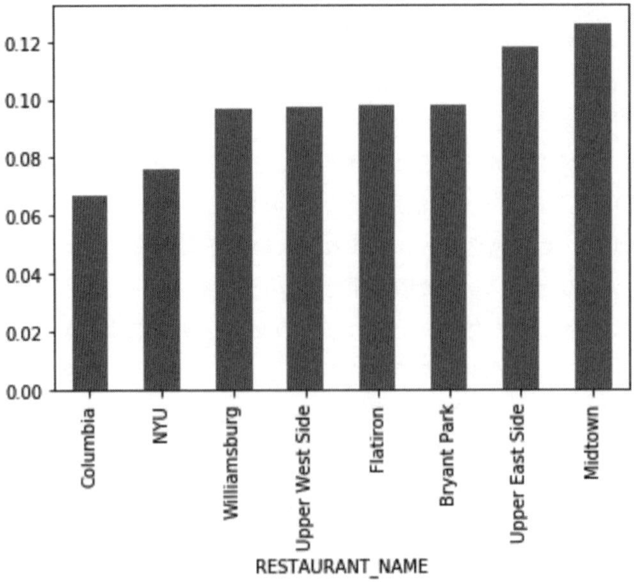

まず、RESTAURANT_NAME（第7章で追加していることを願います）でグループ化しています。そして、DRINKS列の平均を出し、各レストランの注文ごとの飲み物の平均注文数を出しています。最後に、結果として作り出されたシリーズを値で並べ変え、注文数の順でプロットしています。このグラフを見ると、MidtownとUpper East Sideがローンチに適しているようです。

では、時期に注意を向けてみましょう。このローンチの責任者である製品マネージャーとして、1年間のどの時期にローンチすべきかを、どうやって決めたらよいでしょうか？　同様の論理に従えば、Digの全レストランでの毎月の飲み物の注文総数を見ることになります。それは、このコードで行えます。◆

```
( df_orders.set_index('DATETIME').resample('M')
                                   .DRINKS.sum().plot() )
```

```
<matplotlib.axes._subplots.AxesSubplot at 0x125d48890>
```

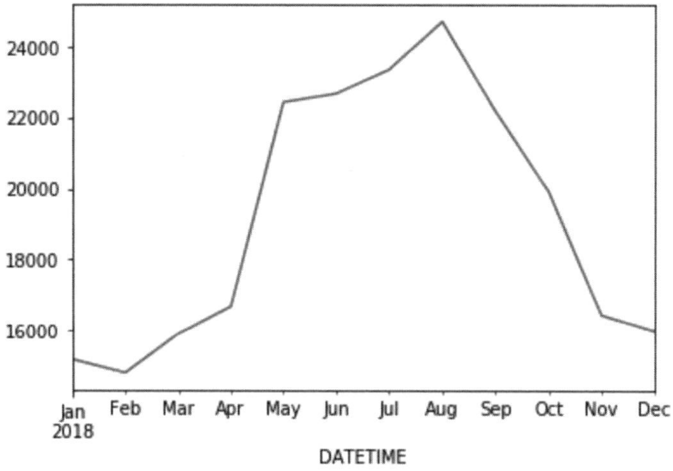

まずは、データフレームのインデックスをDATETIME列に設定して、月でリサンプリングを行い、各月にDigで購入された飲み物の合計を出しています。飲み物の購入のピークが夏なのは、予想どおりです。新製品のローンチは夏が適時だと考えられます。

他にできることはあるでしょうか？◆　私たちは、Midtownのレストランが新製品ローンチに適した場所だと判断しましたが、この時期的パターンがMidtownレストランの場合に合致しているかを確認しておくべきです。これは次のコードでわかります。◆

```
( df_orders[df_orders.RESTAURANT_NAME == 'Midtown']
        .set_index('DATETIME')
        .resample('M')
        .DRINKS.sum().plot() )
```

紙面の関係で結果は示しませんが、パターンはよく似ています。

覚えておいてください。私たちは、かなり漠然とした質問からスタートして、より具体的な質問に煮詰め、そしてpandasのパワーを使って質問に答を出しました。

9.4 次なるフロンティア：Digのデリバリー専用メニューをデザインする

Digは急激な成長に入ったばかりの若い企業です。この成長の中でも、とくに目を見張る側面は、店舗中心の経営から、デリバリー、テイクアウト、ケータリングの提供への拡大です。これらの新事業は、ローンチとともに瞬く間に人気となり、一部には注文の30パーセントがデリバリーという店舗もあるほどです。しかし、Digの紹介コラムを読んでおわかりのとおり、その成功はチャレンジの賜物です。当初Digは、デリバリーを、レストランでの食事の提供に「付随する」サービスと考えていました。客は店舗内のメニューで注文をして、外部の配達業者にデリバリーを委託するという形でした。これは、競合他社のアプローチとまったく同じでしたが、Digの幹部たちは、これでは満足な顧客体験にならないとすぐに気がつきました。問題はいろいろありましたが、Digのメニューは幅広く、Digボウルの組み合わせは、およそ1500種類にものぼります。しかしその中には、他の形態に比べてデリバリーにもっとも適しているものも含まれていました。

Digは、それを見つけたときに好機を感じ、Digの顧客体験の境界線を押し広げることに、大きな力を集中させることにしました。とくに、まったく新しい、一から考え直したデリバリーサービスの創造を決意しました。デリバリーに特化し最適化された新規のメニューとプラットフォームです。これによりDigは業界の先駆者となり、絶好のポジションに身を置き、市場のますます拡大するセグメントを掴んだのです。

ご想像のとおり、まったく新しいデリバリーサービスを作るということは、大変な努力を要するものです。先頭を走る者にはそれなりの恩恵がありますが、従うべきルールブックがないことも意味します。このセクションと、セクション9.7、9.8では、この取り組みを支えるデータを使ってDigが答を出すであろう質問について考えます。始める前に、ちょっと時間をとって、どんな質問を扱いたいかを考えてください。◆

私たちの最初のチャレンジは、Digの新しいデリバリーメニューのデザインに関するものです。Digは、メニューにどんなオプションを盛り込めばよいでしょうか？　答の中には、どんなアイテムが「移動」に適しているかを中心に考えたものがあるでしょう。しかし、私たちが持っているデータでは、それを割り出すことはできません。また、Digの「現在の」人気ナンバーワン・メニューのオプションを中心に考えた答もあるでしょう。これは、それ自体がかなり幅の広い質問です。これをシンプルな分析にまで煮詰めるには、どうしたらよいでしょうか？◆

まず、Digのボウルには、大きく4つのオプションがあることを思い出してください。ベース、メイン、ひとつめのサイド、ふたつめのサイドです。そのため、以下の各カテゴリーで、各オプションにどれだけ人気があるかを尋ねることになります。

- もっとも人気のメインは？
- もっとも人気のベースは？
- ベースごとに、いちばん人気のメインは何か？
- それがサイドにどう関連しているか？

加えて、もっと一般的な質問も重要でしょう。たとえば、「ベースにサラダを注文した人は、ヘルシーなオプションを求めるか？」といったものです。答がノーならば（ただレタスが好きという人もいます）、新しいメニューにはベースはサラダでも、あまりヘルシーでないサイドを付けるというオプションも含めるべきでしょう。この質問は、セクション9.8で考えることにします。

今は単純に、どのメインとどのベースがもっとも人気なのか、どの組み合わせがベストなのかを特定しましょう。どうしたらそれがわかるか、少し考えてみてください（ヒント：これはセクション7.9の最後ですでに取り組んでいます）。◆

まずは、注文のデータセットに注目しましょう。第7章を思い出してください。各レストランの名前と各アイテムをデータセットに含めました（これには、いくつか結合を行う必要があります）。◆

```
df_orders.head()
```

結果を次ページに示します。

	ORDER_ID	DATETIME	RESTAURANT_ID	TYPE	DRINKS	COOKIES	MA
0	O1820060	2018-10-11 17:25:50	R10002	IN_STORE	1.0	2.0	N
1	O1011112	2018-05-31 11:35:00	R10003	IN_STORE	0.0	0.0	N
2	O752854	2018-04-21 18:12:57	R10001	DELIVERY	0.0	2.0	
3	O2076864	2018-11-17 12:50:52	R10005	PICKUP	1.0	0.0	

次に、どのメインとどのベースがいちばん人気なのかを調べます。

```
df_orders.MAIN_NAME.value_counts().plot(kind='bar')
```

```
<matplotlib.axes._subplots.AxesSubplot at 0x12314e490>
```

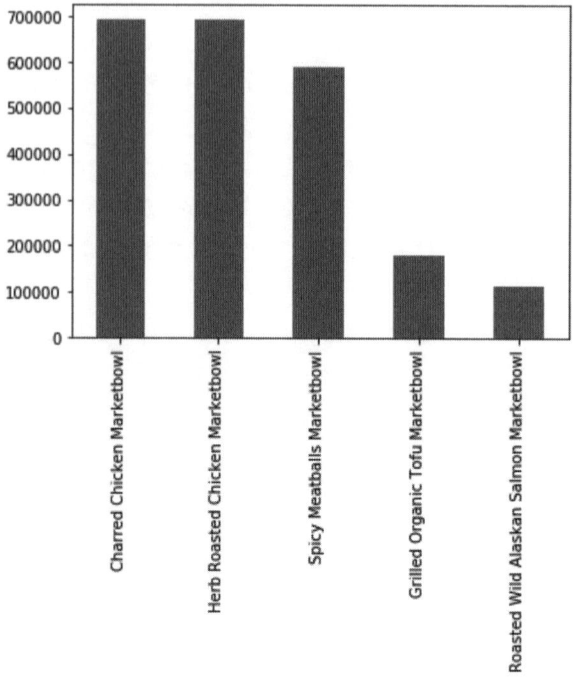

あきらかに、チキンの人気が高いようです。続いて、ミートボール、豆腐、サーモンと、やや人気が落ちて続きます。

ベースを見てみましょう。

```
df_orders.BASE_NAME.value_counts().plot(kind='bar')
```

```
<matplotlib.axes._subplots.AxesSubplot at 0x121d873d0>
```

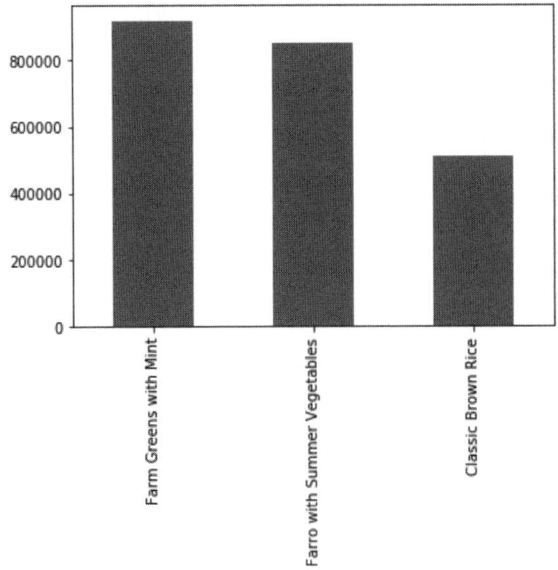

Digのお客さんは、かなり健康的なようです。ベースのリストではサラダが最高位についています。次に人気なのがファッロで、最後がライスです。

次は、もうちょっと難しいことに挑戦しましょう。どのサイドが、どのメインとの組み合わせで人気が高いかです。どうしたらわかるか、少し考えてみてください。◆

ひとつの解決策としては、MAIN_NAMEとBASE_NAMEで注文データをグループ化して、組み合わされた回数を数えるという単純な方法があります。

◆

```
( df_orders.groupby(['MAIN_NAME', 'BASE_NAME'])
          .size()
          .sort_values(ascending=False)
          .reset_index() )
```

	MAIN_NAME	BASE_NAME	0
0	Herb Roasted Chicken Marketbowl	Farm Greens with Mint	280243
1	Charred Chicken Marketbowl	Farm Greens with Mint	279591
2	Herb Roasted Chicken Marketbowl	Farro with Summer Vegetables	259056
3	Charred Chicken Marketbowl	Farro with Summer Vegetables	258945
4	Spicy Meatballs Marketbowl	Farm Greens with Mint	238509
5	Spicy Meatballs Marketbowl	Farro with Summer Vegetables	220116
6	Charred Chicken Marketbowl	Classic Brown Rice	155311
7	Herb Roasted Chicken Marketbowl	Classic Brown Rice	154203
8	Spicy Meatballs Marketbowl	Classic Brown Rice	132060
9	Grilled Organic Tofu Marketbowl	Farm Greens with Mint	73682
10	Grilled Organic Tofu Marketbowl	Farro with Summer Vegetables	68153
11	Roasted Wild Alaskan Salmon Marketbowl	Farm Greens with Mint	46052
12	Roasted Wild Alaskan Salmon Marketbowl	Farro with Summer Vegetables	42779
13	Grilled Organic Tofu Marketbowl	Classic Brown Rice	41323
14	Roasted Wild Alaskan Salmon Marketbowl	Classic Brown Rice	25616

コードの最初のステートメントでは、データフレームをグループ化しています。次のステートメントでは、各組み合わせの行数を求めています。その次は、結果を降順に並べ変え（いちばん人気のあるものがトップ）、最後はインデックスをリセットしてデータフレームに結果を挿入しています。

見たところ、チキンサラダの勝利です！　それは結構なことですが、このテーブルにはちょっと読みづらいという難点があります。サイドとメインの組み合わせの人気度がわかるように、この情報をグラフに視覚化できないでしょうか？◆

まずはセクション8.3.2で学んだunstack()を使って、各列がベースに対応するテーブルが作れます。

```
( df_orders.groupby(['MAIN_NAME', 'BASE_NAME'])
          .size()
          .unstack() )
```

BASE_NAME	Classic Brown Rice	Farm Greens with Mint	Farro with Summer Vegetables
MAIN_NAME			
Charred Chicken Marketbowl	155311	279591	258945
Grilled Organic Tofu Marketbowl	41323	73682	68153
Herb Roasted Chicken Marketbowl	154203	280243	259056
Roasted Wild Alaskan Salmon Marketbowl	25616	46052	42779
Spicy Meatballs Marketbowl	132060	238509	220116

インデックスの「2つめ」の列（BASE_NAME）が、3つの列に変換されていることに注意してください。最後に、plot()を使って、各列を隣合わせにしたグラフを出力します。

```
( df_orders.groupby(['MAIN_NAME', 'BASE_NAME'])
          .size()
          .unstack()
          .plot(kind='bar') )
```

```
<matplotlib.axes._subplots.AxesSubplot at 0x1236f84d0>
```

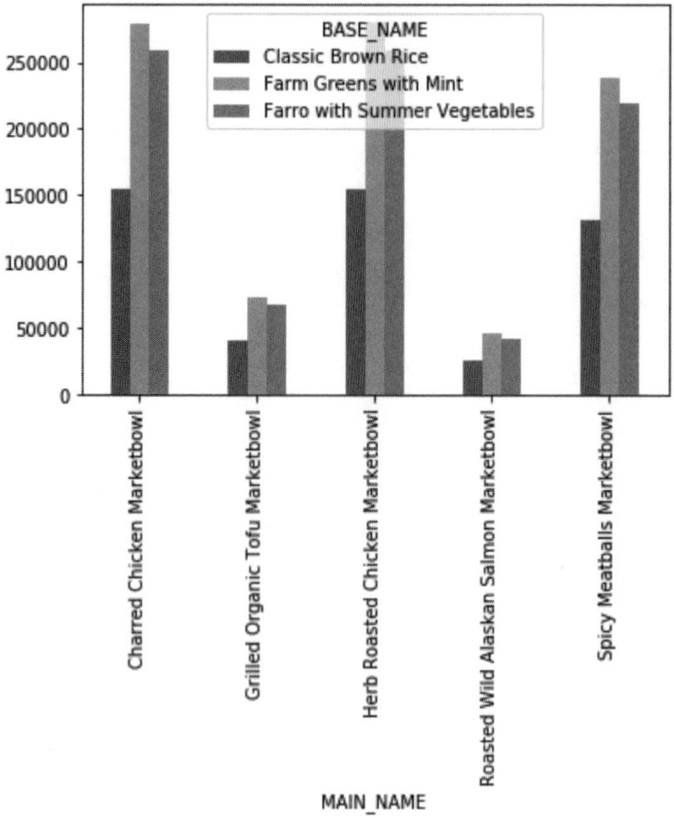

このグラフで、ぐっとわかりやすくなりました。またこれにより、サイドの人気はボウルの中のメインには影響されないことも、はっきりとわかります。この組み合わせ情報は便利です。サイドとメインの組み合わせは、それほど厳密に考える必要がないことを示唆しています。そこは気にせず、どの組み合わせがデリバリーにもっとも適しているかに集中できます。

話を簡潔にするために、同様の分析をサイドに対して行うことはしませんが、ぜひ、ご自分で試してみてください。この章の後半で、私たちはDigの新メニューのデザインに関連するその他の質問について考えます。

9.5 成功への人員配置

次なる質問は、飲食業界のあらゆる事業にとって最大の挑戦に数えられる、人員配置に関するものです。このチャレンジは、Digをデータドリブンに移行させようというアズマットの構想の前に、大きな頭をもたげました。彼女は、データでDigの従業員をプロに育てる手助けをすることと同時に、別のシステムにさまざまな人事（HR）データを保管していることから生じる困難について話しています。Digの完全な人員配置データセットは、本書の範囲を超えますが、私たちが持っているデータセットを使って、この問題のひとつの側面に対処することは可能です。これは、みなさんが考えるよりも、ずっと一般的な問題です。あのデータセットにアクセスできたならと願うのは山々ですが、私たちは手持ちの材料だけでなんとかしなければなりません。ここで少し立ち止まって、私たちが持っているデータで、この問題のどの側面に対処できるかをブレインストーミングしてみましょう。◆

私たちが取り組む問題は、Digの紹介文でアズマットが話していた「労働力の供給とアメリカの労働法に関する状況の変化」に関するものです。この傘の下には、いろいろな問題が集まってきます。たとえば、アメリカの地方自治体には、雇用主が土壇場で従業員のシフトを変えることを禁じる法律を通すところが増えています。これにより企業は、人員配置スケジュールを時間的な余裕を持って発表しておく必要に迫られます。非常に変化に富んだ要求に応じなければならない飲食業界には、とても難しいことです。この作業は、Digにはさらに困難なものとなります。なぜなら、あらゆるアイテムを現場で調理するというDigの方針を守るには、最低限の訓練を受けたスタッフがつねにレストランにいる必要があるからです。

スケジュールの組み立て工程に対処するには、私たちが持つデータをどのように使えばよいでしょうか？◆　私たちのデータを使えば、レストランごとの1日の注文の分布を分析できます。これは、各レストランの要求を確実に満たす人員配置スケジュールを組み立てるDigにとって、決定的な第一歩になります。たとえば、Columbiaのレストランは昼食時にもっとも忙しくなるとわかったならば、そのレストランへ、その時間に十分なスタッフを配置する長期スケジュールを立てることができます。手を付ける前に、どんな結果が期待されるのかを、考えてみてください。その期待と現実を比較するためです。

まずは、これを探るために、どのようなグラフを描けばよいかを考えましょう。◆　おそらく、最初のステップとして真っ先に思い浮かぶのは、レストランごとの、1日の注文数の変化を示すグラフでしょう。それを実行する方法はいくつかあります。では、少し時間をとって、どんなアプローチが適当かを考えてください。◆

これは、groupby()とunstack()を使えば簡単にできます。手始めに、1年を通して時刻ごとの注文の総数がわかるデータフレーム（レストラン別、時刻別）を作りましょう。◆

```
( df_orders.groupby([df_orders.DATETIME.dt.hour,
                     df_orders.RESTAURANT_NAME])
          .size() )
```

```
DATETIME  RESTAURANT_NAME
9         Columbia               2
          Flatiron               2
          Midtown                3
          NYU                    5
          Upper East Side        1
                               ...
23        Midtown               97
          NYU                  149
          Upper East Side       94
          Upper West Side       96
          Williamsburg         107
Length: 118, dtype: int64
```

このgroupby()ステートメントには、第8章で学んだすべての技が盛り込まれています。

- グループ化する「2つ」のものを含むリストをgroupby()に渡し、複数の列を集約している。
- コラム名を渡す代わりに、値のシリーズを渡している。これにより、データフレームに列として存在していないにもかかわらず、時刻でのグループ化が可能になります。新しい列が作られることもありません。

結果はシリーズです（レストラン別、時刻別）。これには、その時刻のそのレストランでの注文数が記されています。これを、レストランが列を、時刻が行となるデータフレームに変換するには、どうしたらよいでしょうか？

◆

私たちは、単純にunstack()を使いました。

```
( df_orders.groupby([df_orders.DATETIME.dt.hour,
                     df_orders.RESTAURANT_NAME])
           .size()
           .unstack() )
```

RESTAURANT_NAME	Bryant Park	Columbia	Flatiron	Midtown	NYU	Upper East Side
DATETIME						
9	NaN	2.0	2.0	3.0	5.0	1.0
10	5581.0	7035.0	6927.0	8106.0	3756.0	2306.0
11	22289.0	9698.0	27094.0	31643.0	35330.0	22564.0
12	31444.0	10008.0	37918.0	44244.0	56872.0	36402.0

最後に残ったのは、結果のプロットです。

```
( df_orders.groupby([df_orders.DATETIME.dt.hour,
                     df_orders.RESTAURANT_NAME])
           .size()
           .unstack()
           .plot() )
```

結果を次ページに示します。

```
<matplotlib.axes._subplots.AxesSubplot at 0x122c76d90>
```

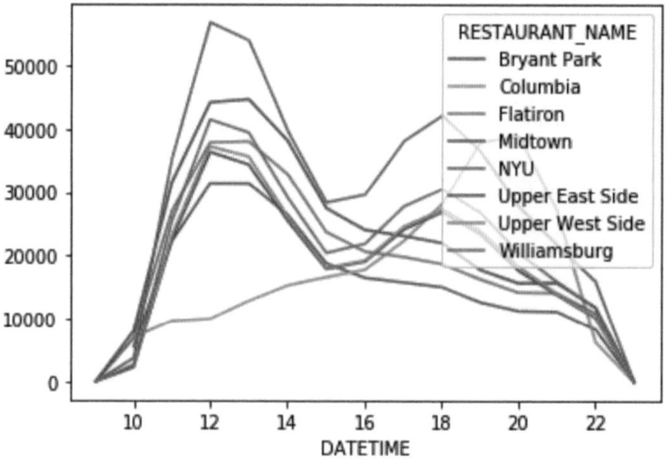

作られたグラフを見てみましょう。期待どおりになっていますか？　何か目立ったところはありませんか？　この結果を上司に見せるとしたら、このグラフで突出しているどんなポイントを指摘しますか？◆

私たちが感じたのは、以下のポイントです。

- ほとんどのレストランは昼食時にもっとも忙しくなり、2番目のピークは夕食時になっている。各レストランの人員配置にとって、これはきわめて重要な情報です。
- どのレストランでも、昼食時のピークは同じ時刻になっているが、夕食時のピークにはズレがある。
- 一部にまったく分布が異なるものがある。たとえばColumbiaのレストランは、昼食時にはまったく動きがなく、夕食時に大量の注文があります。これは、Columbiaでの人員配置スケジュールは、他のチェーンレストランとは根本的に変える必要があることを示唆しています。

この他にも何かありましたか？　これは、人員配置の計画においてpandasがいかに便利であるかを実感させてくれます。このテーマは、セクション9.9で注文量と天気の関係を分析する際にも取り上げます。

9.6 データの民主化：注文データセットの要約

第5章でpandasの学習を始めたとき、私たちは2つのデータセットを読み込みました。詳細な注文を個別にリストアップした注文データセットと、店舗と日付ごとにまとめ、要約した注文のデータセットです。

データチームと密接に仕事をしたことのある人なら、これは非常に馴染み深いものでしょう。本物のデータセットはいつだってとても複雑で、たいていはごちゃごちゃで、簡単にアクセスできません。その結果、社内のビジネスインテリジェンス部門は、会社のデータセットを、すぐに分析に使えるフォーマットに変換しなければならないことがしばしばです。

Digについてお話ししたとおり、現実のデータセットはさまざまな原因により、本来複雑なものです。比較的小規模なアーリーステージの企業では、データをどう使うかがまだ明確になっていないことが考えられます。また、アーリーステージの企業では、特定のデータビューを簡単に見られるようにするデータインフラが、完全に構築されてないことも多いでしょう。伝統ある大手企業の場合は、その逆の問題が起こり得ます。長年の間に会社のデータインフラは、手に負えないほどごちゃ混ぜなシステムに膨れ上がっている恐れがあります。それぞれが特定の種類のデータを保管していますが、孤立しているため使い勝手が悪いのです。有用な情報を引き出せるよう、それらのデータセットを組み合わせようとすれば、ときに膨大な量のスキルを必要とします（政治的影響力は言うに及ばずです）。

これでは困ります。私たちの経験では、データから有意義な知見を引き出そうとするときに生じる問題の、もっとも一般的な原因に、厄介な技術的ハードルがあります。それは、ビジネスを熟知し答を必要としている人と、データとの間に立ちはだかります。企業幹部たちにも分析ができるように、データを揉みほぐしてわかりやすい形にする能力は、したがって、これまで実際に見てきた中で、もっとも便利なスキルでもあります。私たちはこれを「データの民主化」と呼んでいます。データを、社内のより多くの人たちが分析に使えるようにすることです。

もちろん、大きな力には大きな責任が伴います。重要なデータセットのより濃厚なビューを作ることには、ひとつ間違えば（コード上のミスなど）、デバッギングの望みもなく、誤った結果を導き出してしまうリスクが伴います。そのためデータを正しく民主化する技術は、データ分析のツールキットの中でも、もっとも重要なスキルのひとつとなります。ここでは、summarized_ordersを自分で作ることで、そのコンセプトを説明します。

まずは、ordersデータセットを見てみましょう。第7章で各レストランの名前とアイテムを取り込んだときのことを思い出してください（これには、いくつか結合する必要があります）。◆

```
df_orders.head()
```

	ORDER_ID	DATETIME	RESTAURANT_ID	TYPE	DRINKS	COOKIES	MA
0	O1820060	2018-10-11 17:25:50	R10002	IN_STORE	1.0	2.0	N
1	O1011112	2018-05-31 11:35:00	R10003	IN_STORE	0.0	0.0	N
2	O752854	2018-04-21 18:12:57	R10001	DELIVERY	0.0	2.0	

summarized_ordersデータセットでは、1行に各レストランのそれぞれの日の行が含まれていて、そのレストランのその日の注文数と、デリバリーの注文の比率が記されていましたね。

このデータセットを作るには、まずは各レストランの毎日の注文数を記したデータフレームを作ります。◆

行き詰まってしまったときのために、手始めにDATETIMEをインデックスに指定して、RESTAURANT_NAMEでグループ化して、日でリサンプリングしてください。そして、各レストランの毎日の行数を求めるには、セクション8.3.1で学んだ集約関数のうちどれを使うべきかを考えてください。最後に、結果を適切な列名を付けたデータフレームに変換します。私たちは、こうしました。◆

```
df_num_orders = ( df_orders.set_index('DATETIME')
                          .groupby('RESTAURANT_NAME')
                          .resample('D')
                          .size()
                          .reset_index()
                          .rename(columns={0:'NUM_ORDERS'}) )
print(len(df_num_orders))
df_num_orders.head()
```

2919

	RESTAURANT_NAME	DATETIME	NUM_ORDERS
0	Bryant Park	2018-01-01	373
1	Bryant Park	2018-01-02	789

最初のステートメントで、resample()が行えるように、DATETIME列をデータフレームのインデックスに指定しています（セクション8.5.2を参照）。次に、レストラン名でグループ化して、インデックスでリサンプリングし、各レストランのデータが日ごとに出力されるようにしています。そして、size()を適用して各グループの行数を求めています。最後に、インデックスをリセットして、2つの列を取得しています。ひとつはレストラン名を含むもの、もうひとつは日を含むものです。前にも見てきたように、ひとつの特定の列ではなく、グループ全体にsize関数を使うと、結果に示される列の名前はゼロになります。そのため、その列に何が含まれているかを示すために、列名をNUM_ORDERSに変更しなければなりません。

その結果、データフレームには、各レストランの1日ごとの列と、その日の注文数が含まれることになります。また、データセットの行の数も示しています。この場合は、2919となっています。これは後に使います。

第二のステップは、各レストランのデリバリーの注文の割合を含むデータフレームを作ることです。いちばん簡単にやる方法は、こうです。◆

```
df_orders['IS_DELIVERY'] = (df_orders.TYPE == 'DELIVERY')
df_pct_delivery = ( df_orders.set_index('DATETIME')
                             .groupby('RESTAURANT_NAME')
                             .resample('D')
                             .IS_DELIVERY
                             .mean()
                             .reset_index()
                             .rename(columns={'IS_DELIVERY':
                                              'PCT_DELIVERY'}) )
print(len(df_pct_delivery))
df_pct_delivery.head()
```

	RESTAURANT_NAME	DATETIME	PCT_DELIVERY
0	Bryant Park	2018-01-01	0.0
1	Bryant Park	2018-01-02	0.0
2	Bryant Park	2018-01-03	0.0
3	Bryant Park	2018-01-04	0.0
4	Bryant Park	2018-01-05	0.0

まず行っているのは、データフレームの中に列をひとつ作ることです。その各行には、注文がデリバリーなら1、それ以外なら0が入っています。なぜ、こんなことをするのでしょうか？　この列の平均を求めて、デリバリーの注文の比率を出せるようにするためです。残りのコードは、ひとつ前のコードと同じように処理を行っています。このデータフレームの行数は、ひとつ前のものと同じであることに注目して、安心してください。

最後に、この2つのデータセットを結合して、最終的な注文の要約データセットを作ります。◆

行き詰まったときは、それぞれのデータセットのどの列（複数もあり得ます）を結合に使うべきかを考えてみてください。そして、どの結合を使うべきかを問うてください。内部か外部か左か右か？　私たちのソリューションはこうなりました。◆

```
df_summarized_orders = (
        pd.merge(df_num_orders,
                  df_pct_delivery,
                  on=['RESTAURANT_NAME', 'DATETIME'],
                  how='outer') )
print(len(df_summarized_orders))
df_summarized_orders.head()
```

2919

	RESTAURANT_NAME	DATETIME	NUM_ORDERS	PCT_DELIVERY
0	Bryant Park	2018-01-01	373	0.0
1	Bryant Park	2018-01-02	789	0.0
2	Bryant Park	2018-01-03	818	0.0
3	Bryant Park	2018-01-04	782	0.0
4	Bryant Park	2018-01-05	719	0.0

これは、セクション7.5でも学んだ簡単な結合ですが、ひとつ説明しておくべきことがあります。なぜ、外部結合を行ったのでしょうか？　前にも見たとおり、ここで結合されるテーブルは行数が同じで、これらのレストラン名と日付がぴったり一致すると考えられます。ならば、内部結合でもよいのでは？　ここが肝心です。外部結合にすることで、2つのテーブルのキーが実際にぴったり一致するかを確認できるのです（それもタダで）。あるレストラン名と日付の組み合わせがひとつのテーブルにあり、もう片方になかったら、どうなるでしょう？　この場合、外部結合ならば出力に新しい行が追加されます。外部結合の結果の行数が、元の2つのテーブルのものと同じなら、実際にキーも一致していることが示唆されます。

もうひとつのポイント。第5章で取り上げた元のsummarized_ordersデータフレームを見ると、2806行あることがわかります。それに対して、ここで作ったものは2919行です。この違いはなんでしょう？　第5章のデータフレームには、注文がなかった日が含まれていません。注文があった日だけにデータフレームをフィルターすれば、同じ行数になります。

```
(df_summarized_orders.NUM_ORDERS > 0).sum()
```

```
2806
```

何をしたのか、確認しましょう。私たちは200万行以上のデータセット(Excelでは開けません。そのため、ビジネスアナリストには扱えないものになっています)を、わずか3000行以下のデータセットにしました。第6章で見たとおり、この小さくなったデータセットには、各レストランの業績に関する非常に有意義な知見を生み出すに十分なデータが含まれています。そしてこれは、ビジネスの日々の機能に精通した人がExcelで簡単に扱えるだけのサイズに縮められています。これぞまさに、実践的なデータの民主化の好例です。

9.7 新しいデリバリーサービスの豊かな土壌を探す

セクション9.4は、Digの歴史の中の心踊る新局面の話から入りました。顧客体験を高めるための、デリバリー主体のサービスへの移行です。私たちは、Digが既存の注文パターンをどう分析して新メニューを作るのかを考えました。

このセクションでは、この新サービスを別の角度から考えることにします。Digを紹介したコラムで、Digの一部のレストランでデリバリーサービスが人気になったことを知りましたが、このサービスを拡張するにあたり、デリバリーの人気がもっとも高いレストランを特定する必要があります。それがわかれば、たとえば、新しいプログラムの試験運用をどのレストランで行うべきかが決まります。これはまた、セクション9.5で扱った人員配置の問題にも関わってきます。デリバリーの比重が大きいレストランのスタッフの必要数は、ほとんどの注文が店内のものである他のレストランとでは異なるはずです。

まずはこれを、レストランごとに考えましょう。たとえば、Columbiaレストランでのデリバリーの注文の比率は、どうしたらわかるでしょうか？
こんな方法があります。◆

```
( df_orders[df_orders.RESTAURANT_NAME == 'Columbia']
          .TYPE.value_counts(normalize=True).reset_index() )
```

	index	TYPE
0	IN_STORE	0.728053
1	PICKUP	0.171285
2	DELIVERY	0.100662

このコードの中のnormalize=Trueは、カウント数ではなく合計で1になる比率を示すことを、思い出してください。

結果を見ると、デリバリーは有望です。しかし、これを各レストランに行うにはどうすればよいでしょう？　さらに重要なこととして、この結果を便利な、そしてすぐに使える形で視覚化するには、どうしたらよいでしょう？

この先を読む前に、ちょっと時間をとって考えてください。この作業を少々難しくしているのは（そしてこのセクションの位置が章の後半で正当化される理由は）、結果をどう視覚化するかが、いまひとつ明確になっていないという点です。これは、ご自分で挑戦してみる価値のある問題です。◆

私たちの答は、最初にこんな形のテーブルを作ることでした。

	IN_STORE	DELIVERY	PICKUP
RESTAURANT_NAME			
Bryant Park	0.754002	0.068645	0.177353
Columbia	0.728053	0.100662	0.171285
Flatiron	0.725600	0.102343	0.172056
Midtown	0.753170	0.068805	0.178024
NYU	0.730706	0.100520	0.168774
Upper East Side	0.656743	0.189381	0.153876
Upper West Side	0.656462	0.189686	0.153852
Williamsburg	0.729094	0.101127	0.169779

各項目は、デリバリーとして記録されたレストランの注文の比率を列挙しています。たとえば、Columbiaの注文の10パーセントは、前に個別の計算でもわかったように、デリバリーです。

そんなテーブルを、どのように作ればよいでしょうか？　すでに学んだ材料を使えば、いくつもの方法が思いつきます（この章のJupyter Notebookに例を書いておきました）。しかし、新しいテクニックをひとつも使わない、よりエレガントな方法にもチャンスを与えましょう。これまでに学んできた方法を、新しい（そして言わせてもらえばエキサイティングな）形で使います。

まずは、以下のコードを実行してください。

```
( df_orders.groupby('RESTAURANT_NAME')
        .TYPE
        .value_counts(normalize=True) )
```

ここでは単純にRESTAURANT_NAMEをグループ化して、value_counts()を各レストランのTYPE列に適用しています。

なぜ、これまでやってきた集約と違うのでしょうか？　理由は簡単です。ここで使っている集約関数value_counts()は、単独の数値ではなく、完全なシリーズを返すからです。細かく分けてコードを考えてみましょう。df_orders.groupby('RESTAURANT_NAME').DRINKS.mean()というステートメントを考えてみてください。それぞれのRESTAURANT_NAMEに対して、DRINKS列の平均値を計算しています。これは「単独」の数値です。レストランごとに1行が割り当てられているテーブルに、簡単に収めることができます。

しかし、value_counts()で集約を行うと、レストランごとに完全なシリーズが与えられます。この結果を、pandasはどうやって、レストランごとに1行というテーブルに入れ込むのでしょうか？　やってみましょう。

```
( df_orders.groupby('RESTAURANT_NAME')
        .TYPE
        .value_counts(normalize=True)
        .head(10) )
```

```
RESTAURANT_NAME   TYPE
Bryant Park       IN_STORE     0.754002
                  PICKUP       0.177353
                  DELIVERY     0.068645
Columbia          IN_STORE     0.728053
                  PICKUP       0.171285
                  DELIVERY     0.100662
Flatiron          IN_STORE     0.725600
                  PICKUP       0.172056
                  DELIVERY     0.102343
Midtown           IN_STORE     0.753170
Name: TYPE, dtype: float64
```

pandasは見事にやってくれました！　value_counts関数の出力のインデックスを使い、groupby()からのインデックスと結合して、2列のインデックスを作りました。最後に、section 8.3.2で学んだunstack()を使えば、求めるテーブルができあがります。

```
( df_orders.groupby('RESTAURANT_NAME')
            .TYPE
            .value_counts(normalize=True)
            .unstack() )
```

TYPE	DELIVERY	IN_STORE	PICKUP
RESTAURANT_NAME			
Bryant Park	0.068645	0.754002	0.177353
Columbia	0.100662	0.728053	0.171285
Flatiron	0.102343	0.725600	0.172056
Midtown	0.068805	0.753170	0.178024
NYU	0.100520	0.730706	0.168774
Upper East Side	0.189381	0.656743	0.153876
Upper West Side	0.189686	0.656462	0.153852
Williamsburg	0.101127	0.729094	0.169779

最後のステップは、これをプロットすることです（レストランを、デリバリーの比率で降順に並べ変えていることに注意してください。この分析の目的が、新しいデリバリー商品をどこでローンチするかを判断することだからです）。

```
( df_orders.groupby('RESTAURANT_NAME')
            .TYPE
            .value_counts(normalize=True)
            .unstack()
            .sort_values('DELIVERY')
            .plot(kind='bar') )
```

```
<matplotlib.axes._subplots.AxesSubplot at 0x1267251d0>
```

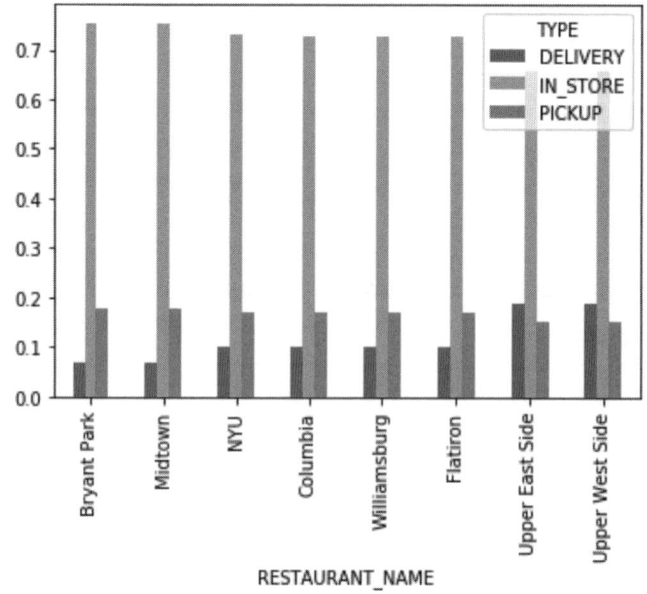

レストランごとに、注文の種類の割合がグラフ化できました。このグラフを読み解く前に、もうひとつ、最後のステップがあります。もっと使いやすいグラフにできますか？◆

棒グラフが横に並んでいるため、比較がちょっと難しくなっています。これらを上に重ねれば、直接的に比較ができるはずです。これは、plot()にもうひとつ簡単な引数を渡せば実現できます。stacked=Trueです。

```
( df_orders.groupby('RESTAURANT_NAME')
            .TYPE
            .value_counts(normalize=True)
            .unstack()
            .sort_values('DELIVERY')
            .plot(kind='bar', stacked=True) )
```

```
<matplotlib.axes._subplots.AxesSubplot at 0x125f89110>
```

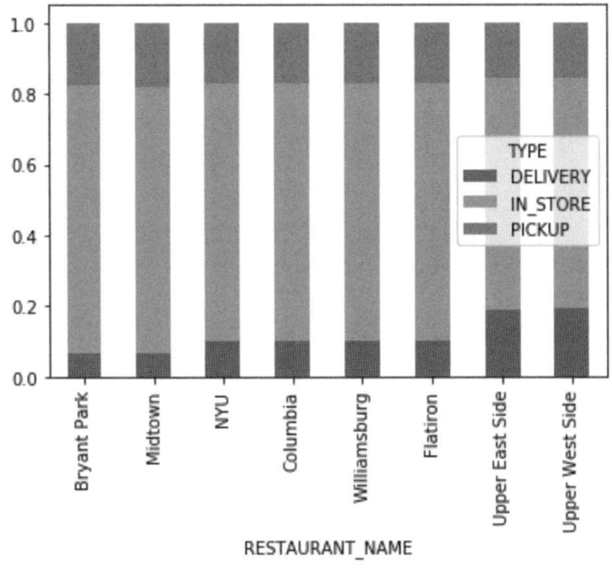

このほうが、ずっと分析しやすくなります。レストラン同士の比較ができるようになったからです。value_ counts()の引数normalize=Trueは、すべての棒グラフを同じ高さにするという意味です。レストランの間で売上げの総数に大きな差があっても、かまわず揃えます。これで、比率の比較がとても簡単になりました。グラフを見てください。そこから何がわかりますか？◆

私たちは、こう感じました。

- テイクアウト（PICKUP）の割合は、どの店舗でも、20パーセントを少し切るあたりで、ほぼ一定。
- 店舗内の注文（IN_STORE）とデリバリー（DELIVERY）は、店舗ごとに大きく変化している。デリバリーがもっとも少ないBryant Parkから、もっとも多いUpper East SideとUpper West Sideまで、幅があります。ニューヨークをよく知っている人なら、なるほどと思えるでしょう。Upper East SideとUpper West Sideは、ほぼ完全な住宅地区です。家でデリバリーを注文する人が多いものと思われます。反対に、Bryant Parkはオフィスビルが建ち並ぶ地域の近くです。

こうした知見は、Digがどこで新しいデリバリーサービスを開始するかを判断する上で、とても重要になります。

9.8 顧客を知る：サラダ好きはヘルシーなのか？

セクション9.4で、私たちはDigのデリバリー主体の新メニューのデザインについて考えました。そして、Digの注文パターンの初歩的な分析を行い、その判断を助けました。

このセクションでは、この問題を別の角度から考えます。Digの紹介コラムを読むと、Digのボウルには3つのベースから選べることがわかります。そのひとつにサラダがあります（その他はファッロとライス）。私たちは当初、ベースにサラダを選ぶ人は、栄養面を気にしてヘルシーな低カロリーのオプションを選ぶことが想定できると考えていました。でも、本当でしょうか？

たまたまレタスが食べたかっただけでじゃないの？

この質問は妥当です。なぜなら、顧客の理解を深めることができ、その見返りとして、顧客にとってよりよいデリバリーメニューをデザインできるようになるからです。実際に、サラダ好きの人たちにヘルシーなオプションを選ぶ傾向があることがわかったとしたら、ヘルシーなサイドやメインと組み合わせたサラダベースのボウルをメニューに増やすべきでしょう。反対に、そうしたオプションとの関連性がほとんど見られなかった場合は、むしろ最高においしくて、持ちのいいボウルのデザインに集中するべきです（たとえば、サラダと、熱々のチキンの組み合わせは外れます）。

この質問もまた、漠然としたものです。「ヘルシー」な客というものを、何で定義すればよいでしょう？　これを定義する列はありません。◆　しかし、他の2つの列は、その代理を務めることができるかも知れません。ひとつは、注文ごとのクッキーの数です。もうひとつは、ボウルで注文されたサイドです（マカロニ&チーズとブロッコリーのパルメザンチーズがけが好きな人もいれば、健康に気を遣う客はそれらを注文しないとか）。

そこで、質問を作り変えてみましょう。まずは、サラダをベースにしたボウルを注文した人はクッキーをあまり注文しないか？　そして、サラダベースのボウルを注文した人は、サイドの組み合わせに違いがあるか？　です。

最初のクッキーに関する質問について考えましょう。◆　データセットで、サラダはどのように書かれているでしょうか。

```
df_orders.BASE_NAME.value_counts()
```

```
Farm Greens with Mint               918077
Farro with Summer Vegetables        849049
Classic Brown Rice                  508513
Name: BASE_NAME, dtype: int64
```

私たちが探しているメニューアイテムは、「Farm Green with Mint」のようです。この文字列をいちいちタイプしなくて済むように、これを変数に格納しておきましょう。

```
salad = 'Farm Greens with Mint'
```

では、質問に対応します。

```
print(df_orders[df_orders.BASE_NAME != salad].COOKIES.mean())
print(df_orders[df_orders.BASE_NAME == salad].COOKIES.mean())
```

```
0.3664534590480054
0.08817561054247083
```

最初のステートメントは、df_ordersを、ベースがサラダではない注文にフィルターして、注文ごとのクッキーの平均数を求めています。次のステートメントでは、ベースがサラダのときの同じ平均数を出しています。予測したとおり、サラダなしの注文をした人は、注文ひとつに対して平均0.37個のクッキーを注文し、サラダを注文した人は、平均0.09個のクッキーしか注文していません。

もちろん、次のようにgroupby()を使っても、同じ結果が得られます。

```
df_orders.groupby(df_orders.BASE_NAME == salad).COOKIES.mean()
```

```
BASE_NAME
False     0.366453
True      0.088176
Name: COOKIES, dtype: float64
```

ありがたいことに、結果は同じです。

Pythonのt検定

みなさんは、この違い（注文あたり0.37のクッキー対0.09のクッキー）を見ても、有意な差なのか、それともランダムなばらつきなのか、判断がつかないことでしょう。統計学入門の講義をとっている方なら、こうした問題はt検定で解明できることをご存知のはずです。t検定の理論は本書の範疇を超えるので説明しませんが、t検定の知識のある方のために、Pythonでどのように行うかを解説します（初めてこのコードを実行したときは、Pythonがscipyパッケージを読み込んで使えるようにするまで、少々時間がかかります）。

```
from scipy import stats
stats.ttest_ind(df_orders[df_orders.BASE_NAME!=salad].COOKIES,
                df_orders[df_orders.BASE_NAME==salad].COOKIES)
```

```
Ttest_indResult(statistic=386.1313807565163, pvalue=0.0)
```

まずは、scipyパッケージのstatsを読み込んでいます。そして、2つのリストをstats.ttset_ind関数に渡しています。ひとつめは、サラダなしの注文でのクッキーの数のリスト、もうひとつはサラダありの注文でのものです。出力に見られるp値（pvalue）の0.0は、統計的に有意な差であることを示唆しています。

では、2つめの質問に移りましょう。サイドの分布は、サラダベースのボウルとそれ以外のものでは何らかの違いがあるかです。まずは、サラダベースのボウルから始めましょう。そのボウルのひとつめのサイドの分布をプロットします。

```
( df_orders[df_orders.BASE_NAME == salad]
            .SIDE_1_NAME
            .value_counts(normalize=True)
            .sort_index()
            .plot(kind='bar') )
```

```
<matplotlib.axes._subplots.AxesSubplot at 0x13023f2d0>
```

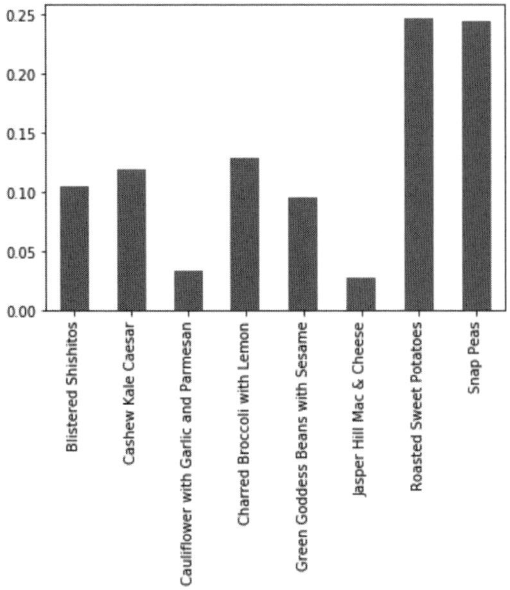

最初に、ordersデータフレームをサラダベースのボウルにフィルターしています。そして、そのボウルのひとつめのサイドの正規化した分布をプロットしています（mormalize=Trueで棒グラフの合計が1になるようにすることを思い出してください）。最後に、sort_index()を適用して、結果をアルファベット順に表示しています。「Roasted sweet potatoes」と「Snap peas」が、断トツで人気のサイドだとわかります。

それでは、サラダ派でない人たちが何を食べているかを見てみましょう。上のコードをどのように変更すれば、サラダを食べない人のプロットが同じようにできるでしょうか？◆

それは、最初のステートメントの==を!=に書き換えるだけです。これで、サラダ以外のベースのプロットができます。こうする代わりに、このグラフよりももっとシンプルな視覚化方法がわかりますか？◆

理想的には、サラダ派と非サラダ派のサイドの比率を隣同士に並べたグラフが望まれます。同じようなことをセクション9.7で行いましたね。もう一度そこを読み直して、やり方を考えてみてください。◆

```
( df_orders
    .groupby( df_orders.BASE_NAME == salad )
    .SIDE_1_NAME
    .value_counts(normalize=True)
    .unstack(level=0)
    .plot(kind='bar') )
```

```
<matplotlib.axes._subplots.AxesSubplot at 0x1306f40d0>
```

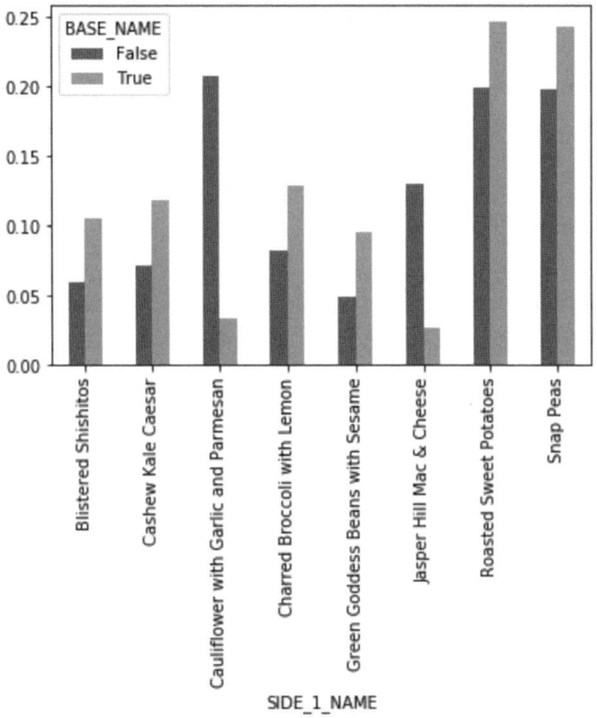

それぞれのステートメントを確認しましょう（ここでも、行頭の番号はステートメントの行数に対応しています）。

2. セクション8.5.1で学んだように、groupby()でシリーズを使っています。サラダをベースにしているすべての行はひとつのグループに、サラダをベースにしていない行は、もうひとつのグループに分けています。
3. ひとつめのサイドの名前を抽出しています。
4. 正規化した値の数を求めています。この時点で、出力はこんな風になります。

```
( df_orders
    .groupby( df_orders.BASE_NAME == salad )
    .SIDE_1_NAME
    .value_counts(normalize=True))
```

```
BASE_NAME  SIDE_1_NAME
False      Cauliflower with Garlic and Parmesan    0.208072
           Roasted Sweet Potatoes                  0.199584
           Snap Peas                               0.198432
           Jasper Hill Mac & Cheese                0.130618
           Charred Broccoli with Lemon             0.082552
           Cashew Kale Caesar                      0.072204
```

5. セクション8.3.2で学んだように、unstack()を使って、2つめのレベルのインデックスを行に変換しています。
6. 結果をプロットしています。

グラフの凡例には、TrueとFalseという2つの項目があります。これらは、2番目のステートメントでグループ化したシリーズの値に対応しています。Trueはベースにサラダが含まれる行、Falseはその他です。

この結果はきわめて衝撃的です。マカロニ＆チーズ（Mac and Cheese）と、カリフラワーとパルメザンチーズ（Cauliflower and Parmesan）を含むボウルの比率は、ベースにサラダを選んだボウルでは極端に低くなっています。反対に、ブロッコリー（Broccoli）、スナップエンドウ（Snap Peas）、サツマイモ（Sweet Potatoes）は大人気です。それほど意外ではありませんが、これは私たちのメニューデザインの取り組みを裏書きします。サラダベースのオプションには、ヘルシーな食材を使うべきであることがわかります。

もうひとつのポイントは、このグラフは、SIDE_1列のひとつめのサイドしか考慮していないという点です。 しかし、客はもうひとつサイドが選べます。ふたつめのサイドはSIDE_2列にあります。ひとつめのサイドとふたつめのサイドとの間には特別な関係はないため（会計で適当に入力されるものと思われます）、これが差を生むとは思えません。しかし、気持ちを落ち着かせるために、この章のJupyter Notebookにオプションとして、両方のサイドを加味するコードを追加しておきました。結果はほぼ変わりませんが。

9.9 注文と天気

最後の分析は、この章で考えてきた数多くの課題をひとつにまとめるものです。とくにここでは、さまざまな注文のパターンと天気との関係を見ます。この関係は、食事の注文からスタッフの数、販促活動、さらには会社の新しいデリバリーサービスまで、Digの運営のいろいろな部分に関連してきます。始める前に、ちょっと時間をとって、この関係についてDigならどんな質問をするか、それがどう役に立つかを考えてみてください。◆

いろいろな質問が思い浮かびますが、なかでも次の質問を考えましょう。

- デリバリーの注文の比率は、天気によって大きく変わるものと考えられます。とくに真冬は、デリバリーの人気が高まると予想されます。本当でしょうか？　これは、冬の間の人員配置計画に大きく関わってきます。
- 外気温は飲み物の注文数に影響を与えるのか？　これは、セクション9.3で考えた、新製品の飲み物をローンチする時期の選択に影響を与えます。または、その飲み物の宣伝用ポスターをいつ店に張り出すかを決めるスタッフの助けになります。

これらの質問に答えるには、ニューヨーク市の天気のデータを含むデータセットが必要です。本書のウェブサイトの「raw data」フォルダから「weather.csv」をダウンロードして、pandasに読み込みましょう。次に、最初の列を日付に変換します。そして、そのデータセットの最初の数行を見てください。

```
df_weather = pd.read_csv('raw data/weather.csv')
df_weather.DATETIME = pd.to_datetime(df_weather.DATETIME)
df_weather.head()
```

結果を次ページに示します。

	DATETIME	TEMPERATURE	PRECIP
0	2018-01-01 00:00:00	9.66	0.0
1	2018-01-01 01:00:00	9.19	0.0
2	2018-01-01 02:00:00	9.04	0.0
3	2018-01-01 03:00:00	8.37	0.0
4	2018-01-01 04:00:00	8.14	0.0

次なるステップは、このデータセットを他のデータセットと結合することです。難しいのは、2つのデータセットの時間の頻度が異なる点です。天気のデータセットでは、毎日の時刻ごとにデータポイントが置かれていることに注意してください。しかし注文のデータセットは、注文があった時刻ごとに1行が使われています。この2つのデータセットをどのように組み合わせれば、上記のような分析が行えるでしょうか？　難しい質問です。なので、少し時間をかけて考えてみましょう。◆

私たちのソリューションは、単純にordersデータフレームをリサンプリングするというものです。セクション8.5.2で解説した方法を使って、時刻ごとの注文数を要約します。そうすれば、この新しい時刻ごとのテーブルを天気のデータに結合できます。私たちが行おうとする分析の土台では、新しい時刻ごとの注文テーブルに、次の列が必要になります。

- その時刻の注文数。
- その時刻の注文ごとの飲み物の平均数。
- その時刻の注文のデリバリーの比率。

私たちは、上の内容をそれぞれ含む3つのテーブルを作ります。そして、それらを結合して、ひとつのテーブルにまとめます。

まずは、時刻ごとに行のある列を作り、そこに時刻ごとの注文数を入れていきましょう。これは、次のように作ることができます。◆

```
df_num_orders = ( df_orders.set_index('DATETIME')
                  .resample('H')
                  .size()
                  .reset_index()
                  .rename(columns={0: 'NUM_ORDERS'}) )
```

最初のステートメントは、データフレームのインデックスをDATETIME列に設定しています。次に、データフレームを時刻でリサンプリングして、size関数を適用して各時刻の行数を求め、インデックスをリセットしています。この時点で、DATETIMEという名前の列がひとつのデータフレームができあがります。これには、時刻を表す行が含まれ、0という名前の列があります（size関数を特定の列ではなくデータフレーム全体に適用したためにそうなることを、思い出してください）。最後のステートメントは、その列の名前をNUM_ORDERSと変更しています。これらのステートメントの各部分を実行して、それぞれの働きを確かめてください。

では、ふたつめのデータフレームを作りましょう。時刻ごとに購入された飲み物の平均数を表すものです。◆

```
df_av_drinks = ( df_orders.set_index('DATETIME')
                 .resample('H')
                 .DRINKS
                 .mean()
                 .reset_index() )
```

mean関数をDRINKS列に適用している以外は、ひとつ前のコードとまったく同じ働きをします。そのため、最後に名前の変更を必要とするものは、ひとつもありません。

最後に、時刻ごとのデリバリーの注文の平均数を示す3つめのデータフレームが必要です。これは、ほんのわずか難しくなるだけです。このようにして作れます。◆

```
df_orders['IS_DELIVERY'] = (df_orders.TYPE == 'DELIVERY')
df_pct_delivery = ( df_orders.set_index('DATETIME')
                    .resample('H')
                    .IS_DELIVERY
                    .mean()
                    .reset_index() )
```

まずは、注文がデリバリーならTrue、それ以外はFalseとなる列を作ります。なぜこれが必要なのか？　思い出してください。なぜなら、TrueとFalseの列で合計や平均を出す場合、Trueは1、Falseは0として扱われるからです。そのため、各列の平均を求めることで、注文の中のデリバリーの比率がわかるのです。それを次のステートメントで行っています。

最後に、pd.merge()を使ってこの3つのテーブルを結合して、ひとつの大きなテーブルにします。ここで立ち止まって、それを適切に行う方法を考えてください。どの列を結合しますか？　どの結合を使いますか？　2つではなく、3つのテーブルの結合は、どうすればよいでしょう？　私たちのソリューションは、こうです。◆

```
df_combined = pd.merge(df_num_orders, df_av_drinks,
                       on='DATETIME', how='outer')
df_combined = pd.merge(df_combined, df_pct_delivery,
                       on='DATETIME', how='outer')
```

まず、各テーブルの時刻を記したDATETIME列で結合を行っていることに注目してください。次に、「外部」接続を行っている点に注意してください。理論的には、resample関数は3つすべてのテーブルにおいて、1年のすべての時刻を出力するため、内部結合と同じです。しかし念には念を入れて、外部結合を使って、うっかり何らかの行が落とされてしまうことを防いでいます。最後に、3つの結合問題をきわめて簡単に対処しています。2つの結合を続けて行っているのです。

resample()は時刻ごとに1行を作るので、このテーブルには注文がまったくなかった時刻に対応する行も含まれます。最後のステップは、そうした行をフィルタリングによってデータフレームから削除することになります。◆

```
df_combined = df_combined[df_combined.NUM_ORDERS > 0]
```

では、これまでの努力の成果を見てみましょう。

```
df_combined.head()
```

	DATETIME	NUM_ORDERS	DRINKS	IS_DELIVERY
0	2018-01-01 10:00:00	80	0.037500	0.175000
1	2018-01-01 11:00:00	359	0.083565	0.178273
2	2018-01-01 12:00:00	526	0.043726	0.188213

まさに、求めていたのはこれです。

さて、時刻ごとの注文のデータフレームができたところで、最後に残ったのは、天気のデータフレームとの結合です。ここでは、どの結合が必要になるでしょう？　このように行えます。◆

```
df_combined = pd.merge(df_combined, df_weather,
                       on='DATETIME', how='left')
df_combined.head()
```

	DATETIME	NUM_ORDERS	DRINKS	IS_DELIVERY	TEMPERATURE	PRECIP
0	2018-01-01 10:00:00	80	0.037500	0.175000	11.14	0.0
1	2018-01-01 11:00:00	359	0.083565	0.178273	13.05	0.0
2	2018-01-01 12:00:00	526	0.043726	0.188213	14.41	0.0

正解は「左」結合です。なぜなら、元になったテーブルは注文テーブル（df_combined）であり、時刻ごとに1行が割り当てられ、そこに注文が入っているからです。その時刻の行に、天気を入れ込みたいわけです。df_weatherには、注文がなかった時刻（深夜の時間帯など）が大量に記録されています。そのような時間まで取り込む手間はかけたくはありません。だから、左結合が最適なのです。

これでようやく、最初の質問に対応して、気温で注文の比率が変化するかを判断できるようになりました。この質問に答えるために、df_combineをどう使ったらよいでしょうか？　直感的に、気温をX軸に、注文の比率をY軸にして、1行に1ポイントという形でプロットする方法を思いついたのではないでしょうか。それは、こうすればできます。◆

```
df_combined.plot(x='TEMPERATURE', y='IS_DELIVERY',
                                  kind='scatter')
```

```
<matplotlib.axes._subplots.AxesSubplot at 0x1306d0bd0>
```

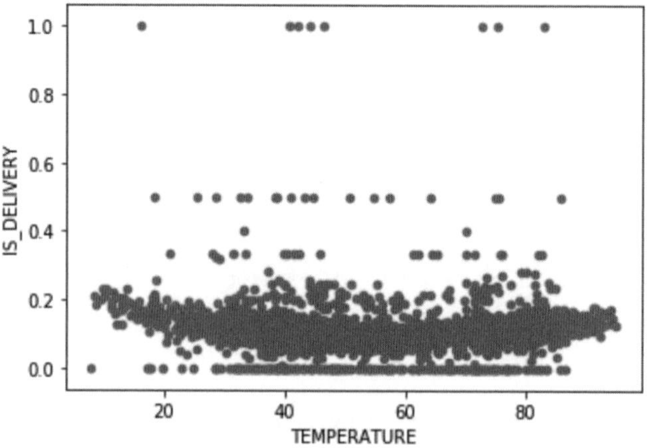

残念ながら、これでは便利なグラフとは言えません。このテーブルはおよそ9000行あるため、このグラフには9000個のポイントがあります。この大量に散乱したポイントから、何がどうなっているかを読み解くのは困難です。

これよりも、気温を「バケット」にするアプローチのほうがよさそうです(華氏0度から10度、10度から20度といった具合に分けます)。そして、各バケットの中で注文数の「平均」を求めます。要約された結果は、このポイントの塊よりも有意義なものになるはずです。

まず、そのようなバケットの作り方を考える必要があります。pandasには、そのための特別な関数がありますが、今は即席のアプローチを使いましょう。やるべきことは、各気温の値を10で割って、四捨五入して、再び10を掛けるという方法です。たとえば、華氏23度の場合、10で割ると2.3となります。これを四捨五入して2にします。そして10を掛けて20にします。同様に、17度のときは、10で割って1.7とし、四捨五入して2、10を掛けて20にします。こうして、15度から25度までの気温は「20」のバケットに収まります。25度から35度までの気温は、すべて「30」のバケットに入る、といった具合です。

この演算をpandasで行うには、こうすれば済みます。

```
((df_combined.TEMPERATURE/10).round()*10).head()
```

```
0     10.0
1     10.0
2     10.0
3     20.0
4     20.0
Name: TEMPERATURE, dtype: float64
```

面白いことに、pandasでは、df_combined.TEMPERATURE. round(-1)とタイプするだけで、1ステップで行えます。

あとは、バケットをgroupby()して、バケットごとの注文の平均数を求めるだけです。もちろん、バケットを含む新しい列を作ればできます。または、セクション8.5.1で行ったように、シリーズでグループ化するという技も使えます。

```
( df_combined
    .groupby((df_combined.TEMPERATURE/10).round()*10)
    .IS_DELIVERY
    .mean()
    .plot(kind='bar') )
```

```
<matplotlib.axes._subplots.AxesSubplot at 0x12844c0d0>
```

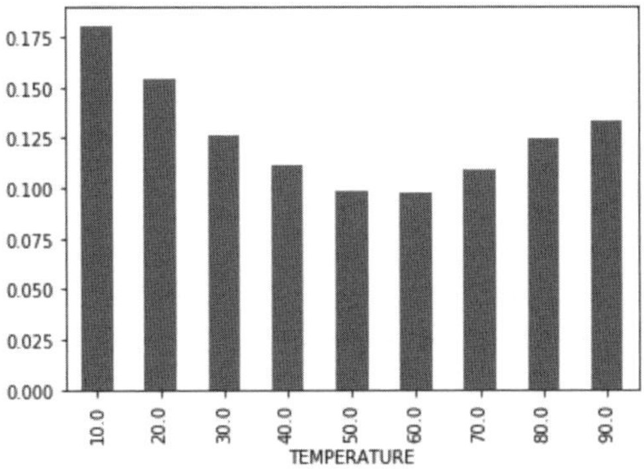

結果は、予想どおりとなりました。気温がうんと低いときは、デリバリーの比率はぐんと伸び、もっとも寒い日には20パーセント近くにまでなっています。暖かくなると、デリバリーの人気は下がりますが、うんと暑くなると、デリバリーの比率が戻り、やや上昇します。これは、とくに寒いと思われる1週間に狙いを定めているDigにとって、決定的な情報となり得ます。

まったく同じことをDRINKS列にも行って、気温の変化によって注文ごとの飲み物の数を割り出すこともできます。

```
( df_combined
    .groupby((df_combined.TEMPERATURE/10).round()*10)
    .DRINKS
    .mean()
    .plot(kind='bar') )
```

```
<matplotlib.axes._subplots.AxesSubplot at 0x1284edfd0>
```

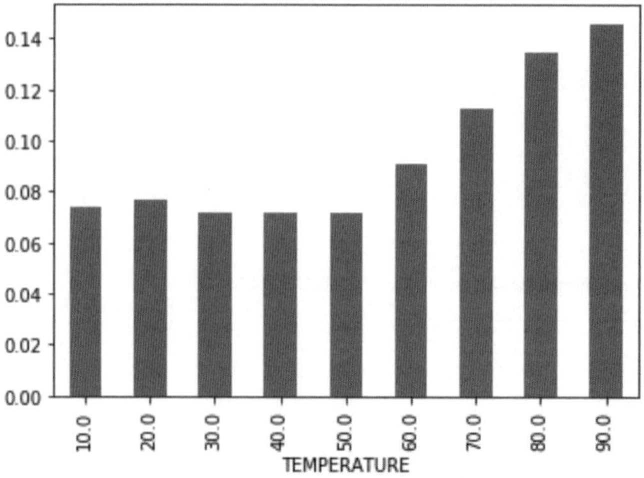

これもまた、結果は啓発的です。気温が落ち着いているときは、注文100に対して飲み物は8前後で安定しています。気温がずいぶん高くなると、最大で注文100件あたり14以上に跳ね上がります。Digが新製品の飲み物を宣伝する時期を探しているとするなら、これは貴重な情報です。

私たちが行ってきたことを、ここで少し時間をとって自賛しましょう。私たちは、200万行以上のデータからスタートしました。Excelで開くには、まったく大きすぎるデータセットです。私たちが学んできた巧妙な技のほぼすべてを投入して、何百という注文を時刻ごとに要約し、ずっと小さなデータセットに作り変えました。最後に私たちは、2つの異なる情報源を統合して、Pythonが使えなかったら入手困難だったであろう、業務上の有意義な知見を導き出しました。

9.10 まとめ

これが本書の最終章です。これまでずっと私たちと過ごしてきたみなさんに、盛大なる賛辞を贈ります！　この章では、汎用的でパワフルなPythonとpandasが、現実的なサイズのデータセットを分析できることを示せたかと思います。

信じられないかも知れませんが、私たちは表面をちょっと囓《かじ》った程度です。膨大な数の機能には触れてすらいません。それでも、この本の教材を学んだことで、みなさんはこのプログラミングの世界を自力で探索できるだけのツールを身につけました。最後に、旅立ちにあたり、利用可能なさまざまなリソースと、Pythonを活用するために必要なツールの在処《ありか》を、みなさんにお示しします。

次は何?

この本を締めくくる時が来ました。ここまで長い道のりでしたね。

「友よ、ナードゾーンへようこそ」と、スティーヴン・コルベア［訳注：米人気テレビ番組のホストを務めるコメディアン］は言っています。コーディングのいいところは、一度学べば二度と忘れない点です。つまり、みなさんは覆いをはがして、私たちが毎日使っているツールの隠された内部の仕組みを探ったのです。世界をこんな風にして見ることはできません。すぐにでも、みなさんはどこかでコーディングにまつわるジョークを何かで読み、立ち止まってこう思うでしょう。「なるほど、わかる！」

どうやって、ここまで来たのでしょう。私たちは基本から始めました。コマンドラインを使ってPythonでスクリプトを書いて実行しました。そして、エラーのトラブルシューティングをして、デバッギングを行いました。そこから、変数、データ型、制御構造（if文からループまで）に進みました。第1部の締めくくりには、繰り返し使える小さなコードの集まりをカプセル化する関数を学びました。第2部では、データの世界に飛び込みました。pandasについて学び、それを使ってデータセットを読み、書き、変更しました。複数のデータセットを結合して分析する方法を考えました。最後に、集約について学び、このテクニックを使って、Digのケースから導かれた数々のビジネス上の質問に答えました。

第一日目のことを覚えてますか？

```
print("Winter is coming.")
```

ずいぶん昔のことのように感じます。そのときは難しそうだったものが、今はいたって単純に見えます。

もちろん今でも、大変そうだと感じてしまうのは無理もありません。ドナルド・ラムズフェルドの言葉を拝借すれば、「わかっている既知のものと、わかっている未知のもの、さらにわかっていない未知のものがある」ということです。Pythonについて、知らないことがまだどれほどあるかを知った今、学び始めたときよりも、もっと圧倒される感じになったかも知れません。

本書の目的は、Pythonをマスターしたような気分を味わうためではなく、自力で学習できるようになるまでの十分な知識を身につけ、恐れをなくすことにありました。Pythonの世界は巨大ですが、みなさんはそのほんの一片を知りました（それが役に立てば幸いです）。

こんな言い伝えがあります。アルバート・アインシュタインは、電話番号を尋ねられたことがありました。すると彼は、電話帳を取り出しました。

彼の友人は言いました。「おい、自分の電話番号を覚えていないのか？」

それに対してアインシュタインはこう答えたと言われています。「調べられるものを記憶したりはしないよ」

このGoogleの時代、Pythonで何かをする方法を知りたいときは、いつだって簡単に検索ができます。

なので安心して、落ち着いて、Pythonを知っている自分は、MBA、企業幹部、アナリストなどの99パーセントよりも、価値のある人間であると心に留めておいてください[1]。

ここからどこへ向かいましょうか？　途中まで読むと、ドアを開ける（17ページを見よ）または暗い廊下を進む（48ページを見よ）と判断を迫られる、アドベンチャー形式の本のことを思い出してください。コードの学習もそれに似ています。この本でテーマを選び、Pythonの数あるいろいろな側面に自分を導く。今みなさんは、次に何を学ぶべきかを見通せて、なんでも選択できる絶好の場所に立っています。どのページを開きましょうか？

ここで、すでにもっと学びたいという気持ちになっているみなさんに、次に読むのに相応しい本を紹介しましょう。

1. Pythonの能力を使って、日々の作業を自動化して生活を楽にしたいという方には『Automate the Boring Stuff with Python』（Al Sweigart著：邦題『退屈なことはPythonにやらせよう』オライリージャパン）をお勧めします。この本は、電子メールやメッセージの送信、PDFの閲覧、

Google SpreadsheetsへのアクセスといったことをPythonで行う方法を解説しています。

2. 第2部での学習に大きな興味を持たれた方には、『Python Data Science Handbook』Jake VanderPlas著：邦題『Pythonデータサイエンスハンドブック』オライリージャパン）が最適です。私たちが学んだすべての内容に加え、もっと多くの課題を取り上げています。
3. 機械学習に興味があり、独自の機械学習ソリューションの構築にPythonを役立てたい方は、『Introduction to Machine Learning with Python』（Andreas Müller、Sarah Guido著）が最高の教科書です(2)。

嬉しいことに、これを執筆している時点で、最初の2冊は、インターネットで全編を無料で読むことができます。もうひとつ、お勧めしたい情報源にHackerRank.comがあります。ここでは、初級から上級までのチャレンジでPythonのスキルを練習できます。採用試験の際にHackerRankを利用して、コーダーの評価をする企業も増えています。

独学での勉強を続ける中で、いちばんの難関になるのは、トラブルシューティングの工程です。自分ひとりで勉強しているときに問題にぶち当たり、解決策が見つけられないときはどうしますか？　ありがたいことに、Pythonには力になってくれる大きなコミュニティがあります。なかでもお勧めなのは、Pythonミートアップに参加することです。そこでは、自分よりも知識が豊富な人たちに質問ができます。アメリカの主要都市の近くにお住まいなら、meetup.comを見ると、Python関連のミートアップが1週間のほとんどの日に開催されているのがわかります。それ以外の地域にお住まいの方でも、参加可能なオンラインコミュニティやフォーラムがたくさんあります。非公式のPythonのSlackコミュニティ「PySlackers」では、現在2万5000人以上の会員がいて、たいていの人が初心者にやさしく、進んで手を差し伸べてくれます（あなたがいい人でいればね）。

私たち2人は、この機会を利用して、みなさんがこの旅をともに歩んでくれたことに感謝いたします。私たちがこれを楽しく執筆したとのと同じぐらい、みなさんも楽しく読まれたことを願っています。よかったと思われた方、または質問やご意見がおありの方は、どうぞ私たち、authors@pythonformbas.com までメールをください。それでは、ご健闘を祈ります。

原注

第1章　Pythonで始めよう

1. Stack Overflow Developer Survey 2019, Stack Overflow, 2019, https://insights.stackoverflow.com/survey/2019/.
2. "Number of Words in the English Language," Global Language Monitor, January 1, 2020, https://www.languagemonitor.com/global-english/no-of-words/.
3. Robert Lane Greene, "Lexical Facts," The Economist, May 29, 2013, https://www.economist.com/johnson/2013/05/29/lexical-facts.
4. Sergey Brin and Larry Page, "The Anatomy of a Large-Scale Hypertextual Web Search Engine" (Computer Science Department, Stanford University, Stanford, CA, 1998), http://infolab.stanford.edu/~backrub/google.html.
5. David Robinson, "The Incredible Growth of Python," Stack Overflow (blog), September 6, 2017, https://stackoverflow.blog/2017/09/06/incredible-growth-python/.
6. Stack Overflow Developer Survey 2019, Stack Overflow, 2019, https://insights.stackoverflow.com/survey/2019/.
7. Stephen Kurczy, "MBAs Who Code" (Ideas at Work, Columbia Business School, September 12, 2018), https://www8.gsb.columbia.edu/articles/ideas-work/mbas-who-code.
8. これが煩わしい方は、以下のコードをコマンドラインで実行すれば、この機能を無効にできます。

   ```
   conda config --set changeps1 False
   ```

   そして、コマンドラインを再起動してください。

第2章　Pythonの基本 パート1

1. またはBing、DuckDuckGo、あるいはお好きな検索エンジン。
2. Pearl Philip, " 'Syntax Error: Invalid Syntax' For No Apparent Reason," Stack Overflow forum,
June 16, 2014, https://stackoverflow.com/questions/24237111/syntax-error-invalid-syntax-for-no-apparent-reason.
3. "How Do I Ask a Good Question?" Stack Overflow, Help Center, https://stackoverflow.com/help/how-to-ask.
4. Guido van Rossum, Z Barry Warsaw, and Nick Coghlan, PEP 8?Style Guide for Python Code (Fredericksburg, VA: Python Software Foundation, 2018), https://www.python.org/dev/peps/pep-0008/#method-names-and-instance-variables.
5. これはPython 3だけに言えることです。Python 2では、つねに整数が返されますが、1 / 2を実行すると、ご想像のとおり0が返されるので混乱します。Python 2では、2つの数値で割り算をして浮動小数点数を返して欲しいときは、そうするように指示しなければなりません。まったく直感的ではないため、Python 3では改善されました。
6. 文章を文字列（string：ストリング、ひと続きのもの）と呼ぶ起源は、Pythonよりもずっと昔に遡ります。なぜストリングなのかと言えば、キャラクターを一列につなげて作られるからです。

第3章　Pythonの基本 パート2

1. Joel Spolsky, "Netscape Goes Bonkers," Joel on Software (blog), November 20, 2000, https://www.joelonsoftware.com/2000/11/20/netscape-goes-bonkers/.
2. 技術的な話をすれば、Python 3では、range()は実際にはレンジ（リストではなく）と呼ばれるものを作りますが、リストと同じようにループさせることができます。
3. 現時点では、HackerRankにおいて、FizzBuzzのもっとも短いソリューションは、ここに掲載したコードよりも20キャラクターも少ないものです。そんなことがどうして可能なのか、正直、私たちにもわかりません（そのソリューション自体は投稿されておらず、スコアのみが掲載されています）。本当に驚きです。
4. また、辞書では要素に数字でラベル付けすることも可能です。しかし、このセクションでは、そうした辞書とリストを区別するために「文字列」と呼んでいます。

第4章　Pythonの基本 パート3

1. 面白いことに、if()はExcelでは関数ですが、Pythonでは違います。それは、Pythonを作った人たちの判断です。関数にしようと思えばできたのですが、そうはしませんでした。
2. split()とsplit(" ")の呼び出しには、実際にはわずかな違いがあります。次の文字列を試してみてください。「Once more unto the breach」（スペースがいくつも入っています。正確に書き写す必要はありませんが、スペースはしっかりタイプしてください）
3. コードの臭いには、これとは別に、ものすごく長くてPythonのインデントが何レベルもある関数などがあります。他にも、まだまだたくさんあります。
4. "How many lines of code does Windows 10 contain?" Quora, https://www.quora.com/How-many-lines-of-code-does-Windows-10-contain.
5. これはPythonの拡張スライス構文を使っています。興味がおありなら、ぜひご自分で調べてみてください。しかし、本文に書くほどのものではありませんでした。
6. Pythonには、パッケージ、ライブラリ、モジュールの間には技術的にわずかな違いがありますが、本書の目的からすれば、みな同じと考えて問題ありません。
7. また、「Hello, world!」のprintには括弧が必要ですが、この漫画はPython 2のことを言っています。
8. パッケージのインストール方法は他にもあり、他のパッケージリポジトリもあります。しかしPythonのコーダーの大半は、今のところpipがいちばん簡単だと考えています。

第5章　Pythonのデータ入門

1. Linette Lopez, "How the London Whale Debacle Is Partly the Result of an Error Using Excel," Business Insider, February 12, 2013, https://www.businessinsider.com/excel-partly-to-blame-for-trading-loss-2013-2.
2. Jupyterの起動方法はいろいろあります。たとえば、Anaconda Navigatorというアプリを使う方法があります。これはPC版とMAC版の両方があります。そこから、Jupyter Notebookを立ち上げることができます。私たちは、本文で説明した方法がもっとも簡単だと思っています。
3. 興味のある方のために、本書のウェブサイトには、完全な注文データを記録したOrders.csvというファイルを用意しています。「複雑な要因」も含まれています。

4. この他の方法に、関連する関数に引数inplace=Trueを渡して呼び出すというものがあります。いろいろな事情から、本書では一度も使っていませんが、その理由のひとつには、将来、pandasから外されるかも知れないという話があります。このサイトを参照してください。https://github.com/pandas-dev/pandas/issues/16529.
5. これを正確にやらないと、FileNotFoundエラーになります。

「DIGケーススタディ：勘と経験からデータドリブンな分析へ」の注釈

1. アダム・エスキン著『Dig Inn Is Now Dig』（Medium 2019年7月15日）
https://medium.com/@diginn/dig-inn-is-now-dig-bf6d8d5ecdaa
2. ナタリー・カイズ著『Interview: How Dig Inn Is Bringing Quality and Sustainability to Food Delivery』（PSFK.com 2019年4月）
https://www.psfk.com/2019/04/dig-inn-interview-adam-eskin.html
3. 『Top Rated Diets of 2019: The Pump Energy Food』（Diets in Review 2019年）
https://www.dietsinreview.com/diets/the-pump-energy-food/#6E5k0UBm8tRvUbFY.99
4. Adrianne Pasquarelli著『Restaurant Exec Is Pumping It Up』（Crain's New York Business 2008年5月14日）
https://www.crainsnewyork.com/article/20080514/FREE/864604780/restaurant-exec-is-pumping-it-up
5. 『Meet Adam Eskin of Dig Inn in Back Bay, Downtown Crossing and Prudential Center』（Boston Voyager 2018年3月27日）
http://bostonvoyager.com/interview/meet-adam-eskin-dig-inn-back-bay-downtown-crossing-prudential-center/
6. Yvo Sin著『Pump Energy Changes Name, Not Mission, in Bringing Locally Grown Food to New Yorkers』（WLNY-TV 2011年10月19日）
https://newyork.cbslocal.com/2011/10/19/pump-energy-changes-name-not-mission-in-bringing-locally-grown-food-to-new-yorkers/
7. 『Fast Casual Industry Analysis 2019?Cost & Trends』（Franchise Help 2019年）
https://www.franchisehelp.com/industry-reports/fast-casual-industry-analysis-2018-cost-trends/
8. 『Fast Casual Industry Analysis 2019』
9. 『Fast Casual Industry Analysis 2019』
10. Jonathan Maze著『Fast-Casual Chains Are Still Growing』（Restaurant Business 2019年5月2日）
https://www.restaurantbusinessonline.com/financing/fast-casual-

chains-are-still-growing

11. 『Meet Adam Eskin of Dig Inn』（原本では「Dig Inn」となっていますが、リブランディングにより「Dig」と改称したため「Dig」と表記。
12. Meagan McGinnes著『A New York City-Based Farm-to-Counter Chain Will Open in Boston Next Week』（boston.com 2016年7月5日）
https://www.boston.com/culture/restaurants/2016/07/05/nyc-farm-table-restaurant-chain-open-boston-month
13. Digの農園はDigAcres（ディグエイカーズ）と呼ばれています。
14. 『Meet Adam Eskin of Dig Inn』（原本では「Dig Inn」となっていますが、リブランディングにより「Dig」と改称したため「Dig」と表記。
15. Elizabeth G.Dunn著『Dig Inn Wants to Optimize Your Sad Desk Lunch』（Bloomberg Business-week 2019年1月29日）
https://www.bloomberg.com/news/features/2019-01-29/dig-inn-wants-to-optimize-your-sad-desk-lunch
16. “Online Food Delivery Market Report, Global Industry Overview, Growth, Trends, Opportunities and Forecast, 2019?2024』（marketwatch.com 2019年9月）
https://www.researchandmarkets.com/reports/4775751/online-food-delivery-market-global-industry
17. Danny Klein著『Danny Meyer's Fund Invests $15Min Dig Inn』（QSR 2019年4月）
https://www.qsrmagazine.com/fast-casual/danny-meyer-s-fund-invests-15m-dig-inn

第6章　Pythonでデータを探る、グラフ化する、変更する

1. Pythonのプロットをもっと詳しく学ぼうとすると、Pythonのプロットに関するライブラリ「matplotlib」に出会うでしょう。しかし私たちは、matplotlibの文法を本書に持ち込むことはせず、pandasから直接プロットできるように、ショートカットに頼ることにしました。ここで解説したすべてのオプションや機能は、matplotlibで直接グラフを作る場合にも使えます。
2. もちろん、レストランごとに異なるルールを設けるべきでしょう。それには、各レストランの平均値と標準偏差を計算する必要があります。残念ながら、それを行うツールをまだ手にしていませんが、第9章でこの問題について再び考えます。
3. この「連続したヒストグラム」は、カーネル密度推定量（kernel density estimator）という手法で作られています。なので、この関数の引数に

「kde」とあるのです。

4. これらの関数は、セクション8.3.1で欠損値について説明する際に見直すことにします。
5. X軸にはたくさんの数値をグラフ化しているので、なんだか押し縮められた感じに見えるでしょう。グラフの調整は非常に大きなテーマになるため、本書では取り扱いませんが、サイズの調整はきわめて簡単です。plot()関数に、引数figsizeを使うだけです。ここでは、figsize=(10,5)としてみてください。最初の数値は幅、次の数値は高さを示しています。
6. 賢明なみなさんなら、このステートメントではDateTime型の変数df_orders.DATETIMEと文字列'2018-06-01'とを比較していることに気づかれたでしょう。通常なら問題となりますが、この場合に限れば、pandasは見事に比較を行ってくれます。
7. 実際、このエラーの何に腹が立つかって、つねにそうとは限らない点です。pandasがコピーではなく元のデータフレームに直接参照を返して、ステートメントがうまく実行されてしまうことがあります。ではありますが、この振る舞いは予測不可能なので、データフレームの特定のセルを編集するという方法は、使わないのが賢明です。
8. 第9章では、もっとずっと効率的な方法を紹介します。またこの手法は、セクション9.7でこの課題に適用します。ここにこの例を提示したのは、この章のコンセプトでもっとよく練習してもらうためです。

第7章　データセットを合体する

1. 理論的には、データエラーがない限り、ここで外部結合を使うこともできます。ただし、df_drivingとdf_driversの両方に名前のあるドライバーがいないことが必要です。

第8章　集約

1. size()を使用するときに特定の列を用いないことで生じる欠点は、作られたシリーズに名前が付かないことです。そのため、その結果にreset_index()を行うと、pandasがその列をどう呼んでいいかわからず、ただ「0」と呼ぶようになります。その理屈を確認したい場合は、次のコードを実行してください。

```
df_orders.groupby('RESTAURANT_NAME').size().reset_index()
```

2. 複数の列からなるマルチレベル・インデックスの要素は、pandasでは「列」（columns）ではなく「レベル」（levels）と呼びます。しかし本書ではマルチレベル・インデックスについては深追いしないので、ただ「列」と呼ぶことにします。

3. 面倒な仕事が大好きという方には、それぞれの集約を個別に行い、その2つのテーブルを結合するという方法もあります。この章のJupyter Notebookにそのコードを記載しておきますが。私たちは、こっちのやり方のほうが簡単だと思っています。
4. このあたりで、agg()の使い方にはいろいろあることを言っておくべきでしょう。私たちは、もっとも便利で一般的と思われるものをひとつだけ紹介しましたが、この関数が何に使えるのか、ドキュメントを読んで探索されることをお勧めします。
5. 理論的には、resample()をデータフレームの列に使えますが、これを執筆している現時点では、その機能はgroupby()と併用すると少々バグが多いため、避けるのが賢明です（興味のある方は、GitHubでyours trulyさんがpandasについて報告したissue #30057をご覧ください）。
6. pandasのユーザーガイド「Offset Aliases」
https://pandas.pydata.org/pandas-docs/stable/user_guide/timeseries.html#offset-aliases.

次は何？

1. たしかに、この数字は、言ってしまえばフィクションです。ただ、Stack Overflow Developer Survey 2019によれば、連続3年間、「もっとも求められる」プログラミング言語のトップに輝いています。
Stack Overflow Developer Survey 2019, Stack Overflow, 2019, https://insights.stackoverflow.com/survey/2019/
2. Al Sweigart, Automate the Boring Stuff with Python, https://automatetheboringstuff.com; Jake VanderPlas, Python Data Science Handbook (Sebastopol, CA: O'Reilly Media, 2017), https://jakevdp.github.io/PythonDataScienceHandbook; Andreas Muller and Sarah Guido, Introduction to Machine Learning with Python (Sebastopol, CA: O'Reilly Media, 2017).

訳者あとがき

MBA、つまり実社会での実務経験があり大学院の修士課程でビジネスを学ぶ人向けの教科書ということで、どれほど高度な内容かと思いきや、プログラミングに興味のある人なら、おそらく高校生だろうが中学生だろうが理解できる、見事な構成と進行で成り立つ本でした。こんなにやさしくて、丁寧で、話に無駄のない先生に出会えた学生は幸せだと思います。読者のみなさんは、まさに本書の幸せな学生というわけです。

本文は、英語ながら「ですます」調で語られています。英語に「ですます」はありませんが、たしかにそう感じさせる文体です。とても丁寧で、ユーモアに溢れていながら、かと言って翻訳者泣かせの苦労して訳す価値が見いだせないくだらない駄洒落を連発しないところに、両先生のインテリジェンスを感じます。

後半の、Digのビジネスに関する課題を考えるところでは、ニューヨークの地図を見ながら、また、実際にニューヨークに行かれたことのある方はその情景を思い浮かべながら読まれると、実感がわいて一層楽しめるでしょう。

また、第2部に入ると、話がポンと専門的になり、やや駆け足での進行になりますが、第1部の内容をしっかり身につけ、あとは実際に◆で立ち止まり、しっかりと自分の頭で考えながら進んでいけば、混乱はないと思います。

さて、ここで業務連絡です。文中に使用した用語は、なるべく日本で広く使われているものを探して当てはめています。しかし、他の解説本や解説サイトでは英語のままだったり、異なる訳語が使われているなど、多少のブレがあることはお許しください。それでも、ワケがわからなくなるほどのブレはないはずです。

翻訳本の悲しい性として、本書で推薦されている書籍の一部と、サイトの全部は、当然のことながら英語です。ただし、Python 3の公式ドキュメントには、公式日本語版ページが用意されています。

https://docs.python.org/ja/3/

pandasには公式日本語ガイドがありませんが、@nkayさんが、エンジニアのためのコミュニティQiitaで英語の公式ガイドを翻訳されたものがあるので、参考にされるとよいでしょう。

https://qiita.com/nkay/items/d322ed9d9a14bdbf14cb

さくいん

人名

用語

関数

■ 著者

マッタン・グリフェル（Mattan Griffel）

受賞経験のあるコロンビア大学ビジネススクールの非常勤助教。またY Combinatorの支援で2回起業したOpheliaとOne Monthの共同創業者でもある。ブルームバーグ、JPモルガン、アメリカン・エキスプレス、ペプシコといった企業で教壇に立ち、助言も行っている。ニューヨーク大学で哲学と財政学を学んだ。

ダニエル・ゲッタ（Daniel Guetta）

コロンビア大学ビジネススクールprofessional practice（職業実践）の准教授であり、コロンビア大学ビジネス・アナリスティクス・イニシアチブのディレクター。世界各国の企業で、財務から調剤学の分野にわたりコンサルティングを行い、データを使って大きな難題の解決に協力している。ケンブリッジ大学とMITで物理学と数学を学び、コロンビア大学でオペレーションズ・リサーチの博士号を取得した。

■ 訳者

金井 哲夫（かない てつお）

コンピューター・エンターテインメント雑誌の編集者を経てフリーランスに。雑誌記事執筆のほか、ゲーム、アプリ、ブログ、映画字幕、書籍などの翻訳を行う。近訳書は『BBCマイクロビット公式ユーザーガイドブック』（日経BP）、『段ボールで作る！　動く、飛ぶ、遊ぶ工作』（オライリー・ジャパン）など。

Python for MBA

Pythonとデータ分析を実践的に身につける

2021年12月27日　第1版第1刷発行

著　者　　マッタン・グリフェル、ダニエル・ゲッタ
訳　者　　金井 哲夫
発行者　　村上 広樹
発　行　　日経BP
発　売　　日経BPマーケティング
〒105-8308　東京都港区虎ノ門4-3-12
装　幀　　小口 翔平＋加瀬 梓（tobufune）
制　作　　相羽 裕太（明昌堂）
編　集　　田島 篤
印刷・製本　図書印刷株式会社

本書籍に関する問い合わせ、ご連絡は下記にて承ります。
https://nkbp.jp/booksQA

ISBN978-4-296-07018-3
Printed in Japan